ここから始める経営学

――エッセンシャル・アプローチ――

坂本英樹 著

千倉書房

　　　　　　は　し　が　き

　こんにち私たちが生活している社会は高度に成熟している。しかしながら，このような社会が実現したのはそんなに遠い昔ではない。総務省統計局によれば，1945年の終戦以前に生まれた人を全て含む65歳以上の高齢者人口は，2007年9月15日現在の推計では2,744万人で，その総人口に占める割合は21.5%である。一方で，2006年には平成生まれの人口が初めて2,000万人を上回り，その総人口に占める割合は16%を超えている。年金問題，医療費問題など少子高齢社会が直面する問題が社会問題化する背景には，生まれた子どもの半数が80歳以上の長寿を享受できる社会が存在している。

　平成生まれの人たちにとっては，セブン-イレブンやローソン，ガストやバーミヤン，マクドナルドやケンタッキーフライドチキンは物心ついたときから存在していたが，それらは全て1970年代に誕生してきた新たな小売形態である。これらに限らず，スーパーマーケットでさえ1960年代前半までは存在していなかった。こんにちのように，ジャスコやイトーヨーカ堂に行けば必要な商品が何でも手に入る時代が訪れてから約半世紀しかたっていないのである。

　それにもかかわらず，社会は新たなステージへとその変化の速度を高めている。インターネット推計利用者数が8,000万人を超えたわが国では，イトーヨーカ堂や西友を始めとする多くのスーパーマーケットがネットスーパー事業に進出して，高齢者に限らず多くの人びとが利用するようになっている。毎日の夕食の食材の買い物をするために，母親が個人商店へ買い物かごをもってでかけている光景はもはや存在しない。

　そして，私たちのライフスタイルが大きな変革を遂げてきたのと並行して，ビジネスを行う人びとの考え方にも根本的な変化が生じている。こんにちでは常識となった「顧客満足」，「消費者志向」という言葉は，1980年代まではそれらを口にだす経営者はほとんどいなかった。それがいまでは，過度なまでにサービスが重視され，顧客サイドもサービスを受けることを当然のこととして認識するようになり，少しでも自分の意にそぐわないことがあれば，相手の立場

を斟酌することなしにクレームをつけるひとも登場している。

　こうした私たちのライフスタイルやビジネスにおけるコンセプトの変化は，社会の豊かさの反映でもある。そして，情報通信技術の発展や流通のインフラストラクチャーの整備が，それらを推進するにあたって重要な役割を果たしてきたのである。1955年から高度経済成長が始まり，1968年にはわが国の国民総生産（GNP）が資本主義国家の中で第2位にまで躍進するにいたって，この世界的に類を見ない復興は「東洋の奇跡」とまでいわれた。

　この時代の日本の会社を象徴するのが「終身雇用」，「年功序列」であり，良くも悪くも日本人を「勤勉」という言葉が象徴していた。激変の2008年が終わり，先行きが見えてこない現在，派遣労働者の契約解除，正社員のリストラクチャリング，新卒採用者の内定取り消し，ネットカフェ難民，ホームレスという社会問題が改めてクローズアップされている。

　私たちの社会を豊かにしてくれるさまざまな領域の技術は，おそらく今後もその進歩の速度を緩めることはない。これからも，私たちの生活をより便利にしてくれる仕組みが誕生してくることは疑いようのない事実である。しかしながら，それらを享受する私たちは，こんにちその豊かさの意味を問い直す岐路に立たされているのかもしれない。

　1年365日24時間買い物できる環境や，日本全国の商品が自宅まで届けられることは，本当に豊かな生活なのだろうか。かつては，夕食は家族の団欒の場であり，深夜にコンビニエンスストアで弁当を買って食べるというライフスタイルは存在しなかった。また，正月三が日は小売店を始めとする社会全体が活動を休止して，家庭では新春を祝い，その年の幸福を願うとともに，主婦にとっては家事から解放される時間でもあった。

　こうした現実を踏まえつつも，本書では，こんにちのいわゆる「豊かさ」の基盤となっている社会の仕組みを，経営学，流通システム，マーケティングの理論を通して簡潔に整理したのち，つぎに，それらを具体的な企業事例，製品事例を交えてわかりやすく解説していく。

　　　2009年1月　　　　　　　　　　　　　　　　　　坂　本　英　樹

目　　次

はしがき

1　マーケティングとは何か……………………………………1
　1-1　はじめに………………………………………………1
　1-2　経営学を学ぶ意義……………………………………3
　1-3　経営学と初期のマーケティング……………………6
　1-4　マーケティングの定義………………………………8
　1-5　マーケティングの研究領域…………………………10
　1-6　マーケティングコンセプトの変遷…………………12
　1-7　マーケティングコンセプト…………………………15
　1-8　ニーズ・ウォンツ・デマンズ・シーズ……………17

2　マーケティングプロセス……………………………………21
　2-1　顧客価値………………………………………………21
　2-2　顧客はなぜ満足するのか……………………………23
　2-3　顧客満足は企業収益に貢献する……………………26
　2-4　マーケティングプロセス……………………………28
　2-5　マーケティング機会…………………………………30
　2-6　マーケットセグメンテーション……………………36
　2-7　ポジショニング………………………………………40
　　●　ポジショニングの意味………………………………40
　　●　ポジショニングエクスパンション…………………44
　2-8　ターゲティング………………………………………47

3　マーケティングミックス……………………………………51

3-1　マーケティングミックスとは何か……………………51
3-2　プロダクト……………………………………………55
- 生産財と消費財…………………………………………55
- 消費財の分類……………………………………………57

3-3　サービス………………………………………………59
- サービスとは何か………………………………………59
- サービスの特徴…………………………………………62

3-4　プロダクトミックス……………………………………64
- プロダクトに関する意思決定…………………………64
- 製品ラインと製品アイテム……………………………64
- 製品ラインマネジメント………………………………66

3-5　パッケージングとラベリング…………………………70
3-6　プロダクトレベル………………………………………71
3-7　アソートメント…………………………………………73
3-8　プロダクトライフサイクル……………………………76
- プロダクトライフサイクルとは何か…………………76
- プロダクトライフサイクルの延命策…………………79

4　ブランドマネジメント……………………………………85

4-1　ブランドとは何か………………………………………85
4-2　ブランドの類型…………………………………………87
- 適用範囲によるブランド分類…………………………87
- 所有権の所在によるブランド分類……………………88
- 新しいブランドへの取り組み…………………………90
- ブランドの価値…………………………………………91

4-3　ブランドポートフォリオ………………………………93

4 - 4　ブランドの役割 ………………………………………96
　　4 - 5　ブランド戦略 …………………………………………99
　　4 - 6　ブランド関連性 ………………………………………101
　　4 - 7　ブランドの差別化と活性化 …………………………103
　　　● ブランド差別化 ………………………………………103
　　　● ブランド活性化 ………………………………………105
　　4 - 8　ブランド拡張 …………………………………………106
　　4 - 9　ブランドを創る ………………………………………107
　　　● アサヒビール「スーパードライ」…………………108
　　　● サッポロビール「グランドビア」…………………110
　　　● サントリー「伊右衛門」……………………………113
　　　● 任天堂「ニンテンドーDS」「Wii」…………………114
　　　● 花王「アジエンス」…………………………………118
　　　● 佐賀関町漁協「関サバ・関アジ」…………………120

5　プライシング ……………………………………………123

　　5 - 1　プライシングの意味 …………………………………123
　　5 - 2　需要と供給 …………………………………………124
　　5 - 3　経営学における価格設定 …………………………126
　　5 - 4　コスト志向価格設定 ………………………………128
　　　● マークアップ（コストプラス）価格設定 …………128
　　　● ターゲットリターン価格設定 ………………………133
　　5 - 5　需要志向価格設定 …………………………………135
　　5 - 6　競争志向価格設定 …………………………………138
　　5 - 7　プロダクトミックス志向価格設定 ………………141
　　5 - 8　価格調整 ……………………………………………143

6 流通チャネル …………………………………………………147

- 6-1 流通がビジネスを変える ……………………………147
- 6-2 流通の仕組み ……………………………………148
- 6-3 流通チャネル ……………………………………150
- 6-4 流通業者の社会的意義 …………………………153
  - ● 社会的意義を生み出す仕組み ………………154
  - ● 卸売部門と小売部門の分化 …………………156
- 6-5 取引慣行 ………………………………………158
  - ● 再販売価格維持行為 …………………………158
  - ● 再販売価格維持制度 …………………………160
- 6-6 チャネル設計 ……………………………………162
- 6-7 化粧品の流通 ……………………………………164
- 6-8 流通革命 …………………………………………168
- 6-9 規制緩和と日常生活 ……………………………169
  - ● 信書の送達 ……………………………………170
  - ● コメの流通 ……………………………………172
  - ● 酒類の流通 ……………………………………174
  - ● 医薬部外品の流通 ……………………………175
- 6-10 ロジスティクスとサプライチェーンマネジメント ……178
  - ● サプライチェーンマネジメント ………………178
  - ● ロジスティクス …………………………………180

7 流通業者 ……………………………………………………183

- 7-1 流通業者の分類 …………………………………183
- 7-2 卸売業者 …………………………………………185
- 7-3 小売業者 …………………………………………187

- ● 有店舗小売形態 ……………………………………………187
  - ◆ スーパーマーケット ……………………………………187
  - ◆ 百貨店 ……………………………………………………189
  - ◆ 専門店 ……………………………………………………190
  - ◆ 家電量販店 ………………………………………………190
  - ◆ ホームセンター …………………………………………191
  - ◆ ドラッグストア …………………………………………192
  - ◆ コンビニエンスストア …………………………………193
  - ◆ 100円ショップ …………………………………………196
  - ◆ オフプライス小売業 ……………………………………196
  - ◆ カタログショールーム …………………………………197
  - ◆ 消費生活協同組合 ………………………………………197
  - ◆ サービスビジネス ………………………………………197
  - ◆ 製造小売業 ………………………………………………198
- ● 無店舗小売形態 ……………………………………………199
  - ◆ 通信販売 …………………………………………………199
  - ◆ ダイレクトセリング ……………………………………200
  - ◆ 自動販売機販売 …………………………………………200

7-4 百貨店とスーパーマーケットの比較 …………………………201

7-5 小売業者のポジショニング ………………………………………202

7-6 チェーンオペレーション …………………………………………203

7-7 小売業態の変遷 ………………………………………………………205

- ● 小売業態の変遷 ……………………………………………205
- ● 小売業者の集積 ……………………………………………207

7-8 配送業者 ………………………………………………………………208

8 プロモーション ……………………………………………213

8-1 プロモーションミックス …………………………………………214

8-2 広告 ……………………………………………………………………218

8-3　インターネット広告 …………………………………………225
　　8-4　販売促進 ………………………………………………………228
　　8-5　パブリックリレーションズ ………………………………228
　　8-6　人的販売 ………………………………………………………230
　　8-7　ダイレクトマーケティング ………………………………231
　　8-8　プロダクトライフサイクルとプロモーション …………232

9　エレクトロニックコマース …………………………………………235
　　9-1　エレクトロニックコマース ………………………………235
　　9-2　POSシステム ………………………………………………237
　　9-3　EDIシステム ………………………………………………239
　　9-4　EOSシステム ………………………………………………242
　　9-5　サイバービジネス …………………………………………243
　　9-6　電子マネー …………………………………………………244
　　9-7　セキュリティ ………………………………………………248
　　9-8　アマゾン・ドット・コム …………………………………250
　　9-9　楽　天 ………………………………………………………253
　　9-10　小売業者の取り組み ………………………………………254

10　マーケティングストラテジー ……………………………………257
　　10-1　経営戦略とマーケティング戦略 …………………………257
　　10-2　新製品開発戦略 ……………………………………………262
　　10-3　競争優位 ……………………………………………………265
　　10-4　マーケットシェアとマーケティング戦略 ………………268
　　　●　マーケットリーダーのマーケティング戦略 ……………269
　　　　◆　市場規模の拡大 …………………………………………270

　　　　　　　　　　　　　　　　　　　　　　　　　　　目　次　7

　　　　◆　マーケットシェア維持・拡大戦略 ……………………272
　　　　◉　追随者のマーケティング戦略 …………………………272
　10- 5　PLCステージとマーケティング戦略 ………………………275
　10- 6　規制緩和とマーケティング戦略 ……………………………276
　10- 7　顧客シェアのマーケティング戦略 …………………………277
　　　　◉　マーケティングパラダイムの変遷 ……………………277
　　　　◉　リレーションシップマーケティングの進化 …………282
　　　　◉　ワントゥワンマーケティング …………………………283
　　　　◉　顧客関係性マネジメント ………………………………286
　　　　◉　オールインワンマーケティング ………………………289
　10- 8　マーケティングマイオピア ………………………………291
　10- 9　ポストモダンマーケティング ……………………………293

参考文献 ……………………………………………………………301
あとがき ……………………………………………………………305
索　　引 ……………………………………………………………307

1　マーケティングとは何か

1-1　はじめに

　現在の私たちは高度に成熟した社会の中で便利で快適な環境に生きている。しかしながら，こうした社会が到来したのは実はそんなに遠い昔の話ではない。こんにちどこの家庭にもある乗用車やカラーテレビ，電気冷蔵庫，電気洗濯機，電気掃除機さえも，昭和30年代には，一般家庭では所有していないのが当たり前だった。内閣府が統計をとり始めた昭和32年当時，家事労働を軽減してくれる電気洗濯機の家計普及率は20.2%，生鮮食料品の長期保存を可能にしてくれる電気冷蔵庫の家計普及率はわずか2.8%に過ぎなかった。このとき電気掃除機やカラーテレビはまだ登場していない。

　家庭の主婦はタライと洗濯板を使って洗濯をし，毎日食材の買い物にでかけ，肉や野菜，日用雑貨を購入するためにそれぞれの個人商店を回っていた。最近になってレジ袋の有料化を実施する小売店が増加してきたが，この時代１つの場所で日常生活に必要な全てのものを販売する小売店は存在せず，レジ袋も存在していない。買い物かごをもって買い物にでかけるのが当たり前の時代だった。

　スーパーマーケットや外食産業が日本中どこにいっても見られるようになったのは1970年代に入ってからであり，それまでワンストップショッピングができるのはデパートだけだった。コンビニエンスストア（CVS：Convenience Store）が初めて日本に登場したのは1974年5月，東京都江東区にオープンしたセブン‐イレブンだった。それは今からわずか30年あまり前に過ぎない。

　当時，セブン‐イレブンは，その名称通り朝7時から夜11時まで営業する小売店だった。こんにちでは小売店が24時間営業していることが当然のように思

われているが，小売店のほとんどが夕方には閉店していた時代，セブン-イレブンの登場は新たな時代の到来を予感させてくれるものだった。

その後，1982年10月に日本で初めてPOSシステムが導入され，1987年10月以降公共料金の取り扱い業務を広げ，こんにちではゲームソフトや音楽CDの販売，宅配便の取次サービスを行っている。そしてセブン-イレブンは，2001年4月にはイトーヨーカ堂との共同出資によりアイワイバンク銀行（現 セブン銀行）を設立し，今ではあらゆる社会生活のインフラストラクチャーにまで成長している。

24時間365日買い物ができるようになっただけではない。情報通信技術の発展によるインターネットの普及は家に居ながらにして多くの用事を済ませることを可能にした。このような環境の到来に大きな役割を果たしたのが宅配便サービスである。ヤマト運輸が「宅急便」業務を始めるまで，企業から個人（B to C）への全国レベルでの輸送インフラストラクチャーは整備されていない。

個人から個人（C to C）の配送手段にいたっては，旧国鉄の鉄道小荷物と郵便局の小包郵便物しか存在しなかった。それが今やゴルフ，スキーなど品物を問わず，かつ痛みやすい生鮮品にいたるまで電話一本で集荷にきてくれ，送付先への到着時間まで指定して送り届けることができる。

こうした新たなビジネスやサービスの登場は私たちの欲求に応える形で登場してきたものであり，それらを提供する企業組織，そしてそのビジネス展開には経営学の知識が活かされている。

CVSが限られた店舗スペースの中で私たちが必要とする商品を販売できるためには，売れ筋商品と死に筋商品を見極めるスキルとノウハウが求められる。また，多品種少量配送を可能にするためには流通システムの効率化が必要不可欠である。

新しいビジネスが登場してそれが社会に受け容れられたならば，そこに事業機会を見いだした競合他社が参入してくる。そこで彼らとの競争に勝利して事業を存続させるためにはどうすればいいのか。こうした課題を解決するための指針を提供してくれるのも経営学の役割である。

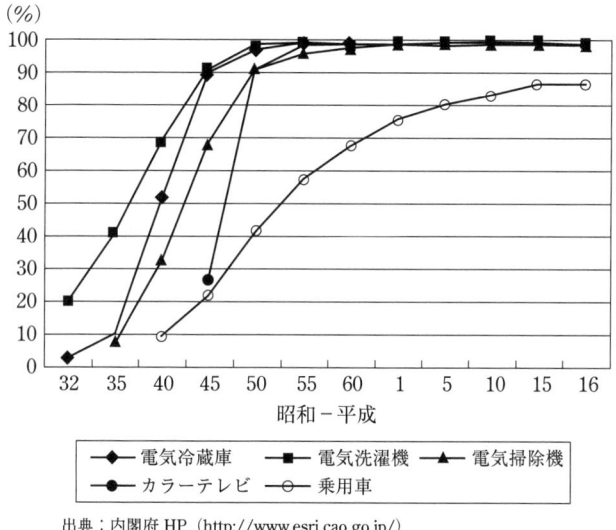

図1-1 主要耐久消費財普及率

出典：内閣府HP（http://www.esri.cao.go.jp/）

1-2 経営学を学ぶ意義

　しかしながら経営学の存在意義は私たちにはわかりづらい。学問領域の中でも自然科学の存在意義は比較的わかりやすい。例えば，医学の発展は人間の疾病を治し私たちの健康な日常生活に寄与してくれる。こんにち結核などかつては不治の病といわれた多くの病気は克服され，ガンの治癒率も飛躍的に向上している。これらは医学の進歩がもたらした成果である。また，科学の発展は私たちに新たなエネルギー源を提供し，航空宇宙工学の進歩は人間を宇宙へと誘うまでに進歩している。
　一方で，人文科学あるいは社会科学領域の学問はその成果が見えにくい。人文科学における文学は人間の感情を豊かにし，哲学は人生を生き抜いていくための指針を与えてくれる。それでは社会科学における経営学は何ゆえ生起し，こんにちまでその研究領域を拡大しながら進歩してきたのだろうか。そこには

社会的要請があり意義があるはずである。有史以来経営の手法は存在していたはずである。集団の規範やルールが存在しなければ、私たちの祖先は農耕や狩猟生活を行うことができなかったはずである。

　学問としての経営学は20世紀初頭のアメリカとヨーロッパで相前後して誕生し、その後アメリカで発展してきた。圧倒的にものが不足していた時代、産業革命がもたらした工場制機械工業は人びとの生活を豊かにしてくれる多くの製品を、それらを人びとが購入可能な価格で提供することを可能にした。また、19世紀後半に始まった大陸横断鉄道は物資の輸送環境を飛躍的に改善した。そして、こうした産業の発展はその労働者に賃金収入をもたらし、彼らの購買能力を高めていった結果として、生活をより豊かにしてくれる製品を作れば作るだけ売れる時代が訪れることになる。

　工場規模が拡大し企業間競争が激化する中、従来の経験的方法による組織運営に限界が見え始める。便利なものを作れば売れる時代、企業の競争の鍵は同じ経営資源、すなわち同じ規模の工場、従業員、原材料を使って、同じ時間でいかに競合他社よりも多くの製品を製造することができるかが考えられるようになる。多くの製品ができればそれだけ他社よりも多く売れ、より多くの利益をもたらすためである。こうした社会背景が経営学の誕生を要請する。

　工場の規模が小さく家族だけあるいは数人で作業する企業であれば、組織構成員相互の意思疎通は可能である。しかしながら、組織の規模が大きくなり、従業員が100人、1,000人になると、彼らに指示を与え仕事を調整する機能が必要になってくる。経営学とは組織目標の実現のために組織構成員を指揮、管理し、組織の舵とりを行う知識や手法の体系である。

　経営学の対象は営利を目的とした企業に限られるものではない。例えば都道府県や市町村といった地方公共団体は、その地域における住民を構成員として地域内の地方自治を行う団体であるが、住民基本台帳の整備、公園や病院の設置、都市計画から、飲食店の営業許可までさまざまな職務を担っている。地方公共団体の職員には事務職員のほかに、医師や看護師、清掃職員などの多種多様な人びとが所属している。

それでは経営学にはどのような意義があるのだろうか。経営学の要諦は組織をマネジメントすることにある。Drucker (1999) は，マネジメントについて「組織をして成果を上げさせるための道具，機能，機関がマネジメントである。」（訳書，45ページ）と述べている。すなわち，マネジメントとは従業員を管理することや経営者そのもののみを意味する概念ではない。彼はあらゆる組織を社会の機関と位置づけており，その意味で組織は個人や社会のもつニーズを充足させてくれる存在である。マネジメントとは組織が社会的機関であることを支援する機能であると考えることができる。

すなわち，マネジメントとは組織が掲げる目的と使命に向かって組織構成員を動機づけ，社会的な責任を果たしながら，その達成を最善のプロセスで実現することを担っているのである。そして具体的には，顧客の創造を行っていくことがマネジメントの成果であるとされる。マーケットのニーズを満足させ，自社にとっての顧客を創造できない企業は社会的機関としての存在意義がないという考え方である。

こうした経営学は芸術性をもっている。マネジメント活動とは，計画し，組織し，指揮し，調整し，統制する仕組みであり，企業組織はマネジメント活動を通して現場の作業活動が円滑に行われることをサポートする。そこで重要となるのがマネジメントの主体であり，かつ対象としての人間である。組織が有効に機能するためには，企業の仕組みや仕事の流れは合理的な計算の上に設計されていなければならない。マネジメントは体系的な理論や方法によって裏づけられている。

しかしながら，質的にも量的にも同じような社員や機械，設備を使って事業活動を行っても企業によって経営に差が生じるのはなぜだろうか。経営資源が同じでもマネジメントを行うのもされるのも人間であり，そこに芸術的な側面が生じてくる。「経営の神様」と呼ばれる松下電器産業（現パナソニック）の創業者，松下幸之助は，人材の活用，資金の運用，経営の各部門の隅々にいたるまで経営者の細かい配慮，創意工夫が重要であると述べている。

また，経営学には学際性と総合性がある。組織は，経済的，政治的，社会的

なマクロ環境の中で，ミクロ的には，ヒト，モノ，カネ，情報といった多種多様な経営資源を活用しているのである。したがって，企業やその経営に関して1つの学問領域だけで全てを把握するのは不可能であり，経営学には関連学問の知識を活用するという学際性と，それらを総合するという総合性が求められる。

1-3　経営学と初期のマーケティング

　工場の生産性向上を目的として生起した経営学はこんにちに続く産業社会の成長プロセスの中でその研究領域を広げていく。それまで経験と勘に基づいて行われていた生産活動に，Taylor（1911）とFayol（1967）によって導入された科学的手法は合理的で効率的な作業環境を実現した。つぎに研究の対象は，Likert（1961，1967）やArgyris（1957，1964）らによって人間に向けられ，人間のもっている能力を最大限に発揮させるための普遍的な法則が探求される。そして，組織形態や経営管理に関する研究はBarnard（1938）やSimon（1976）に引き継がれていく。

　1970年代になって経営学に登場してくるのが経営戦略に関する研究である。すなわち，マーケットの中で競合他社との競争に勝ち残っていくためにはどうしたら良いのかという，競争に焦点が当てられたのである。この領域は，Chandler（1962）やAnsoff（1965）によって先鞭がつけられ，Porter（1980, 1985a, 1985b）の研究によって体系化されることになる。

　1990年代になって経営学は新たなステージを迎える。それまでの組織形態や管理構造，ヒューマンリソースマネジメント，競争戦略などの全ての経営理論の根幹へと研究の視点が向けられることになる。その背景には，産業技術や情報通信技術の発展がもたらしたこんにち私たちが置かれている社会環境，経済環境がある。

　マーケットはグローバル化しビジネスに国境がなくなった中で，こんにちの企業経営者は，かつては10年に1度行えばよかったような重要な意思決定を毎

日のように判断しなければ競争を勝ち抜いていくことが困難な状況が訪れている。変化の激しい経営環境の中で，企業には不断に競争優位を創造することができる組織能力が求められるようになり，経営学の研究対象もそうした能力の探求に向けられるようになったのである。

このように経営学はその研究領域を広げつつ，時代背景を反映して研究対象の焦点も変化を遂げてきた。経営学としてのマーケティングも時代の流れとともにその基本的な考え方であるパラダイムが変遷してきている。Bartels (1976) によれば，1910年にはマーケティングという言葉が初めて用いられたとされるが，そこでのマーケティングの機能は市場配給に関する問題と位置づけられていた。

産業革命によってもたらされた工場制機械工業は，アメリカ，ヨーロッパにおける大量生産体制を実現した。その後，マーケットは大量生産された製品を販売するために流通の仕組みを整備する必要に迫られることになる。それまでのアメリカでは，広大な国土に人びとが散在していたため，製造された製品を店舗で販売することができなかった。そのため，製品は専門の販売員が鉄道や駅馬車を利用してそれらを売り歩く方式が採られていた。

この時代の企業にとっての重要な経営課題は何をどのようにして売るかであり，経営者の関心はいかにして生産した製品を流通させるかに向けられていた。こうした問題に取り組んだ Shaw (1915)，Butler＝Debower＝Jones (1914)，Butler (1917) は，マーケティング研究の先駆けとされる。

産業革命を経て製品が大量にマーケットに流入し，それと同時に賃金労働者に購買力が備わってくると，製品は作れば作るだけ売れるようになる。時を同じくして進行した大陸横断鉄道の伸長は物資の移動を可能にし，都市への人口の集中をもたらすようになる。そして19世紀半ば以降，アメリカ，ヨーロッパでは，百貨店やチェーンストアを始めとするさまざまな小売形態が誕生してくる。ここでは市場機会を認識した多くの企業家が現れ，社会の生産能力はさらに拡大していくことになる。やがて製品が十分に流通するようになると販売競争が生じるようになり，それに合わせてマーケティングの内容も変化していく。

市場競争の中で経営者が考えるのは販売促進であり，この時代のマーケティングも彼らの抱える自社の製品を購入してもらうためにはどうしたらよいのかという経営課題を反映していた。

その後さらに社会が高度化，成熟化していくに従って，企業の経営者はそれまでとは異なった発想で製品製造を行う必要に迫られるようになる。すなわち，作った製品を売ることから，売れる製品を作ることへの発想の転換である。これがこんにちのマーケティングの基本的なコンセプトの原点である。

1-4　マーケティングの定義

こうした時代の流れとそれに伴う社会環境の変化を念頭に置いた上でこんにちのマーケティングの定義を考えてみる。おそらく，マーケティングという言葉を一度も聞いたことがない人はいないはずである。それではマーケティングとは何かと聞かれて答えられる人はどれくらいいるだろうか。マーケティングの定義はその研究者の数に匹敵するほど多く存在するが，ここで紹介するのは日本とアメリカのマーケティング協会の定義と，Kotler（1999）ならびにDrucker（1973）の2人の研究者の定義である。

アメリカマーケティング協会（AMA：American Marketing Association）が，2004年から提示している新しいマーケティングの定義によれば，「マーケティングとは，組織とその利害関係者双方の便益を高めるために，顧客関係性をマネジメントしながら，顧客価値を創造，協創，提供するための組織的機能である。」（http://www.marketingpower.com/）とされる。そして日本マーケティング協会の1990年の定義では，マーケティングを，「マーケティングとは，企業およびほかの組織がグローバルな視野に立ち，顧客との相互理解を得ながら，公正な競争を通じて行う市場創造のための総合的活動である。」（http://www.jma-jp.org/）と表現している。日米両マーケティング協会の定義はいずれも抽象的な定義であり，マーケティングとは具体的に何を行うことなのかまでは示されていない。

マーケティング研究の世界的権威であるKotler（1999）は，マーケティングに関して，それは満たされていない欲求を突きとめ，その重要性と潜在的な収益性を明確化，評価し，組織が最も貢献できる標的市場を選択した上で，当該市場に最適な製品，サービス，プログラムを決定するプロセスであり，それを行うにあたっては全組織構成員に顧客志向，顧客奉仕の姿勢を求めるビジネス上の機能であるとしている。彼の考えは，言い換えればマーケットの不連続の変化に対応して，人びとのニーズを収益機会に転化することである。彼の定義から私たちはより具体的にマーケティングの概念を知ることができる。

　そして，おそらく最もマーケティングの本質を的確に表現しているのがDrucker（1973）である。彼によれば，マーケティングの目的とは販売を不要にすることであるとされる。すなわち，マーケティングの要諦はマーケットが求めるものを創りだすことであり，企業が本当に私たちが求めているものを製造すれば，プロモーションを行わなくてもそれらは売れるというものである。

　また，Drucker（1973）は，企業の唯一の目的は顧客の創造にあるとした上で，顧客創造のために企業がもつべき機能はマーケティングとイノベーションのみであるとした。すなわち，企業はマーケティング活動を通してマーケットのニーズを明らかにして，それらを満たしてくれる製品や商品，サービスの提供を行う。そしてそうした新しい価値の創造にあたって，これまでの知識や経営資源の範疇では解決できない課題を解決してくれるプロセスとしてイノベーションを位置づけたのである。

　マーケティングをとてもわかりやすく説明している研究として小川　進＝上田バロン（2005）がある。小川は「猿の惑星」を想定してマーケティングを定義している。猿の惑星の住人である猿の主食がバナナで，そのバナナを栽培している会社が1社しか存在しない場合には，惑星にマーケティングは生起しない。そこに市場機会を認識した他社が参入してきたとき，両社には他社のバナナではなくて自社のバナナを購買してもらうための活動が必要になるのである。

　以上のマーケティングに関する組織，研究者の定義から，マーケティングとは，自社製品や商品，あるいはサービスを，継続的に反復的に購買してもらう

ための組織的活動と考えることができる。

1-5　マーケティングの研究領域

　マーケティング活動を行うのは営利企業に限られるわけではない。マーケティングとは人と社会の満たされない欲求を探り、それを満たすことをテーマとしている。したがって、非営利組織、官公庁、病院、政治家にいたるまでマーケティングは存在する。例えばボランティア団体の場合、人びとの支持を集め、彼らにその活動を納得してもらい、物資を始めとする支援を広く一般から募るためのスキル、ノウハウが求められる。また、流行る病院の要件は医師の能力の高さに対する評判によるところが大きいと考えられるが、スタッフの応対、設備なども無視することのできない要因と考えることができる。

　官公庁の職員の身分は公務員であるが、こんにちのわが国における官公庁のマーケティングは必ずしも成功とはいえない。例えば、市区町村役所の窓口を考えた場合、窓口を訪れた利用者が満足してくれれば、その地域の社会厚生は向上し、地域社会や住民生活に有形無形の好影響をもたらしてくれる。しかしながら、日本国憲法第15条第2項に基づいた国民全体への奉仕者という高尚な義務だけでは公務員を動機づけることはできない。

　彼らの給与は公務遂行のために提供する労働に対して職階制に基づいて分類された官職の区分に応じて支給されるため、民間企業で従業員の動機づけに使われるような業績に応じた報酬が存在しない。そればかりか明確な標準作業量も設定されていない場合がほとんどであり、こうした環境が無愛想な窓口対応を生みだす1つの要因と考えることができる。経営学の観点からは、仮に官公庁にマーケティングが導入されれば、こんにち日本国憲法の主旨とは大きくかけ離れてしまった感のいなめない官公庁のパラダイムを、その本来の姿に修正することが可能であると思われる。

　つぎにマーケティングの対象であるが、多くの場合マーケティングの対象となるのは有形の財である。私たちは形があって目に見える、触れることができ

る，味わうことができる製品を通してその満たされない欲求を充足させることができる。しかしながら，社会が高度に成熟し，物質的に満たされた社会においては，有形財のみで私たちの高度になった欲求を100％満足させることが困難になってきた。そこで重要になってきたのが目には見えないサービスの役割である。

例えば，パーソナルコンピュータ（PC）を生まれて初めて購入する人たちの欲求は，通常は家電量販店でそれを手に入れただけでは半分も満たされない。自宅にインターネット回線を引き，プロバイダに加入し，ウイルスソフトをインストールし，インターネットの初期設定を行い，利用方法をわかりやすく教えてもらって，初めてその欲求が充足レベルに到達する。すなわち，有形財のパソコンを手に入れることは手段であって，そうした人たちにとっての真の欲求は，インターネットを使ってショッピングを楽しんだり，デジタルカメラで撮影した孫の写真を自宅でプリントすることなのである。

通信販売大手のジャパネットたかたは，こうした欲求に応えるために有形財のPC，カラープリンター，デジタルカメラと専用プリント用紙に，全国無料のPCの設置サービスをセットにして提供することを通して売上げを伸ばしている。

また，有形財と無形財を組み合わせることによって創りだされるサービスに経験がある。私たちは，ディズニーランドやディズニーシーで，おとぎの国や海賊船を経験することができ，ラスベガスには古代ローマやニューヨークシティを体験できるホテルがある。

そのほかにも，オリンピックやサッカーワールドカップなどのイベント，六本木ヒルズや表参道ヒルズなどの開発地域，コーポレートアイデンティティ（CI：Corporate Identity）などの組織カラー，アイデア，特許，情報，そして，専門知識や専門能力を有する人間までもがマーケティングの対象となる。

ポスティングシステムでアメリカメジャーリーグに移籍したヤンキース松井秀喜や，レッドソックス松坂大輔本人に代わって球団サイドと年俸などの交渉にあたっているのがエージェントと呼ばれる代理人である。彼らが扱っている

対象は，ベースボールというスポーツに秀でた能力を有した人間なのである。

1-6　マーケティングコンセプトの変遷

　企業がマーケティング活動を行うにあたっての基本的な考え方であるマーケティングコンセプトは，マーケティングという言葉が誕生して以来いくつかの大きな変化のプロセスを歩んできた。こんにち経営者やマーケットにおいて共通認識となっているマーケティングの考え方は，マーケティング研究当初からその内容を全て内包していたわけではない。

　マーケティングという概念が誕生してきた当初の企業のマーケットに対する方針でもあるマーケティングコンセプトは，「生産コンセプト」と呼ばれる。生産コンセプトは作れば売れる時代に適合するコンセプトである。このコンセプトの下では，企業は，消費者はどこでも手に入れられて手ごろな価格の製品を好むという前提に立った事業展開を行う。この前提では，消費者は主に製品の入手可能性と安い価格に関心があると考えられているため，企業の経営者，あるいはマーケティング担当者は生産志向の生産を推進して，製品の生産性を高めて大量に製品を流通させることに専念するようになる。

　テキサス・インスツルメンツは，1900年代初頭にFord（1923）が自動車市場を拡大するために提唱した，生産を伸ばして価格を下げようという理念を体現するアメリカの代表的な企業の1つである。同社は，コストを下げるために生産量を増やすとともに，技術水準を高めることに全力を注いでいる。

　こんにちでもこのマーケティングコンセプトに基づいた事業運営を行っている組織に，職業安定所や許認可事務所がある。ここでは一定時間内にできるだけ多くの業務をこなすことを目的として，流れ作業にも似た窓口対応が行われるが，それが行き過ぎると人間味がなく，質の悪いサービスとなる可能性がある。

　工業化が進展して技術力が高まってくるプロセスで登場するのが，マーケティングにおける「製品コンセプト」の考え方である。このコンセプトのもとで

は，消費者は品質も性能も良く目新しい特徴のある製品を好むという前提に立った経営が行われる。購買者は，全ての製品に関してより優れた技術的性能や機能を評価するわけではない。

　任天堂は，ソニー・コンピュータエンターテインメント（SCE）との競争の軸を，それまでのゲーム機本体の性能から誰でも手軽に遊べるゲームを作ることへとコンセプトをシフトすることによって成功を収めた。人口動態が少子高齢化に向かう中で，ゲーム市場の規模は1990年代後半から徐々に縮小してきていた。同社はその要因の1つをハードの高性能化による操作の複雑化と考えたのである。そしてこうした環境でマーケットを拡大するためには，技術志向に基づいていたそれまでとは異なる発想に基づいたハードによる新たな市場開拓が必要と考えたのである。

　2004年12月に発売された「ニンテンドーDS」の販売台数は，2007年10月下旬，発売後3年を待たずに日本国内で2,000万台突破する。これはPS2より2倍以上速いペースだった。この結果は，ハードの高性能化の競争から脱却して老若男女が楽しめるソフト志向へのコンセプトの変換がもたらした成果である。

　1967年4月2日から1968年3月31日までフジテレビ系列で毎週日曜日放送されていた，竜の子プロダクション制作のテレビアニメに「マッハGoGoGo」がある。アメリカでは「Speed Racer」のタイトルで放送され，実写映画化された作品が2008年夏に劇場公開された。このアニメの中で主人公三船　剛が搭乗するレーシングカー「マッハ号」は，当時の子供たちにとって夢の車だった。

　三船　剛のマッハ号には8つの特殊な力が秘められており，それらの機能はステアリング中央にあるコントロールパネルに設置されたAからGの7つのボタンとシフト横のHボタンによって作動する仕組みだった。険しい道や水中も進め，偵察機を飛ばすことができるこのレーシングカーは，当時は夢であってもこんにちの技術があれば製造可能かもしれないが，たとえ製造してもコマーシャルベースに乗るほどには売れないに違いない。

　社会に産業化の恩恵が行き渡ったころに登場してきたのが，マーケティングにおける「販売コンセプト」の考え方である。そこは，顕在化していたマーケ

表 1-1　マッハ号の機能

Aボタン	オート・ジャッキ	車体の下から飛び出す4つのジャッキ。車体を空中にもち上げ障害物を飛び越す。
Bボタン	ベルトタイヤ	タイヤの周辺に特殊タイヤが巻きつけられ，スリップやタイヤの空回りを防ぐ。
Cボタン	カッター	車体前部より2つの回転ノコギリが出て，前方の木などを切りながら走行する。
Dボタン	ディフェンサー	雨天のときや砂埃を防ぐために，コックピットにキャノビーが覆いかぶさり密閉することができる。
Eボタン	イブニングアイ	夜間走行中，ヘッドライトから赤外線が照射され，三船 剛のヘルメットのゴーグルを通すことによって，暗い道を見ることができる。
Fボタン	フロッガー	コックピットが密閉され，同時に内蔵された酸素ボンベが働き水中でも走行できる。
Gボタン	ギズモ号	通信用小型ロケット。
Hボタン	ホーミング	飛行中のギズモ号を所定の位置までホーミングする。

ットの欲求を満たしてくれる製品は，それらを欲する人びとに行き渡った状態である。すなわち，製品を製造すれば売れる時代は終わり，企業経営者あるいはマーケティング担当者は，いかにして自社の製品を購買してもらうかを考えなければならなくなった。

　マーケティングにおける販売コンセプトの下で行われるマーケティングは，企業サイドが何もしなければ消費者や事業者は製品を買ってくれないという前提に立って行われる。マーケットの購買者の欲求を満たす多くの製品の中から自社の製品を購買してもらう，あるいは自社を通して商品やサービスを購買してもらうために，企業はプロモーションに経営資源を投下しなければならない。実際に，こんにちの産業ではマーケットの需要が飽和状態に達している業種が多く，これらの市場では激しい競争が繰り広げられている。企業の経営者やマーケティング担当者の間で，マーケティング＝販売促進という考え方が少なからず存在する背景にはこの販売コンセプトがある。

　しかしながら，販売コンセプトが行き過ぎると弊害も生じる。政治団体や政治家は，選挙が近づくと有権者に対して積極的な売り込みをする。候補者は早

朝から深夜まで選挙区を移動しながら有権者と握手し，赤ん坊を抱き上げ，集会に出向き，土下座する場面も見られる。最低でも5,000万円といわれる選挙資金が，テレビやラジオの広告，ポスター，郵便物に費やされるが，彼らの目的は当選することであって，当選後の有権者の満足には関心がない場合がある。選挙が終わるといわゆる役人が職務を遂行し，多くの場合，有権者の意見が政策に反映されることはない。

1-7　マーケティングコンセプト

　こんにちマーケティングのコンセプトの主流になっているのが，マーケティングの名称をそのまま冠した「マーケティングコンセプト」である。このコンセプトの考え方では，自らが選定したターゲットマーケットに対して，競合他社よりも効果的に顧客価値を生み出し，供給し，コミュニケーションを図ることが企業目標を達成するためのポイントとなる。

　マーケティングコンセプトの下では販売とマーケティングは厳密に区別される。販売が売り手の都合に焦点を当てているのに対して，マーケティングは購買者の欲求に焦点を当てる。すなわち，製品の製造から流通，販売，アフターサービスにいたるまで，全てのプロセスを駆使して顧客の欲求を満たそうという考え方である。

　マーケティングにおけるマーケティングコンセプトは，こんにちのマーケティングの定義と同義である。今ではどの企業の経営者も口を揃えていうようになった顧客志向という言葉も，その考え方が常識のように使われるようになる1990年代まではその言葉を唱える人は存在せず，彼らの関心は自社の製品やサービスをいかに販売するのかに向けられていた。企業組織にもマーケティングコンセプトに基づくマーケティングを行う部署はなく，仮にマーケティングを冠する部署があっても，それは市場調査を業務とするセクションだった。

　そうした環境の中でただ一人，Levitt (1960) はマーケティング研究史上あまりにも有名な論文"Marketing Myopia"において，顧客志向の重要性を強

調している。彼のこの論文が絶賛されるのは，世界の企業経営者の誰一人として顧客満足に目を向けていないときに，顧客満足が企業の長期的利益に結びつくことを主張したことにある。そして，1960年の彼の論文に述べられている内容は，その後の産業の実態を恐ろしいほどに言い当てている。

そしてこんにちでは，エコロジーの考え方がマーケティングにも採り入れられ，マーケティングにおける「ソサエタルマーケティングコンセプト」が受け容れられている。地球温暖化を始めとする世界規模での環境悪化，資源枯渇，健康被害，爆発的人口増加を食い止めるために，企業には顧客と社会の幸福を維持，向上させるやり方でビジネスを展開する責任があるという考え方である。

ハンバーガーショップで店員がにこやかに，しかも必ず勧めるポテトにはデンプン質と脂肪分が多い。依然として多くの市場規模をもっている嗜好品の中でもタバコが人体に有毒であることが知られている。ハンバーガーショップではメニューにカロリーを表示し，タバコのパッケージにはタバコが健康に有害である旨のメッセージが書かれている。また，家電メーカーは環境にやさしい製品の開発に余念がなく，野生動物の毛皮を原材料に使った製品のプロモーションは行っていない。

アサヒビールは，「未成年者飲酒予防基金」を設立し，アルコール飲料を製造，販売する企業グループとして，適正飲酒を啓発するという社会的責任の観点から，主として未成年者の飲酒予防のための研究活動を実施している団体，個人，施設などを対象に，毎年1,000万円を総枠とした助成を行っている。こうした取り組みからは，自社の製品の売上向上のみに目を向けるのではなく，健全な社会の維持，発展に注力していることがわかる。

ただし，マーケティング領域において，生産コンセプト，製品コンセプト，販売コンセプトはなくなってしまったわけではなく，それらは，特定の事業領域，あるいは特定の環境においては，こんにちも組織のマーケティングにおける基本的な考え方として存在していることも事実である。

「ザ・ボディショップ」1号店をイギリス，ブライトンで開店し，ユニークな経営方針とフランチャイズ方式で世界54ヶ国に約2,100以上の店舗を展開す

るアニタ・ロディックの掲げる経営方針は，企業は環境保護など社会的な貢献とビジネスとを両立すべきだというものである。同社は，自然の原料をベースにした化粧品を製造，販売し，リサイクル可能なパッケージを使用し，木材よりも成長の速い麻を原料とした製品ライン「ヘンプ」を取り扱う。

　ザ・ボディショップの経営理念は，ステイクホルダーである従業員，顧客，フランチャイジー，仕入先，株主などの経済的なニーズと人としてのニーズとのバランスを保つために，生態学的に持続可能なビジネスを行い，将来の世代のニーズを損うことなく，現在の人びとのニーズに対応することとされる。同社が取引をしている国や地域，国際社会などへの意義のある貢献を目的として，環境，人権，公民権の保護を謳い，化粧品，トイレタリー業界における動物実験に反対するキャンペーンを行っている。

　彼女の経営理念は世界中で共感を呼び，1985年のビジネス・ウーマン・オブ・ザ・イヤー（1985）を始めに，1988年大英帝国勲章，1989年国連環境賞，Global500など数々の受賞歴をもっている（http://www.the-body-shop.co.jp/）。

1-8　ニーズ・ウォンツ・デマンズ・シーズ

　マーケティングの出発点は人間のニーズ（needs）とウォンツ（wants）である。Kotler（1999）によれば，人間のニーズとは生活上必要とされるある充足が欠乏している状態である。それを満たす特定の製品や商品，サービスに向けられたとき，ニーズはウォンツとなり，それが購買能力と購買意思に裏づけられたときに，ウォンツはデマンズ（demands）となる。

　人間は生きるために，空気，食物，水，衣服，住居を必要とする。また，人間はレクリエーション，教育，娯楽に対する強いニーズを有している。マーケティング担当者は，マーケティング戦略の実行を通して人間のニーズを自社製品に結びつける，すなわち，特定のニーズを自社製品に対するデマンズへと変換するように働きかけるのである。

例えば，日本人の朝は忙しい。朝食を食べないで職場や学校に来た人たちは食欲というニーズをもっている。そして，彼らの関心がそのニーズを満たすことができる特定の対象に向けられたとき彼らのニーズはウォンツになり，それを購入できるだけの金銭，クレジットカード，デビットカード，電子マネーやそのほかの支払手段をもっていれば，そのウォンツはそのままデマンズとなる。

マーケティングの使命は，製品や商品，サービスという形で，マーケットにニーズを満たす価値を提供することであるが，高度に成熟したこんにちの社会環境の中で人びとのニーズは多様化，高度化しており，それを発見するのが難しい環境になっている。顕在化しているニーズはほぼ満たされた状況で，企業のマーケティングの焦点は他社に先駆けてマーケットに潜在するニーズであるシーズ（seeds）を見つけだすことに注がれている。

毎朝，食事ができないのは時間的に余裕がないためである。こうした状況の中にシーズを見つけだした企業がある。大塚製薬の「カロリーメイト」や「SOYJOY」，森永製菓の「ウイダー in ゼリー」は，時間と場所を選ばずに1回の食事に求められる栄養分を摂取できる食品である。ウイダー in ゼリーは，「あなたには，あなたの10秒メシ。」のキャッチフレーズでプロモーションを展開している。これらは食卓以外で食事が満たしてくれるニーズを実現した製品であり，潜在的ニーズであるシーズを満たしている。

ソニーの「ウォークマン」は，1979年7月の発売以来私たちの生活に新たなライフスタイルを創り出した偉大な製品である。今でこそ屋外で音楽を聴く人びとの姿は珍しくないが，それはウォークマン発売以前には考えられない光景であった。その品質の高さは，20世紀を代表する指揮者，故カラヤン氏が発売後まもなくから愛用していたことからも窺い知ることができる。

その後，記憶媒体の進化に伴って，1984年に「ディスクマン」，1990年に「MD ウォークマン」が発売され，1986年には「WALKMAN」が「Oxford English Dictionary」に掲載され，1987年にはアメリカスミソニアン博物館で永久展示されることになる。

それでは，1970年代後半の人びとが携帯用音楽端末に対するニーズを顕在化

させていたかというとそうではない。ソニーは優れた技術力を背景として携帯型ステレオテープレコーダーの開発を進めていた。そのプロセスにおいて，再生時の音質は優れているのに対して，録音時の音質に課題が残されていた。そんなとき，井深 大が「オーディオ装置」+「携帯性」というコンセプトの製品開発の決断をする。ウォークマンの成功は，マーケットの人びとが当時彼ら自身気づいていなかったかもしれない，携帯用音楽プレイヤーに対する大きなシーズが存在していたことを物語っている。

ただし顧客は商品を買うのではない。その商品が提供しているベネフィットを購入している。私たちが潜在的に求めていたのは携帯用音楽プレイヤーであってウォークマンではない。製品はニーズやシーズを満たす手段に過ぎないのである。2001年10月，アップルコンピュータ（現アップル）から「iPod」が発売されるとこの製品は全世界で飛ぶように売れ，5年半で1億台の売上を記録することになる。ウォークマンは1億台売れるまでに13年半かかっていることを考えると驚異的な売れ行きであることがわかる。こうした事実は，iPodが携帯用音楽端末として利用者に，より高い利便性を提供していることを意味している。

アップルが提供するiTunesは，BMG，EMIグループ，ソニー，ユニバーサル・ミュージックグループ，ワーナー・ブラザーズ・レコーズと契約を結び，希望の音楽を1曲単位で容易に合法的にダウンロードする仕組みを構築した。私たちは20万タイトルの中から楽曲を選べるようになったばかりか，購買前に希望する音楽を30秒間試聴することもできる。

iTunesは最も優れた検索，ブラウジング機能をもつだけではなく，同システムが採用するAACフォーマットによる音声圧縮技術が良質な音質を生みだしている。日本国内向けのサービスは2005年8月4日から提供楽曲数は約100万曲でスタートし，2007年6月時点の日本での提供楽曲数は約400万曲である。

こうしたサービスの結果，アップルのiPod出荷台数は，2007年4月から2008年3月に前年同期比約9％増の約5,278万台で，同時期のウォークマン販売台数の約9倍に達している。

私たちが映画館に足を運ぶのは感動したいためであり，野球観戦に行くのは興奮を味わいたいためであり，スポーツをするのはスリルを楽しみたいためである。すなわち，製品や商品，サービスは私たちのニーズを満たしてくれる手段なのである。

　マーケティングを困難にしているのが人間の主観である。スリルを楽しみたいというニーズをもった人びとは遊園地のジェットコースターで満足する人がいる一方で，バンジージャンプでなければ満足できないという人たちも存在する。顧客ニーズを正しく把握することは容易ではない。

　安い自動車を購入したいというニーズを考えた場合，顧客が求める安い車も一概にはとらえられない。例えば，安いという解釈も自動車の購入費なのか維持費なのかは個人によって違う。中には，オプションのサービスや良質なアフターサービスを望んでいるのかもしれない。スターバックスでコーヒーを飲んでいる人の本当のニーズは，会社でも家庭でもストレスにさらされるビジネスマンがサードプレイスとしてほっとできる場所を望んでいるのかもしれない。このように，人間のニーズが主観的であることが企業に私たちの心に潜むシーズを発見することを難しくしているのと同時に，そこに新製品開発の機会があるのもまた事実である。

　そして，ニーズやシーズの発見をより複雑にしているのは，マーケットの置かれている環境の影響である。ロディックが「ザ・ボディショップ」を通して肌に優しい化粧品を販売するまでは，女性が化粧品を使用する理由は男性の目により魅力的に映りたいためというのが化粧品業界の定説だった。丸ノ内紙工が販売した「使い捨て便座シート」が1990年以前に売れたかどうかは疑問である。これらの事例は，健康志向，清潔志向など，人びとの日常生活の意識の変化が生みだした新たなシーズである。

　さらに，Carpenter＝Nakamoto（1989）は，購買者は自分が欲しいものを初めから知っているというマーケターの基本前提は誤りで，購買者は何が欲しいのかを学習するという研究成果を発表している。

2　マーケティングプロセス

2-1　顧客価値

　マーケティングの目的は，自社製品や商品，あるいはサービスを，継続的に反復的に購買してもらうための組織的活動である。こんにち私たちの生活を豊かにしているものがなかった時代には，製造しただけ製品が売れるため，企業の経営者にとっての経営努力は生産性の向上に向けられていた。やがて，ものが一通り行き渡るとその関心はいかに自社の製品を販売するかに移っていった。
　この時代のマーケティングのコンセプトは販売にあって，購買者との取引は一度きりのものであって製造した製品を売ってしまえば良いと考えられていた。しかしながら，その製品そのもの，あるいはその販売プロセス，そして販売後のアフターサービスのいずれかで不満をもった消費者は，次回からはその企業の製品を購買しないだろう。
　そして，こんにち社会は高度に成熟し，かつマーケットには代替品を製造する企業がひしめき，市場競争は熾烈を極めている。こうした環境では，もはや顕在化した市場のニーズは全て満たされ，かつてのようにマーケットの全ての人びとが抱いているシーズを見つけだすことは不可能に近い。
　こうした環境で，企業経営者が自社の製品や商品，サービスを購買してもらうためには，それらにニーズをもっている特定のマーケットにフォーカスして，マーケティングコンセプトに基づいた"いわゆる"マーケティング活動を行っていかなければならない。
　市場を巡る需要発掘の時代から需要創造の時代を経て，こんにち，マーケットには創造された小さな需要を多くの企業が争奪する時代が訪れている。社会が求めるニーズも重厚長大から軽薄短小を経て，親密高小へシフトしてきた。

親密高小とは，企業が創りだす高い叡智が凝縮された小さくて軽い製品を，親密なコミュニケーションを伴って消費者へ提供していくことを意味している。企業が自らにとっての顧客をつなぎ止めておくためには，競合他社よりも高い価値を提供しなければならない。

こんにちの顧客には膨大な選択肢が与えられている。同様の価値を提供する多くの製品や商品，サービスを，どこから購入するのかを決定するにあたって，顧客はさまざまな制約条件の中から，最も高い価値を得ることができると判断した手段と購買対象の組み合わせを選択すると考えられる。

顧客の受取価値は，図2‐1で提示されているように総顧客価値から総顧客コストを差し引いた価値である。受取価値は製品から直接得られるベネフィットのみではなく，製品に付随するサービス価値や従業員の応対からもたらされる従業員価値，そしてイメージ価値なども含まれる。同様に，総顧客コストは製品の購買の対価として支払われる金銭のみではなく，その製品の購買にかかる時間，エネルギー，さらに心理的負担も含まれるのである。

図2-1　顧客価値

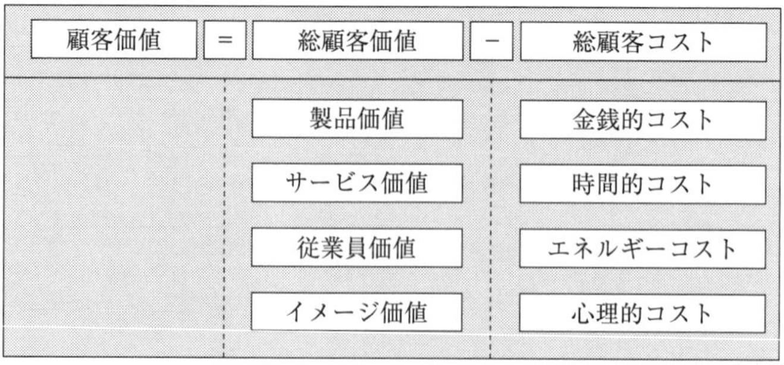

顧客価値	=	総顧客価値	−	総顧客コスト
		製品価値		金銭的コスト
		サービス価値		時間的コスト
		従業員価値		エネルギーコスト
		イメージ価値		心理的コスト

例えば同じ商品が同じ価格で販売されているならば，それを購買するにあたっては最も近い小売店を選択し，同じ商品が最寄りの小売店よりも遠い小売店のほうが安い場合には，そのために余分に費やす時間と経費を計算して，より価値が高いと判断する小売店でその商品を購買すると考えられる。製品価格や

時間，実際にかかる経費に関してはわかりやすいが，総顧客価値としての従業員価値とイメージ価値や，総顧客コストとしての心理的負担に関しては明確に定量化することが困難な分だけ，その判断に個人差が生じる。

　ある小売店で買い物をして，お釣りを，差し出している手のひらではなくカウンターの上に置いたり，商品知識がまるでない従業員のいる店舗に再び買い物に行くだろうか。おそらく，多少商品価格が安くてもそこへは買い物には行かないだろう。なぜならば，この場合金銭的コストが安い分の差額による総顧客コストの減少分を，従業員イメージのマイナスによる総顧客価値の減少分では補いきれず，結果として顧客の受取価値を減らしてしまうのである。また，この場合の従業員価値のマイナスは心理的コストの増加としてもとらえることができる。

　一方で，お中元やお歳暮などのギフト市場では，顧客はディスカウント販売を行うスーパーマーケットではなく，定価販売を行う百貨店のほうを選ぶ。この場合，イメージ価値のプラスに伴う総顧客価値の増加分が，スーパーと百貨店の価格差分の総顧客コストの増加分を上回って，結果として顧客の受取価値を増加させることにつながっている。

2-2　顧客はなぜ満足するのか

　それでは，私たちはどのようにして顧客の受取価値を高め，彼らに一回きりではなく，次回もそのつぎの購買機会にも自社を利用してくれるように動機づけることができるのだろうか。そのキーワードは「満足」である。満足は，総顧客価値を構成する全ての要素の価値を増加させる可能性を有している。それではどうしたら顧客に満足してもらえるのだろうか。

　Kotler (1999) によれば，消費者は製品やサービスから得られた成果が期待通りであれば満足し，成果が期待を上回ればその満足と喜びはより大きくなるとされる。そして高い満足度と喜びは消費者と組織との間に信頼関係を構築し，その結果として高いロイヤルティが生じるとされる。こんにちの消費者にとっ

て満足することは当然であり，満足できる顧客価値を提供する多くの企業の中から，彼らがそれを手に入れるために労力を惜しまなくなるような魅力あるオファーを提供することができる企業のみがクライアントを獲得することができる。

　1990年代から，北海道旭川市にある旭山動物園はユニークな展示で人気を集め，2004年7月の月間入園者数が東京の上野動物園を超えて日本一となった。同園はアザラシやホッキョクグマを間近に見られる施設が誕生して以降入園者数が年々増加してきていた。

　同園の「あざらし館」は日本経済新聞社が主催する日経優秀製品・サービス賞2004で最優秀賞日経MJ賞を受賞した。同館は北海道の小漁港を再現した地上部分と水深6メートルの巨大水槽内をアクリル板越しに見ることができる地下室で構成され，大型水槽につながった高さ3メートル，直径1.5メートルのマリンウェイと呼ばれる円柱水槽の中をアザラシが上下に自由に動き回る姿を観察することができる。

　また，同園の「ほっきょくぐま館」では，ホッキョクグマが水中で泳ぐ姿を間近で観察することができる施設や，ホッキョクグマに襲われるアザラシの視点を体験できる観察用のカプセルが設置されている。カプセルはホッキョクグマの足下に設置されており，カプセルから顔をのぞかせるとホッキョクグマの口の中の牙までを間近で観察することができるようになっている。

　上野動物園と旭山動物園を比較してみると，上野動物園は上野恩賜公園内にあり，その開園は1882年と日本で最も古く，ジャイアントパンダやスマトラトラ，ニシローランドゴリラなどの希少動物を始め日本で最も多い420種類あまりの動物を飼育している。一方，旭山動物園の開園は1967年で，130種あまりの動物を飼育する日本最北に位置する動物園であり，同園はホッキョクグマの飼育下での自然繁殖に国内で初めて成功した実績がある。

　私たちが動物園にいくときに抱いている期待は，日常生活では見ることのできない動物たちの姿を観察することにある。したがって，ライオンや象，キリン，カバ，サイなどが展示されてさえいれば，たとえ彼らが寝そべって動かな

い姿であったとしても，私たちが事前に抱いている期待に対する成果は満たされることになる。

　2004年6月まで上野動物園の入園者数が全国で一番多かった理由は，東京だけでも1,200万人を超える人口を抱える首都圏に立地していることと，飼育されている動物の種類の多さ，さらにはジャイアントパンダを始めとする希少種の数の多さである。人びとの動物園に求める期待が非日常の動物を見ることであれば，その成果は動物の種類の多さに比例して大きくなるはずである。

　しかしながら旭山動物園のケースはこうした常識を打ち砕くものだった。人口が35万人あまりの旭川市に立地する同園に，全国から年間150万人あまり来園者が訪れるのは，同園が，人びとが動物園に求めている期待を上回る成果を提供しているからにほかならない。来園者は同園に展示されている動物を見て心をわくわくさせ，感動を覚えるのである。

　かといって，旭山動物園で特別な動物が飼育されているわけではない。日経MJ賞を受賞したゴマフアザラシは北海道の海岸に数多く生息しており，そのほかの動物もとくに珍しいわけではない。同園は動物の存在そのものの種類や珍しさではなく，「行動展示」と呼ばれる動物の新しい見せ方を提案したのである。行動展示とは，野生で暮らしていた動物たちの本来の運動能力や好奇心の強さといった生態を観察することを可能とする仕組みであり取り組みである。

　アザラシ館に入るとすぐに見えるのがマリンウェイで，垂直方向に泳ぐアザラシの姿をわずか3センチの厚さのアクリル板越しに間近で観察できる。観察者にとっては，まるでアザラシが人間の世界にヒョッコリと遊びに来たような不思議な感覚を覚える仕掛けである。アザラシにとっても円柱水槽内は安全な水の中から人間の姿を観察する絶好の場になっており，自らの好奇心からしばしば水槽内で静止したまま真ん丸い目で来場者を見つめる姿を見ることができる。

　冬の開園期間にはペンギンの散歩を目の前で見ることができる。キングペンギンを始めとする数種類のペンギンたちの冬季の運動不足を解消するため，往復500メートルのコースを25分かけて並んで行進する。その日のペンギンの気

分にあわせるために日によって参加するペンギンもその数も違い，強制して歩かせているわけではないので途中で寄り道をしたり，雪上で遊ぶ姿も観察することができる。

「オランウータン空中運動場」は，高さ17メートルの2本の鉄柱をつないだ長さ13メートルのロープをオランウータンが悠々と渡る姿が観察できる。野生では一生のほとんどを樹上で暮らし，地上に降りることはほとんどないオランウータンだが，これまでの動物園で見る彼らはいつも地上に気だるそうに佇んでいた。同施設ができてオランウータンを移動させると，誰に教えられるわけでもなく鉄柱を登っていったそうである。同園のオランウータンは飼育下で繁殖した個体であり，野生での生活は経験していない。それにもかかわらず，人間ならば足がすくんでしまうような鉄柱を登り，ロープを渡るのは，彼らのDNAに記憶された本能のなせる技に違いない。

旭山動物園の来園者は，こうした動物たち本来の生き生きとした姿を見て，心からの満足と感動を覚えるのである。すなわち，同園が提供するサービスは来園者が動物園に求める期待を上回る成果を与え，人びとはそのサービスに高い満足を感じとるのである。

マーケティングの目的は自社の製品，商品，サービスを継続して購買してもらうことであった。そのためにはそれらを購買した人たちを満足させなければならないことを述べた。満足した顧客はつぎの機会にも再び自社の製品，商品，サービスを利用してくれるようになる。旭山動物園を訪れるリピーターの多さは，企業経営者のマーケティング活動に大きな指針を与えてくれる。

2-3 顧客満足は企業収益に貢献する

顧客を満足させることを通してマーケティングの目的である，継続的で反復的な取引を実現することができる。それでは，こうしたマーケティングの成功は，本当にビジネスを成功に導くのだろうか。

Reichheld (1986) は，顧客の維持は長期的に企業の利益に貢献するという

研究結果を残している。彼の調査によれば，新規顧客の獲得には既存顧客を満足させ維持する場合の5倍から10倍のコストがかかるとされる。それにもかかわらず，平均的な企業の場合，何の対策も講じなければ年間10％から20％の顧客が離れていく。そこで，彼は，仮に顧客離反率を5％低下させれば，業種によって違いがあるものの，その利益は25％から80％増加するとともに，顧客一人当たりの利益率は維持された顧客の生涯を通して増加傾向を示すことを明らかにした。

顧客とはバランスシートに計上される有形資産よりも貴重な資産である。オンバランスされる資産は金で購入できるが，顧客はそうはいかない。そこで，いかに顧客を獲得し維持するかが重要となるのである。Levitt（1960）は，顧客とは企業にとって最も重要な資産であり，ほかの資産と同様に顧客を管理してその最大化を図るべきであると述べている。さきに提示したように，Drucker（1973）は，企業の目的は顧客を創造することにあるとして，事業の基本的機能はマーケティングとイノベーションの2つのみであると述べている。すなわち，彼によればマーケティングとイノベーションは成果をもたらし，そのほかは全てコストであるという考え方である。

企業とって極めて重要な存在である顧客をつなぎ止めておくために，経営者は顧客の受取価値に細心の注意を払わなければならない。特に，製品価値とその金銭的コストでの差別化が難しい中で，顧客維持のポイントとなるのが価値の向上よりもむしろコストの削減が重要になってきている。仮に顧客に何らかの不満が生じたとしても，それに迅速に対応した場合にはかえって企業と顧客との間の信頼関係を強化することもできる。

経営者が留意しなければならないのは顧客の不満の放置である。この問題の重要性を示す研究として，Heinrich（1980）が労働災害の発生確率の分析から導出した法則が知られている。彼が損害保険会社で同一人物が起こした同一種類の労働災害5,000件を統計学的に調査した結果，災害において重傷以上の災害が1件あったらその背後には29件の軽傷を伴う災害があり，さらにその背景には怪我はないがひやっとした300件の体験があることを明らかにした。この

法則は彼の名前をとって「ハインリッヒの法則」と呼ばれている。

　Albrecht＝Zemke（2003）は，ハインリッヒの法則と同様の法則が労働災害のケースだけではなくビジネスにおいても当てはまることを，eサティスファイ・ドットコムの調査を通して紹介している。そこでは不満をもった顧客の96％は企業に対して何もいわないという内容である。この結果からいえることはクレームが1件あった場合，自社の製品あるいはサービスに対して不満をもった顧客が少なくとも24人存在するということである。

　この事例をハインリッヒの法則に当てはめて考えてみると，クレームが1件あった場合自社の製品あるいはサービスに対して不満をもった顧客がほかにも29人存在し，これら30人の背後に何らかの不満をもった顧客が300人いることになる。

　こうした研究結果から経営者が得るべき知見は，表面化した顧客の不満は1件たりとも疎かにせず，迅速にかつ真摯に対応しなければいけないということである。

2-4　マーケティングプロセス

　企業の経営者あるいはマーケティング担当者は，マーケティング目標を達成するために，具体的にどのようなプロセスでマーケティング活動を行うのかを整理していくのだろうか。マーケティングプロセスとはマーケティング活動の概念的フレームワークであり，Kotler（1999）によれば，「マーケティング機会の分析，市場調査とターゲットマーケットの選択，マーケティング戦略のデザイン，マーケティングプログラムの策定，そして，それを実行するマーケティング組織の形成，マーケティングプログラムの実行とコントロールから構成される。」（p. 86）とされる。

　マーケティングプロセスはマーケットのニーズを中核としており，適切なプロダクトによってそのニーズを満たすことを目的とした連続するプロセスであり，組織のマーケティング担当者であるマーケターは，マーケティングプロセ

スを通してマーケティング計画を立案することになる。

　マーケティングプロセスは，具体的には，セグメンテーション，ターゲティング，ポジショニング，マーケティングミックスの策定で表される。その出発点はマーケットである。マーケットは，ニーズ，ターゲットとその置かれている時間，場所，環境などのオケージョンでとらえることができる。

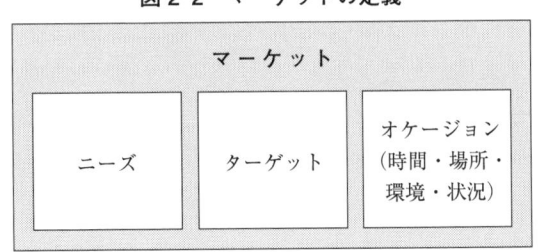

図 2-2　マーケットの定義

マーケット		
ニーズ	ターゲット	オケージョン （時間・場所・ 環境・状況）

　マーケターの仕事は事業を展開していくマーケットを知ることから始まる。会社がいくら優れた製品を開発しても，それが顧客のニーズを満たさなければ売れない。同じ製品でもそのタイミングが少しずれただけで，ヒット製品となることもあれば，反対に全く売れない状況が生じ得るのである。また，マーケットを構成する全ての人のニーズを満たす製品を創りだすことが困難な状況では，特定マーケットにニーズが存在しても事業のターゲットの設定を誤れば売れる製品も売れないのである。

　1975年，日清食品は当時としてはずば抜けた完成度のインスタントライス，「プリクックライス」の開発に成功する。同製品は，乾燥処理されたライスが入ったカップにお湯を注ぎ，3分でご飯が食べられるというカップルードルのライスバージョンで，インスタントラーメンが1個40円に対して200円で販売された。同社は同製品の販売を開始するが，ほとんど売れずに生産中止に追い込まれてしまう。この製品自体は美味しく優れた製品だったが，これがマーケットに受け容れられるためには時代が少しだけ早かった。

日清食品がプリクックライスの製造を中止した後，1988年になってサトウ食品が「サトウのごはん」を発売する。発売開始当初にテレビコマーシャルで連呼された「玄関開けたら2分でごはん」のキャッチフレーズが話題を呼んで，たちまち大ヒット製品となった。

プリクックライスとサトウのごはんの発売時期のずれである14年間にどれほどの意味があるのだろうか。プリクックライスが発売された1974年という年は，戦後日本の高度経済成長が終わりを告げ日本が新たな成長ステージに入った時期と重なっている。ちょうどこの1970年代前半に外食産業が日本に上陸を果たしているが，それまでは外食をするというライフスタイルが確立されていない。この時代，ラーメンは自宅では作れないが，ごはんなら家で炊けば食べられるという考えがマーケットの根底に存在したのである。

そしてサトウのごはんが発売された1988年は，1974年に始まった日本の新しいステージが成熟した時代である。ことの善し悪しは別問題としてバブル経済が訪れ，その間，家庭の核家族化や女性の社会進出が進み，アウトドアというライフスタイルが定着していた。サトウのごはんはこうした社会のマーケットに受け容れられたのである。

ターゲットについても同じことがいえる。かつてユニバックは製品のターゲットマーケットを誤ってしまった。世界で初めてコンピュータの開発に成功していながら，その天文学的な計算ができる機械は，大学や研究所で研究用に使われるものと信じて疑わなかった。それに対して，やや遅れてコンピュータの開発に成功したIBMは，その機械の商業利用のニーズを敏感に感じとったのである。

2-5　マーケティング機会

企業のマーケティング担当者であるマーケターは，マーケットに潜むニーズをつかみ取らなければならない。マーケットはその置かれている環境に応じて全く異なった様相を示すものである。2008年9月15日，敬老の日におけるわが

国の70歳以上人口は前年比57万人増の2,017万人と,初めて2,000万人を上回った。こんにちの日本マーケットは,70歳以上人口の総人口に占める割合が15.8％で国民6人に1人は70歳以上という高齢化が進行したマーケットである。それでは彼らはどのようにしてマーケティング機会を探り当てるのだろうか。

そのための代表的な手法の1つとしてSWOT分析が使われる。この手法は,経営資源の強み（Strength）と弱み（Weakness）からなる内部環境分析と,マーケットの機会（Opportunity）と脅威（Threat）からなる外部環境分析とのマトリックスから,マーケットにおけるビジネス機会,すなわち企業が利益を獲得することが可能な顧客ニーズが存在する領域を探ろうとする考え方である。

図2-3 SWOT分析要素モデル

内部環境	外部環境
強み（Strength） 　コアコンピタンス 　ブランド 　情報・ネットワーク 　ビジネスモデル	機会（Opportunity） 　規制緩和 　競争環境 　M&A 　マーケットシェア
弱み（Weakness） 　経営資源 　財務体質 　収益力 　営業力	脅威（Threat） 　規制 　技術革新 　発展途上国の台頭 　参入障壁の低下

この手法を使って,マーケターは企業が利益をあげられるようなマーケットニーズが存在する領域であるマーケティング機会を探るのである。外部環境には,経済的,政治的,社会的,技術的要因などのマクロ環境要因と,自社と顧客や取引業者,競合他社などのステイクホルダーとの関係であるミクロ環境要因が考えられる。

さきに触れた日本市場の年齢構成は人口動態の特徴は経済的要因であり，薬事法や酒税法，道路運送法，人材派遣法，食糧法などの法改正は政治的要因である。また，ライフスタイルの変化は社会的要因であり，情報通信技術や輸送手段の発展，普及は技術的要因に含まれる。そして，全ての要因は相互に密接な関係を有している。

SWOT分析要因モデル図からもわかるように，法令による規制はマーケットにおける機会と脅威の両方を生じさせる性質をもっている。すなわち，規制はそれによって保護される企業にとっては機会であり，それ以外の企業にとっては脅威となる。同様に，規制緩和は，それまでそれによって保護されていた企業にとっては脅威だが，それ以外の企業にとっては機会となるのである。

薬事法の改正による市販薬の販売に関する規制緩和は，ドラッグストアによっては脅威であるが，CVSにとっては機会ととらえることができる。同様に，酒税法の改正はそれまで酒類の販売免許をもっていた小売店にとっては脅威であり，ピザチェーンにとっては機会である。酒類の販売にあたって免許が必要であることに変わりないが，2001年1月に既存の販売店から一定距離を保つ距離基準が廃止され，続いて2003年9月には一定人口ごとに販売免許を付与する人口基準が廃止されたことによって，酒類の販売が事実上自由化された。

それまでは，ピザと一緒にアルコールを販売したくてもできなかったピザチェーンは，この規制緩和によって全てのチェーン店でのアルコール販売が可能となったのである。ピザチェーンに限らず，そのほかの小売形態においても酒類を販売したい流通業者にとってはビジネス機会である。一方で，それまで法律によってエリア内に同業者が参入してくる脅威から保護されてきた既存の酒類販売店は，販売競争にさらされることになった。

技術革新を考えてみると，特定のビジネス領域において技術革新を成し遂げた企業や，いち早くそうした新しい技術を獲得できた企業は，それを内部環境の強みであるコアコンピタンスとして事業を展開していくことができる。一方で，技術革新はそれまでの技術を陳腐化させることを意味しており，既存技術に頼ってきた企業にとっては，新たな技術の登場はマーケットにおける外部環

境の脅威となる。

　同じように，人件費の安い発展途上国の台頭はコモディティを製造している企業にとっては脅威になるが，彼らとビジネスを行う企業にとっては機会である。

図 2-4　SWOT 分析

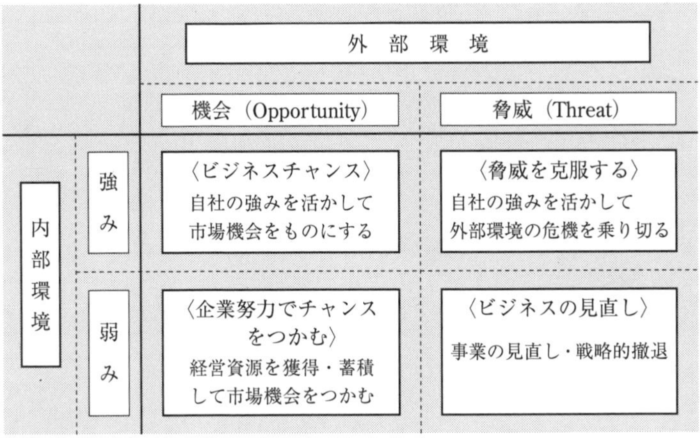

外部環境		
	機会（Opportunity）	脅威（Threat）
内部環境　強み	〈ビジネスチャンス〉自社の強みを活かして市場機会をものにする	〈脅威を克服する〉自社の強みを活かして外部環境の危機を乗り切る
内部環境　弱み	〈企業努力でチャンスをつかむ〉経営資源を獲得・蓄積して市場機会をつかむ	〈ビジネスの見直し〉事業の見直し・戦略的撤退

　SWOT 分析図から，企業にとって最も理想的なビジネス領域は，外部環境に機会があり内部環境に強みがあるエリアである。企業にとってはこの領域にビジネスチャンスがあり，自社の強みを活かした事業展開を行うことによって市場機会をものにする可能性が最も高い。仮に，この領域では自社の強みを十分に活かすことのできる経営資源が整っていない場合でも，新たにそれを獲得，蓄積していくなどの企業努力を通して，市場機会をつかまえるチャンスが広がっている。

　たとえ外部の経営環境が悪くても，その事業領域で自社の強みを発揮することができれば，その危機を乗り切って脅威を克服することができる。企業にとって最も問題があるのは，外部経営環境が悪くてそのエリアにおける内部経営資源の優位性がないケースである。こうした場合，企業は事業の見直しを行い，

場合によってはその事業からの撤退を考える必要がある。

図2–5　ソフトバンクのvodafone買収におけるSWOT分析

		外部環境	
		機会（Opportunity）	脅威（Threat）
内部環境	強み	規制緩和 番号ポータビリティ 価格破壊 ヤフー	NTTドコモ・KDDI の対抗
	弱み	財務基盤	マーケットシェア

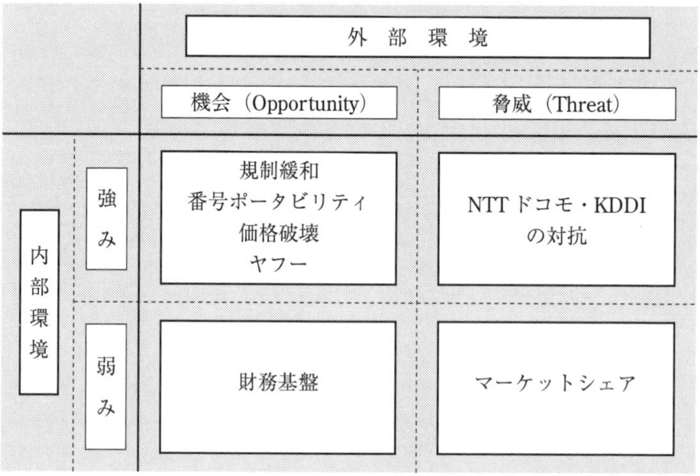

　ここでは，ソフトバンクによるボーダフォン買収におけるSWOT分析を検討してみることにする。2005年，ソフトバンクグループはボーダフォンの日本法人を友好的に買収し，2006年10月1日にソフトバンクモバイルへと社名変更している。買収金額は約1兆7,500億円であり，日本企業による企業買収金額としては過去最大となった。ボーダフォンは，わが国における写メール，第三世代携帯電話のパイオニア企業で，社名変更前の2006年9月末の携帯電話シェアは約16％であった。

　この買収劇をSWOT分析のフレームワークに当てはめて考えてみる。総務省「平成19年通信利用動向調査」によれば，携帯インターネット利用人口が前年比2.8％増の7,287万人へと増加を続ける中で，関連するマーケットの成長も顕著である。2007年の携帯電話インターネットの公式サイト上で展開されるモバイルビジネス市場は，前年比23％増加の1兆1,464億円となった（http://www.soumu.go.jp/）。

外部環境を見るとマーケット規模は1兆円を超え，今後もこうしたトレンドの継続が予測できるほかに，情報通信領域における規制緩和はマーケットのさらなる成長を促進する可能性が高い。また，2006年10月には電話番号を変更しないで契約会社を変更できる番号ポータビリティ導入を控えていたことは，マーケットシェアの低い企業にとっては新規顧客獲得のチャンスととらえることもできた。こうしたマーケットの成長率の高さは外部環境における機会であるが，マーケットシェアで上位に位置するNTTドコモとKDDIの存在は外部環境における脅威ととらえることができる。

　つぎに内部環境を考えてみると，ソフトバンクBBが「Yahoo！ BB」のインターネットプロバイダ（ISP）事業で培ってきた価格優位のノウハウをもっていることや，ソフトバンクが株式の40％あまりを保有するヤフーの展開する「Yahoo！ JAPAN」のコンテンツを利用できるといった強みがある。一方で，買収金額の1兆7,500億円はソフトバンクの財務基盤に重い負担をかけることになる。

　ソフトバンクの孫正義は勝算があると考えて携帯電話産業に参入してきた。同社はアイヌ犬の「カイくん」を父親役とした斬新な家族CMによるプロモーションや，定額サービスの料金プラン「ホワイトプラン」，家族回線への通話が無料となる「ホワイト家族24」などの新サービスを矢継ぎ早に導入した結果，2007年5月から2008年9月の17ヶ月にわたって純増数がNTTドコモやKDDIなどを抜いて1位となっている。2008年9月現在のシェアは約19％となり，買収後そのシェアを3％伸ばしてきた。

　SWOT分析のほかにもマーケティング機会を分析する同様の手法としてPEST分析がある。この手法も，政治的要因（Politics），経済的要因（Economics），社会的要因（Social），技術的要因（Technology）から市場機会の分析を行うものである。

2-6 マーケットセグメンテーション

　高度成熟社会の中では人びとが有りあまる製品の選択肢の中に置かれている。その中で人びとは独自の感性に目覚め，それぞれが異なった好みをもつようになる。マスマーケットのニーズが満たされた企業のマーケティング担当者には，それを何らかの指標で分割し，異なる製品，サービス，あるいはマーケティングミックスが有効なグループに細分化することが求められるようになってきた。そして，その中から自らの企業が提供する製品あるいはサービスに欲求を抱くであろう顧客の集団を選別し，そのマーケットに経営資源を集中することを通して，効果的かつ効率的なビジネス展開を行う必要に迫られるようになる。

　この特定の指標による市場の細分化をマーケットセグメンテーション（市場細分化）といい，その結果生じた個々のマーケットをセグメントと呼ぶ。企業は市場細分化を通して自社にとっての新たなマーケットを創出し，それを構成する個々の顧客のニーズへの柔軟な対応ができるようになるのである。

　こうした市場細分化の先駆者は Ford（1923）である。単一車種の大量生産を通して自動車を大衆化させた彼は，世間が評するように市場の欲求に適合した生産システムの設計をリードした生産の天才ではなく，そのターゲットとした顧客が求める価値を，彼らが支払うことのできる対価で提供することを可能にする生産の仕組みを構築したマーケティングの天才である。すなわち，彼は1台500ドルの自動車ならば数百万人が購入してくれることを予測し，それを可能にする生産ラインを創り上げたのである。

　移動手段としての自動車を製造するという目的以外のプロセスを徹底して削減した結果，製造されたT型フォードの色は全て黒である。移動組み立てラインで製造され，1908年に発売されたT型フォードは，バナジウム鋼，流星トランスミッションなどのイノベーションの産物であり，1928年の生産中止までに1,500万台以上が製造された。

　マーケットをセグメントに分割した企業は，つぎにそれらの中から自らの最

も強みを発揮することのできるセグメントを選択する。例えば，同じ化粧品という商品を販売するのでも，デパートの1階で専門コーナーを設けて自社の美容部員が販売する化粧品と，ドラッグストアやCVSで販売されている化粧品とでは，ターゲットとしている顧客層が異なるのである。ハンバーガーショップを考えてみても，日本マクドナルドとモスフードサービスがその標的としている顧客層は異なるし，コーヒーショップのスターバックスとドトールに関しても同じことがいえる。

表2-1 マーケットセグメンテーション指標

変　数	指　標	事　例
地　理	都道府県	北海道・東京・大阪・京都・福岡・沖縄など
	地　域	北海道・東北・関東・関西・九州。四国など
人口動態	年　齢	子供・ヤングアダルト・団塊世代・シルバーなど
	性　別	男性・女性
	家族構成	一人暮らし・既婚・未婚・核家族・二世帯など
	職　業	公務員・会社員・会社経営・派遣社員など
心　理	ライフスタイル	アウトドア・インドア・スポーツマンなど
	パーソナリティ	先進的・保守的など

マーケットセグメンテーション指標の表には，マーケットを細分化する代表的な指標が提示されている。マーケターは，市場細分化を行うにあたっていくつかのポイントに留意しなければならない。第1に，細分化されたセグメントは，その規模，購買力，特性が測定可能でなければならない。第2に，そのセグメントは十分な規模と収益性をもっていなければならない。第3に，そのセグメントは異なったマーケティング刺激に対して，異なった反応を示し，それが概念的に区別可能である必要がある。第4に，企業がそのセグメントに対して製品やサービスを提供することが可能でなければならない。そして第5に，そのセグメントにおいてマーケティングプログラムの策定が可能であることが

求められる。

　一般的に，ターゲットとするマーケットの規模が小さくなるほど，企業にとっては製品やサービスをそのセグメントが有するニーズにより近づけていくことが可能になる。結果として，その事業活動において短期的には市場規模を拡大させることにつながるが，長期的には，多くの企業が市場のセグメンテーションを繰り返すことによって市場は極度に断片化し，飽和することになる。そして，市場の断片化効果が拡大効果を上回ったとき，それ以上の市場の細分化は効果をもたなくなる。マーケターには，その見極めが求められることになる。

　化粧品は，制度品，一般品，訪問販売品，通信販売品の大きく4つのカテゴリーに分けることができる。制度品は自社系列の販社，営業所を通して販売される製品で化粧品マーケットの約40％のシェアを占めている。一般的に，制度品メーカーは百貨店にメーカー別のコーナーを設けて，美容部員を派遣して製品を販売する。販売に際しては，美容部員によるカウンセリングが行われ，相対的に高く設定された価格での定価販売が行われている。制度品を販売する代表的なメーカーに，資生堂，カネボウ，コーセーなどがある。

　一般品は，メーカーが日用雑貨卸を経由してスーパーマーケットやドラッグストアなどの一般小売店で販売する製品で，マーケットの約35％を占めている。通常，セルフ販売で価格はディスカウントされることも少なくない。訪問販売品は，メーカー販社のセールスレディが戸別訪問して販売する製品で，マーケットの約20％のシェアを占める。ポーラやメナードが有名だが，一般品と比較して価格が高いことや人びとのライフスタイルの変化に伴ってシェアを低下させている。代わって少しずつシェアを伸ばしているのが通信販売品であり，ファンケルや山田養蜂場など独自の特色を打ちだした多くの企業が参入してきている。

　化粧品1つとってみてもマーケットには多種多様なニーズが存在する。化粧品を購買する人びとにとって，それに望んでいる性能や機能，それについての思い，それを手に入れるために支払ってもいいと考えるコストは，それぞれ異なっているのである。化粧品マーケットをいくつかのセグメント指標を使って

細分化してみる。第1に，明快に細分化可能なのがデモグラフィック変数としての性別である。花王の「ビオレ」と「メンズビオレ」のように，これも人びとのライフスタイルの変化に伴って，多くの企業が男性用化粧品を開発するようになった。

　第2に，初めからマーケットを女性に絞り込んだ上で，デモグラフィック変数の職業や行動上の変数であるロイヤルティで化粧品マーケットは細分化される。会社の受付業務，デパートの販売員，キャビンアテンダントなど人前で働く人びとにとっては，化粧品はビジネス上重要な役割をもっており，彼女たちはそのスキルを磨くために専門販売員のカウンセリングにニーズを抱き，製品購入にあたっては効果を重視して価格は二の次という特徴をもっている。制度品メーカーはこうしたセグメントをターゲットとしているのである。

　第3に，サイコグラフィック変数であるライフスタイルからマーケットを細分化しているケースを考える。資生堂は，複数のライフスタイルに分けられたセグメントの中から，CVSを利用するターゲットに対して，2001年からCVSで一般品である「化粧惑星」ブランドの販売を始めている。同社は制度品メーカーとして成長してきた企業だが，化粧惑星の発売によって一般品市場へ事業領域を拡大してきた。資生堂の場合，同時に異なった指標を用いて複数のセグメンテーションを行って，それぞれから選択されたセグメントに対してカテゴリーの違う製品を提供していることがわかる。

　第4に，行動上の変数であるベネフィットによるマーケットセグメンテーションの事例を考えてみる。ポイントは化粧品を購買する人がそれに何を求めるかである。アニタ・ロディックという一人の女性が登場するまで，女性が化粧品を使用する理由は男性の目により魅力的に映りたいためというのが化粧品業界の定説であり，化粧品にそれ以外の品質や機能を考える人は誰一人として存在しなかった。

　ロディックは，多くの女性は肌に優しい化粧品を求めていると考え，1976年，イギリス，ブライトンにボディローションを販売する小さな店，「ザ・ボディショップ」をオープンさせる。ここでは，自然成分由来の化粧品がリサイクル

可能なパッケージで販売され，木材よりも成長の速い麻の実由来の製品ライン「ヘンプ」製品が取り扱われた。ザ・ボディショップは，こんにち世界54ヶ国，2,100店舗を超える広がりを見せていることは述べた（cf., Brown, 1997）。

2-7　ポジショニング

● ポジショニングの意味

　企業のマーケターは，ビジネス領域において細分化されたセグメントの中からターゲットを選択するにあたって，自社の当該マーケットにおける位置づけを明確にする。企業は，このポジショニングのプロセスを通して，自社の経営資源を最も活かすことのできるマーケットを選択し，ビジネス成功の可能性を高めていく。

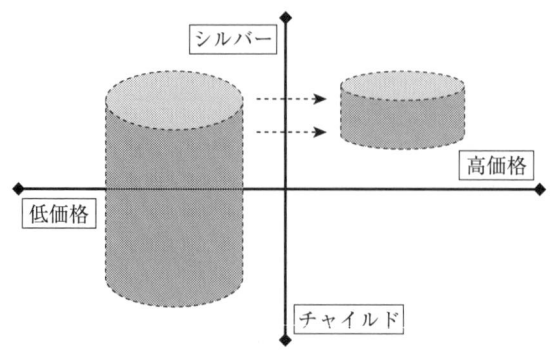

図2-6　ハンバーガー業界のポジショニング

シルバー／低価格／高価格／チャイルド

表2-2 モスフードサービスとマクドナルドの比較 (2007年現在)

	モスフードサービス	日本マクドナルド
設　立	1972年	1971年
資本金	114億円	241億円
１号店	成増	銀座三越
店舗数（直営店）	1,398 (93)	3,746 (2,674)
ターゲット	ヤングアダルト	フルカバレッジ
プロダクト	食材へのこだわり・みそ・醬油・ライス・トレーサビリティ	スマイル０円
スキル	バイオーダー	マニュアル

図2-7 ハンバーガー業界の競争優位のタイプ

		競争優位	
		コストリーダーシップ	差別化
戦略ターゲット	市場全体	日本マクドナルド ロッテリア	
	特定市場		モスフードサービス

　同じハンバーガー業界でも，日本マクドナルド（Mac）とモスフードサービス（Mos）では，マーケットにおけるポジショニングは全く異なっている。ハンバーガー業界のポジショニング図では，縦軸に顧客の年齢，横軸に商品の価格を表している。この図は，Macが老若男女をターゲットとして相対的に低い価格の商品を提供しているのに対して，Mosは20歳前後から30歳代後半ま

での顧客層をターゲットとして，相対的に高い商品を販売していることを示している。

　Macがマーケットのあらゆる年齢層をターゲットとして，標準的なハンバーガーを提供しているのに対して，Mosは徹底的に味にこだわり，大学生やOLを中心としたヤングアダルト層にターゲットを絞り込んで，素材と味，出来たてにこだわったハンバーガーを提供している。Mosは，マーケットにおいてMacと重ならないポジショニングを採ることによって，うまく棲み分けを図って成長してきたのである。

　ポジショニングでMacと重複したのがロッテリアである。ターゲットも商品やサービスが重なった場合，価格競争に陥ってしまう可能性が高く，両社もその例外ではなかった。価格競争になった場合，企業規模が競争の優劣を決することになる。

　日本マクドナルドは，1995年からマクドナルドチェーンの国際的な共同仕入の仕組みである「グローバル・パーチェシング・インフォメーション・アンド・アナリシス（global purchasing information and analysis：GPIA）」と呼ばれるコンピュータネットワークシステムを通した仕入を行っている。マクドナルドチェーンと取引のある企業名，所在国，企業規模，取扱商品，商品価格，現地関税，保険料率などの情報をデータベースに蓄積し，仮にA国のB企業の提供する原材料Cを購入してD国のマクドナルドチェーンへ納入させる場合，即座に仕入価格，関税，運賃，保険などにかかるコストをはじき出し，原材料Cの調達コストを計算することができる。

　GPIAシステムを使うことによって，100ヶ国あまりに展開するマクドナルドチェーンの購入する4,000を越える原材料について，いつ，どこで，何を，どれだけ購入すれば，最も良いものを，最も低い調達コストで仕入れることができるかがわかる。

　1970年代には，Macについでハンバーガー業界第2位のシェアを占めていたロッテリアだったが，その後Mosにシェアで逆転を許してしまう。競争の同じ土俵に自社よりも規模の大きな企業が存在した場合，何らかの競争優位性

をもっていなければ経営資源に劣る企業が不利である。こうした場合，Mosがそうだったようにマーケットにおけるポジショニングを工夫することを通して，全面的な競争を避けることが可能である。

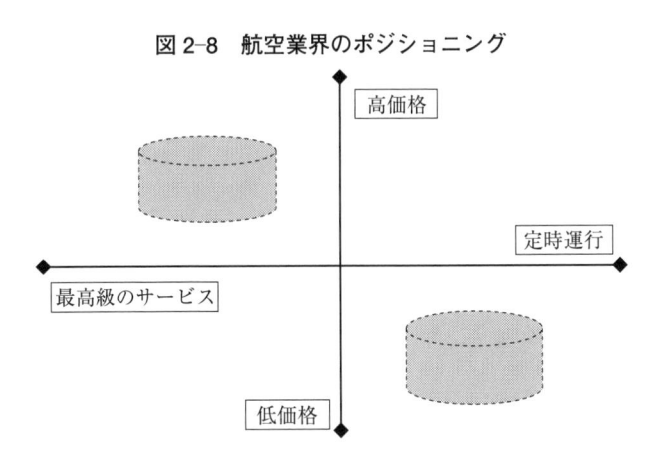

図2-8　航空業界のポジショニング

[図：縦軸に高価格・低価格，横軸に最高級のサービス・定時運行をとった2次元マップ。左上と右下に円柱状のプロットが配置されている]

　人びとが航空輸送サービスに抱くニーズもさまざまである。航空輸送市場において顧客が求める根本的なニーズは，機内でのおしぼりや飲み物，食事の提供ではなく，定時に安全に移動できるという機能である。アメリカの巨大空港を利用する航空機は出発時刻の遅延が恒常化しており，定時運行を実現する仕組みを構築するだけでも，それが実現する価値に対する大きなニーズが生じるのである。サウスウエスト航空のビジネスコンセプトはこうした顧客のニーズを満たすものである。貨物の扱い方や定時運行，苦情処理に関する米国運輸省（DOT）の統計によると，同社は航空業界の中で最高の顧客サービスを行っている。DOTが1987年に統計調査を開始して以来，航空業界の"三冠王"になったのは同社のみである。

　航空機を利用する顧客の中には，コストにかかわらず高いサービスを望む人びとがいるのも事実である。ヴァージンアトランティック航空は，1984年2月，こうしたニーズに対応して，ロンドンと世界各地の経済の中心地とを結ぶ長距

離路線専門の航空会社として設立された。同社は，顧客に心から満足してもらえる優れたサービスを提供することを目的として，離着陸時のリクライニング，空の上のバーカウンター，フルフラットベッド，ゆったりパーソナルスペースを提供している。

コーヒーショップのポジショニングにも違いがある。ドトールのメインターゲットはビジネスマンで，忙しい彼らに合わせて注文してから出てくるのが早く，喫煙も可能である。また，容器には陶器のカップが使用され，スターバックスよりも低い価格設定になっている。一方で，スターバックスはエスプレッソが主力商品でコーヒーが出てくるまでに多少時間がかかる。コーヒーの価格は相対的に高く，紙製カップが使用されてテイクアウトや歩きながら飲むシアトルスタイルに対応している。その店内は原則全面禁煙で，椅子も比較的ゆったりしているのが特徴である。

1964年から日本にある喫茶室ルノアールは，クッションの効いた椅子と落ち着いた雰囲気がある。価格は相応に高いが，ここを利用する顧客の目的はコーヒーを楽しむことよりも，むしろゆったりとした時間を過ごしたり，あるいは打ち合わせの場所として利用することにある。

● ポジショニングエクスパンション

企業は，ビジネス展開のプロセスでマーケットにおけるポジショニングを変更したり，拡大したりすることがある。

エーザイのビタミン補給剤「チョコラBB」は，発売当初はターゲットを男性に設定して，肉体疲労時の栄養補給という効能を提供する製品としてマーケットにポジショニングされた。その後，同社は同製品の主成分であるビタミンB_2が，肌あれ，にきび，口内炎，湿疹，皮膚炎に効果があることから，そうした効能を謳うことによって，OLを始めとする女性ターゲットにまでポジショニングを拡大した。

1990年代以降，冷凍食品業界もマーケットにおけるポジショニングを拡大させてきた。その背景には人口動態の変化がある。それまで冷凍食品のメインタ

2-7 ポジショニング　45

図 2-9　ビタミン B_2 補給製剤のポジショニング

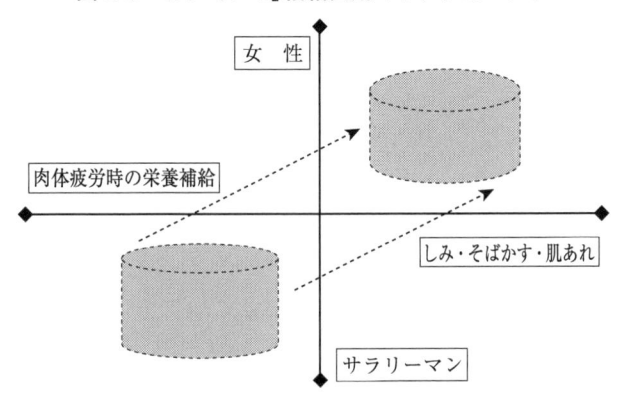

女　性

肉体疲労時の栄養補給

しみ・そばかす・肌あれ

サラリーマン

図 2-10　冷凍食品業界のポジショニング

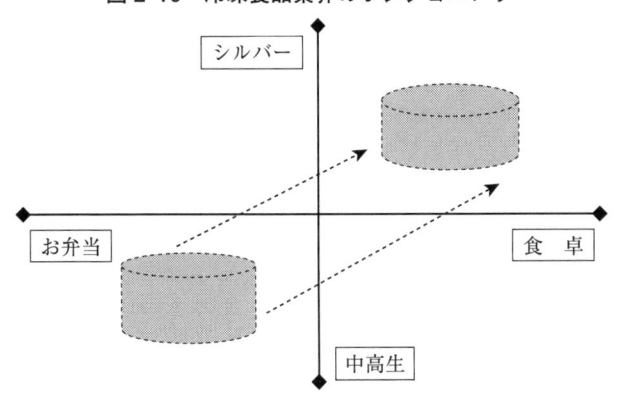

シルバー

お弁当

食　卓

中高生

ーゲットは学校にお弁当をもっていく子供がいる家庭だった。そのマーケットが少子化の影響で縮小してきたのである。そこで，冷凍食品メーカーはターゲットを広げて市場のポジショニングを拡大してきた。それが全人口の約20％を占める65歳以上のシルバーマーケットである。

　それまでのターゲットである中高生が好きなお弁当のおかずはハンバーグやコロッケであり，そのボリュームに関するニーズも高い。それに対して，シル

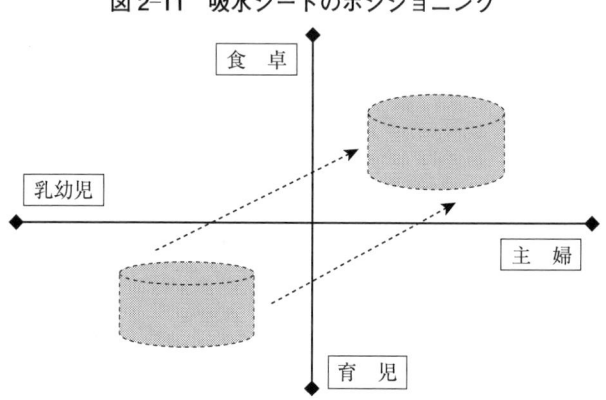

図 2-11 吸水シートのポジショニング

バーマーケットのニーズは，美味しいものを少しずつ食べることである。こうしたニーズに対応して，ニチロは「マザーブランド」シリーズで本格的な中華料理を提供している。このシリーズは，東京の有名中華料理店「赤坂璃宮」の総料理長から指導を受けた製法で製造され，「ふかひれ姿煮入りスープ」や「たらば蟹のあんかけ炒飯」などの本格的なメニューが用意されている。フカヒレやタラバガニなどの高級素材を使い，中国ハムやモンゴルの岩塩などで味付けされており，家庭で高級料理店の味を楽しんでもらうことをコンセプトとして製造されている。

エスケー食品の「こだわり天重」は，天然プランクトンだけで養殖したインドネシア産のブラックタイガーエビを用いたのが特徴で，そのほかにイカ，カボチャ，ナス，インゲンのてんぷらも入っており，タレには焼津産のカツオだしが使用されている。そして，秋田県産「あきたこまち」のごはんは具とは別に包装されており，電子レンジで調理するだけでてんぷらのさっくりとした食感を味わえるように工夫されている。

また，紙おむつに使われていた吸水シートは，優れた吸水性を活かしてそのポジショニングを吸水タオルなどの台所用品に広げている。

2-8　ターゲティング

　マーケットでのポジショニングを決定したら，つぎに細分化されたセグメントの中から参入するターゲットセグメントを選定することになる。企業は特定のセグメントにおいて，自社製品の特徴，プロダクトライフサイクルの段階，シェアなどに応じてターゲットとするセグメントを選択し，そのセグメントに応じたマーケティングをデザインする。マーケターがセグメントの中から自社のターゲットを選択するのにはいくつかのパターンがある。

図 2-12　ターゲットマーケット設定 1

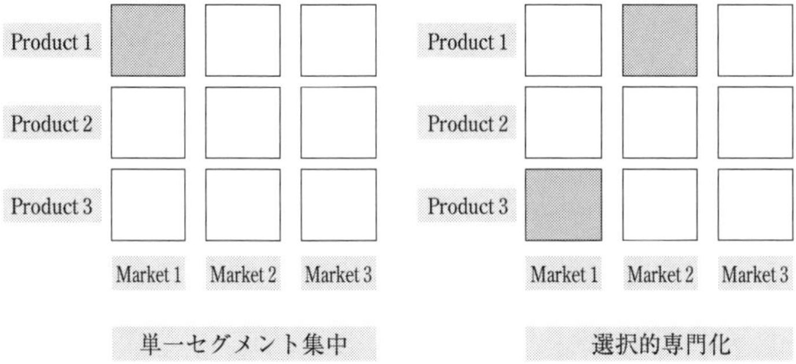

単一セグメント集中　　　　選択的専門化

図 2-13　ターゲットマーケット設定 2

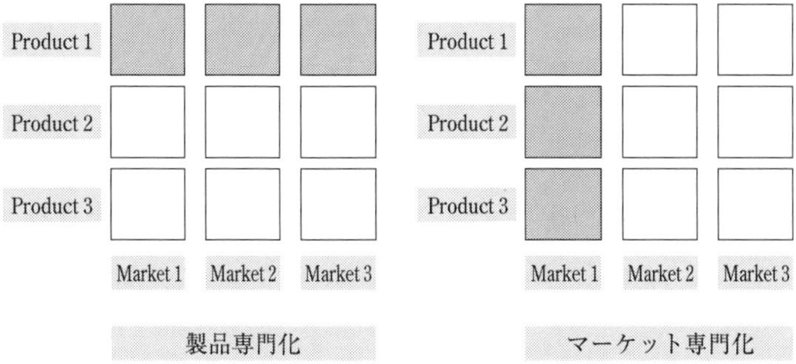

製品専門化　　　　マーケット専門化

図 2-14　ターゲットマーケット設定 3

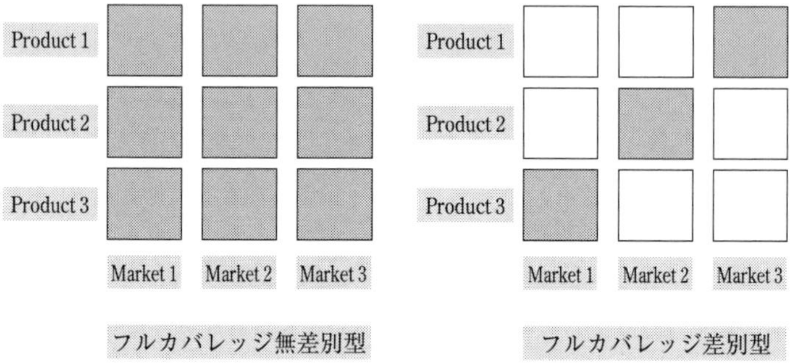

```
Product 1  ■ ■ ■          Product 1  ■ □ □ ■
Product 2  ■ ■ ■          Product 2  □ ■ □
Product 3  ■ ■ ■          Product 3  ■ □ □
          Market1 Market2 Market3    Market1 Market2 Market3
      フルカバレッジ無差別型              フルカバレッジ差別型
```

　代表的なパターンをターゲットマーケット設定図から整理してみる。ここでは，3つの製品を提供している企業が，何らかの指標でマーケットを3つに分割した場合を想定する。

　単一セグメント集中は1つのセグメントに絞り込んで事業展開を行うケースである。ここでは，企業は特定セグメントに特化し，当該セグメントにおいて豊富な知識と技術を駆使して当該マーケットにおける強力な存在感を確立することを目的とする。自動車メーカーの場合，スズキ，ダイハツ，フォルクスワーゲンは小型車に，ポルシェやフェラーリはスポーツカーに特化したマーケティングを行っている。

　スバルブランドの富士重工も特徴的な自動車で他社との差別化を図っている。同社の製造する中型SUV車に搭載されているエンジンは水平対向エンジンであり，乗用車用エンジンとしてこのエンジンを採用しているのは，2008年現在，富士重工業とポルシェしかいない。水平対向エンジンは，クランクシャフトを軸にピストンを180度開いた位置に配置しているため直列エンジンやV型エンジンに比べ重心の位置が低く，向かい合うピストンがお互いの慣性力を打ち消し合うようにそれぞれ外に振り出されるため，回転バランスに優れている。こうした構造からボクサーエンジンとも呼ばれ，エンジン音に特徴があり，ポルシェとスバルの自動車は同じエンジン音がする。

選択的専門化を採用する企業は，自社の経営資源に照らして適切な複数のセグメントをターゲットとして選択し，セグメント間のシナジー効果を期待すると同時にリスク分散を図る。単一セグメント集中の場合には，そのセグメントでのビジネスがうまく行かなければそれが全てである。それに対して，選択的専門家の場合には，仮にうまくいかないセグメントがあっても，ほかのセグメントの成功でそれを補うことが可能である。また，セグメント間の相乗効果を期待することもできる。

製品専門化を採用する企業は，セグメント横断的に1つの製品ラインを提供することに特化する。これによって，企業は当該製品領域において高い評価を獲得することが可能となる反面，当該領域でイノベーションが生起した場合には経営危機に陥るリスクがある。例えば顕微鏡メーカーの場合，研究用高性能顕微鏡，教育機関用顕微鏡，一般市場向け顕微鏡というように異なったセグメントに対して機能の違いがある顕微鏡を提供している。

ただし，顕微鏡を使用する人のニーズは，肉眼では観察することのできない小さなものを見ることであり，もし仮にこのニーズを実現してくれるより利便性の高い製品が開発された場合，全てのセグメントでの事業が失敗することになる。

マーケット専門化を採用する企業は，特定の顧客セグメントのニーズに応える複数の製品ラインを提供する。この場合，企業は当該顧客セグメントからの信頼を獲得することが可能だが当該顧客需要の影響を大きく受ける。実験用器具を製造している企業が大学の実験室をターゲットとして，顕微鏡，フラスコ，ビーカー，アルコールランプなど実験室が必要とする全ての実験機器を提供しているケースを考える。

仮に，文部科学省の方針が変わってこの全国の大学でこの研究領域での研究予算が削減された場合，彼らに実験機器を納入していた企業は大きな打撃を被ることになる。

IBM，コカ・コーラのように，全てのセグメントに対して彼らが必要とする全ての製品を提供している企業も存在する。このフルカバレッジを採用する

ためには豊富な経営資源を必要とするため，このターゲティングを採用できる企業は自ずと限られてくる。

このフルカバレッジには無差別型マーケティングと差別型マーケティングの2つの方法が存在する。無差別型マーケティングは，基本的顧客ニーズに対応した単一製品を投入する手法であり，差別型マーケティングは，複数のセグメントに対して異なったマーケティングを行うが，トータルで全マーケットをカバーする手法である。

特定地域をターゲットとするマーケティング戦略の場合，商品を地域限定にすることで，特定地域の味覚に合わせた製品開発や，消費者の地元意識に訴えかけることによって，売上の増大を図る。こうした製品には，大手ビール製造会社が販売する地域限定ビールや，カルビーの「ポテトチップス」などがある。

食品産業の場合，味覚に敏感な日本人をターゲットとするため，地域によって食材や味付けに工夫を凝らすことが，マーケティング戦略上重要な要因となっている。

カルビーの「ポテトチップス」は，九州では「九州しょうゆ」，中国では「広島おこのみやき」，四国地区では「土佐かつおだし」，関西地区では「関西だししょうゆ」，中部地区では「焼きしょうゆ」，東北地区では「焼き味噌」，そして北海道では「こんぶしょうゆ」風味となっている。また，東洋水産の主力商品であるカップ麺「赤いきつね」と「緑のたぬき」も，関東圏向けには，濃口醤油とかつおだしの製品が製造され，関西圏向けには，薄口醤油と昆布だしの製品が製造されている。

トヨタ自動車は大衆車から高級車まで自動車を購入したい全ての人びとのニーズに応えることができる自動車のラインナップを揃えているだけではなく，いすゞ自動車の株式の過半数を所有し，トラックやバスも提供している。同社はほかにもダイハツ工業，富士重工業の大株主であり，小型車から中型SUV（多目的）車，さらには最上級車レクサスブランドを擁している。

3 マーケティングミックス

3-1 マーケティングミックスとは何か

マスマーケットを何らかの指標で細分化し，自らの置かれている経済環境，経営環境の中で，自身の有する経営資源を勘案してマーケットでのポジションを決めて，ターゲットとするセグメントを選択したら，マーケティング担当者が行うことは，その標的市場におけるマーケティングミックスの策定である。

Kotler（1999）によれば，マーケティングミックスとは「企業が，そのターゲットマーケットにおいて，マーケティング目標を追求するために使用するマーケティングツールの集合である。」（p. 15）と定義される。McCarthy（1960）はこれらのツールを「マーケティングの4P」と呼ばれる4つのグループに分類した。彼の4Pは，'Product'，'Price'，'Place'，'Promotion' の4つの頭文字をとったものである。それぞれのコンポーネントには，マーケティング戦略をデザインするにあたって考慮すべき内容が整理されている。

製品（product）に関する内容には，多様性，品質，デザイン，ブランド，パッケージ，サイズといった製品そのものに関する要因から，サービス，保証，返品といった製品に付随する機能までが含まれる。同様に，価格（price），プレイス（place），プロモーション（promotion）に関して，マーケティング戦略を立案する上での意思決定要因が説明されている。

McCarthyの4Pコンポーネンツに従った場合，企業の特定製品のt時点におけるマーケットMにおけるマーケティングミックスは，プロダクトをp_1，プライスをp_2，プレイスをp_3，プロモーションをp_4とした場合，(p_1, p_2, p_3, p_4) Mtのベクトルで表すことができる。したがって，企業が行うマーケティ

ングミックスのデザインは，特定時点のマーケットにおいて，組織の目的と市場機会の戦略的適合を最も効果的に実現できる組み合わせを無数の可能性の中から選択するプロセスといえる。

McCarthyの4Pがこんにち最もよく知られているが，マーケティングミックスに関する分類は，多くの研究者によって行われている。Frey (1961) は，マーケティングの意思決定変数を，プロダクト，パッケージング，ブランド，プライス，サービスからなる「提供する物 (offering)」と，流通チャネル，個別販売，広告，セールスプロモーション，パブリシティからなる「手法とツール (methods and tools)」の2つに分類している。また，Lazar＝Kelley (1962) は，マーケティングツールを製品サービスミックス (goods and service mix)，流通ミックス (distribution mix)，コミュニケーションミックス (communication mix) の3つに分類している。

1960年代初頭に提示された，McCarthy，Frey，Lazar＝Kelleyのマーケティングミックスの構成要素は，その分類方法こそ異なってはいてもその内容に大きな違いは存在しなかった。しかし，1990年代に入って，マーケティングミックスにサービスに関連するコンポーネンツを加えようとする研究が行われた。その背景には，顧客の獲得する価値を高め，彼らのニーズを高いレベルで実現するためには，サービスの果たす役割が重要であると考えられるようになってきたことが挙げられる。

Zeithaml＝Bitner (2000) は，McCarthyの4Pに'People'，'Physical evidence'，'Process'の3つのPを加えたサービスマーケティングミックスを提示している。彼女たちによると，サービスの発信過程において人間 (people) は相互に影響を受けるため，組織構成員の採用，トレーニング，動機づけ，報酬，チームワーク，そして，顧客の教育，トレーニングが，マーケティング戦略の構成要素として大きな意味をもってくるとされる。マクドナルド，ロイヤルホストなどのファストフード，セブン-イレブンなどのCVSは，'People'のマネジメントを実践する手法として顧客対応マニュアルを活用している。

同様に，企業の設備，備品，従業員の制服を始めとして，レポート，ビジネ

スカード，計算書，保証といった企業や顧客が接する有形のエビデンス（physical evidence）は，サービスが発信される環境に作用することから，サービスのパフォーマンスやコミュニケーションに影響を与える要因となる。したがって，マーケターがこれを操作することを通して，企業はより効果的なマーケティングを行うことが可能となる。

　キャビンアテンダントがその制服に誇りを抱き，それを着用することを通してプロフェッショナルの自覚と責任感をもって仕事に取り組むことができるならば，制服は航空会社が提供するサービスのクオリティの維持，向上に大きな役割を果たすことになる。従業員の制服に力を入れている企業として，MKタクシーは制服のデザインをコシノヒロコの次女でファッションデザイナーの小篠ゆまに依頼している。

　サービスが発信される活動の手順，メカニズム（process）も，企業組織や顧客に少なからぬ影響を及ぼすとされる。アサヒビールは，ビールが製造されてから消費者に販売されるまでのプロセスをマネジメントすることを通して，マーケットにビールの品質を保証している。生ビールは生鮮食料品と同じ生ものであるため時間の経過とともに品質が劣化する。アサヒビールは，商品を運搬，保管する際の温度変化や振動による品質劣化を避けるために荷積み，荷降ろし作業を慎重に行うことを徹底し，工場における"できたて品質"を保持したまま製品を消費者のもとに提供できるように，物流段階においてもさまざまな取り組みを行っている。

　アサヒビールは，消費者に新鮮なビールを美味しく味わってもらうために，工場から出荷された製品が店頭に並ぶまでのリードタイムを短縮するために，卸売業者や小売業者との間で適切な納品方法や納品時間を設定している。さらに，同社の営業担当者と物流担当者は定期的に流通業者の物流センターを訪問して納品環境を把握している。

　こうした物流におけるリードタイムの短縮のための取り組みとして，同社は，製品を工場から配送センターを介さずに流通業者に直接届ける比率が全体の90％を超えている。あらかじめ必要な出荷数量を把握し，製造後直ちに出荷する

ことで自社倉庫での長期保管による製品劣化を防ぐことができる。一方，配送センターを経由する場合も，到着した製品をすぐに仕分けして配送する「通過型配送センター」の仕組みを採用して在庫の滞留による劣化を防止している。また，同社では配送車両への荷積み，荷降ろし時や輸送時の日光や振動による品質劣化を防ぐために，荷造り業務を迅速化する「ウイング車」や，積荷への衝撃を緩和する「エアサス車」の導入を進めており，すでに約90%がこれらの仕様車となっている。さらに，日光による影響を防ぐための耐候シート「アサヒクオリティシート」の機能強化や「断熱仕様車」の導入も進めている（http://www.asahibeer.co.jp/csr/quality/）。

このように，企業はこれまでの4Pから視点を広げて7Pコンポーネンツに関してマーケティングミックスをデザインすることによって，組織の目的と市場機会の戦略的適合を実現し得るより良い戦略シナリオを描くことができるという考え方である。

Zeithaml＝Bitnerの主張は，拡張されたマーケティングミックスの考え方である。彼女たちが新たに提唱する3Pコンポーネンツに関する意思決定は，これまで経営学の組織論や管理論の領域で議論されてきたものでありMcCarthyの4Pと重複する部分もある。しかしながら，彼女たちの3Pをマーケティングミックスのコンポーネンツとして明確に位置づけることを通して，企業の描くマーケティング戦略がその精度をより高めていくことは十分に考えられる。

McCarthyの4Pはマーケティングミックスを販売サイドの視点からとらえたものである。これに対して，Lauterborn（1990）は，これを顧客サイドの視点から見ると異なった概念でとらえられるとした。すなわち，顧客の立場から考えると，Productは顧客のニーズを解決するための手段（Customer Solution）であり，Priceはそれを獲得するために顧客が支払わなければならない対価（Customer Cost）であり，Placeは顧客がそれを手に入れるにあたっての利便性（Convenience）であり，Promotionは製品やサービスの内容を知るための情報（Communication）であるというものである。

表 3-1　4P と 4C

マーケティングミックス	4P	4C
	Product	Customer Solution
	Price	Customer Cost
	Place	Convenience
	Promotion	Communication

3-2　プロダクト

◉　生産財と消費財

　Kotler（1999）によると，プロダクトとは「ニーズ，ウォンツを満足させるために市場に提供されるものである。」（p. 394）と定義される。消費者あるいは生産者は，価値，費用，満足を評価尺度として製品集合から自らのニーズ集合に合致したプロダクトを選択することになる。

　プロダクトの取引が行われるマーケットは，各自のニーズやウォンツをもち，それらを満足させるために価値の交換を行う意思のある全ての潜在顧客から構成される。そして，市場には交換する価値を提示して他者の資源を求める多くのマーケターが存在し，マーケティングとはこうした市場における人間活動であり，人間のもつニーズとウォンツの満足を目的として行われる潜在的な交換の実現活動を意味している。

　プロダクトはいくつかの視点から分類することができる。第1に，プロダクトは耐久性，有体性，使用者などの特徴から分類される。耐久性，有体性からは，耐久財，非耐久財，サービスの3つのグループに分類される。耐久財は，有形で長期間使用される性質をもっている。冷蔵庫や工作機械，衣服がこうしたプロダクトであり，通常高マージンで販売され売り手の保証が求められる。非耐久財も有形であるが，食料品やシャンプー，歯磨き粉のように通常1回あ

るいは数回で消費される性質をもつ。継続して消費されるため回転率も高く，多くの小売店において低マージンで販売される。こうした耐久財，非耐久財に対してサービスは無形であり，非分離性，非同一性を有し，消滅する性質をもったプロダクトである。ヘアカットやエステなどがあり，その販売にあたっては品質コントロール，信用，適合性が求められる。

第2に，プロダクトはその使用目的によって生産財（産業財）と消費財に分類される。生産財は生産的需要者や業務用使用者によって生産的利用がなされ，消費財は消費者によって消費目的に使用される。例えば，トマトは消費者が食品としてスーパーマーケットで購入した場合には消費財だが，缶詰メーカーがホールトマトの原材料としてトマトを仕入れた場合には生産財となる。

生産財は，さらに材料，部品，資材・消耗品・ビジネスサービスに分けられる。材料とは，穀物，コットン，家畜，果物，野菜などの農作物や，魚介類，木材，原油，鉄鉱石などの天然資源を指し，部品とは，鉄，プラスチック，セメント，ワイヤーなどの加工素材と，モーター，タイヤ，鋳物などの加工部品

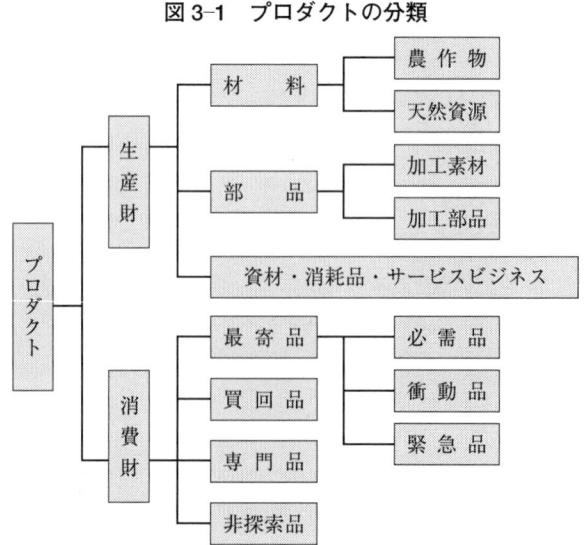

図3-1　プロダクトの分類

```
              ┌─ 材 料 ──┬─ 農作物
              │          └─ 天然資源
       ┌─ 生産財 ─┼─ 部 品 ──┬─ 加工素材
       │          │          └─ 加工部品
       │          └─ 資材・消耗品・サービスビジネス
プロダクト ─┤
       │          ┌─ 最寄品 ──┬─ 必需品
       │          │            ├─ 衝動品
       └─ 消費財 ─┤            └─ 緊急品
                  ├─ 買回品
                  ├─ 専門品
                  └─ 非探索品
```

を意味している。具体的には，採掘された鉄鉱石は材料として鉄鋼メーカーが仕入れ，その製鉄所で製錬された銑鉄はそのまま部品としての加工素材となり，さらに鋳物に加工されて加工部品となる。同様に，コットンは農場で収穫されて材料として紡績業者に納入され，そこで紡績された綿糸はそのまま加工素材となり，さらに加工されてコットン生地となって流通する。

つぎに，資材とは最終製品を生産するために長期間使用される工場やオフィスなどの建物と，それに付属する発電器，メインフレームコンピュータ，エレベータなどの機械設備を指している。そして，消耗品には，パーソナルコンピュータ，デスク機械油，燃料，ライティングペーパー，鉛筆，釘，箒などがあり，ビジネスサービスには，メンテナンスや修繕サービス，コンサルティングがある。

● 消費財の分類

消費財はその性格によって，最寄品（convenience goods），買回品（shopping goods），専門品（specialty goods），非探索品（unsought goods）の4つに分類される。

最寄品とは，消費者が，日常的に，継続的に，最小限のことに気を払って即座に購入する性格を有した商品である。この最寄品は，さらに石鹸，シャンプー，歯磨き粉，たばこ，新聞などの必需品，計画性や選択行動なしに購買される衝動品，外出先で雨が降り出したときの傘のように緊急に必要になる緊急品という3つのグループに分類される。衝動品の例としては，レジの前に陳列されたキャンディ，ガム，雑誌が挙げられる。これらは必需品ではないが，消費者はレジで会計を行う際に衝動的に購買を決定する一方で，小売店サイドもそうした消費者の購買行動に期待した陳列を行っている。

買回品とは，消費者の商品の選択と購買のプロセスで，彼らがそれらとの適性，それらの品質，価格，スタイルなどを比較検討した上で購買される商品である。家具，ファッションブランド，中古車，主要器具など価格が高い商品は，一般的に買回品である場合が多い。買回品はさらに同質買回品と異質買回品に

分類される。同質買回品は品質に差がなく価格のみが比較対象となる商品であり，異質買回品は価格以外にも商品の特徴やサービスに違いがあるため，異質買回品を販売するためには，異質買回品を販売する際には個々の顧客の趣向を満足させるような幅広いアソートメントを行うことを通してこうした商品に関する意味情報を与え，彼らにアドバイスできるように訓練された販売員が必要になる。

　専門品とは，その商品を購買しようとする顧客グループが，そのために特別な努力を厭わないようなユニークな特徴やブランドアイデンティティをもった商品であり，有名ファッションブランド製品などの高級品，限定品や限定モデルなどの稀少品に多い。1988年にアメリカのホンダオブアメリカから日本に逆輸入された左ハンドルの「アコードクーペ」は，当時大きな人気を集めた。輸入された台数が少なかったため，それを手に入れたい人たちは休日を使って扱っているホンダディーラーを探し回った。

　非探索品とは，消費者が全く知らずそのままでは彼らは購買しようとは思わないプロダクトである。よく例示されるプロダクトとして生命保険，墓地区画や墓石，百科事典があるが，時代の変化とともにこれらは非探索品の例としては馴染まなくなってきた。生命保険は現代では契約していない人を探す方が難しいくらいにまで普及し，少子高齢化社会を迎えて墓地を生前に自ら用意する人たちも増えている。百科事典といえば，かつてはどこの家庭にも高価なシリーズ書籍があり，子供たちは夏休みの自由研究などで使っていたが，今ではCD-ROM 1枚でかつてのコンテンツを上回る内容が記載されている。そこで，こんにちの非探索品の具体的例を考えてみると嘘発見器が該当する。私たちは普段それが販売されていることを知らず，当然購入しようとは考えない。

3-3 サービス

● サービスとは何か

　私たちのニーズ，ウォンツを満足させるためにマーケットに提供されるプロダクトには，有形財のほかにサービスも含まれる。サービスもまた市場を構成する誰かにとって価値のある，取引の対象となるものなのである。

　Kotler (1999) によると，「サービスとは1つの主体から他の主体へ提供される基本的に無形で所有の対象とはならない行為ないしは活動である。」(p. 428) とされる。また，サービスは有形の製品と結びついている場合もあればそうでない場合もあり，その程度によって純粋な有形財から純粋なサービスに分類される。

　純粋な有形財は，石鹸，洗剤，歯磨き粉，トイレットペーパーなどの有形財で，サービスはほとんど付随しない。サービスを伴った有形財には，保証，アフターサービス，メンテナンスを伴った乗用車や家電製品などがある。技術的で高度な製品になればなるほど，消費者のサービスへの依存度は高くなる。また，レストランなどのサービスビジネスは，食べ物や飲み物という有形財を提供しているが，それらの有形財と同等に，顧客を座席まで案内する，お水やお茶，おしぼりをもっていってオーダーをとり，注文されたものをテーブルまで運ぶというサービスを提供している。

　サービスとサービスを支援する有形財によって構成されるサービスプロダクトとして，旅客輸送がある。輸送サービスを購入した航空機の旅客は，有形財である航空機に乗り込み，機内では食事や飲料，雑誌などの有形財が提供される。この場合，航空機はあくまでも輸送サービスを実現するために用意された有形財であり，プロダクトの中心は輸送サービスである。

　1999年にJRに登場した全室個室の寝台特急「カシオペア」は，移動手段というサービスに付随して，テレビやトイレ，洗面所を備えた客室と，豪華な装

飾を凝らしたロビーカー，車内で提供されるフランス料理のフルコース，懐石料理などの支援有形財によってJRが誇る人気商品となっている。東京－札幌間の移動手段は相対的に移動時間が短いという理由からその98％が航空機である。しかしながら，「カシオペア」は輸送サービスを実現するための手段としての豪華車輌が，移動のプロセスに価値を加えることによって，鉄道輸送サービス全体に付加価値をもたらしている。「カシオペア」と同様に，1988年に運行を開始した寝台特急「北斗星」も，いまだに平均乗車率85％を誇っている。

　こうした有形財を一切伴わない純粋なサービスを見つけるのは難しいが，サービスの比率が高いプロダクトとして，ヘアカット，マッサージ，メイクアップ，スキンケア，ベビーシッター，サイコセラピーなどがある。ヘアカットの技術はサービスだが，そのために使用される専用の椅子，ハサミ，鏡，シャンプー台などの有形財がなければ，サービスを提供することができない。同様に，マッサージも体のツボを押す技術はサービスだが，顧客が横たわるベッド，体に掛けられるタオルは有形財である。

　こんにちの日本のように成熟化，複雑化，個性化した消費者のニーズを，形として現れる有形材の中に凝縮することは不可能になり，有形財である製品や商品と無形財であるサービスが一体となって1つの財を構成するようになってきた。Davis＝Meyer（1999）によれば，こうした新しいタイプの価値の複合体としての財はオファー（offer）と呼ばれる。そして近年のテクノロジーの進歩によって新しい価値を提供する多くのサービスビジネスが誕生してきている。

　アサヒビールは，1992年から「フレッシュマネジメント」と呼ばれる経営ビジョンを採用し，主力商品である「スーパードライ」の鮮度を高める戦術を展開してきた。同社は，生産設備新鋭化による24時間生産体制やフルタイム出荷体制を築き，物流機能の強化を通して，生ビールという生きた商品を少しでも早く顧客に提供するという目に見えない付加価値の提供を目指してきた。鮮度管理の行き届いたビールは，単なる消費財ではなくオファーと考えることが可能である。

　このように，サービスはプロダクトの魅力を創りだす構成要素の1つになっ

ているのである。

図3-2 プロダクトの構成要素

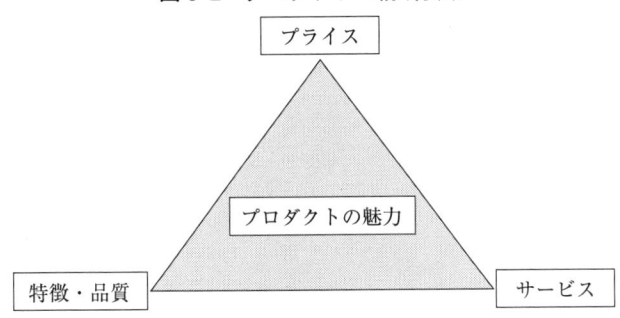

（プライス／特徴・品質／サービス／プロダクトの魅力）

図3-3 サービスの構造

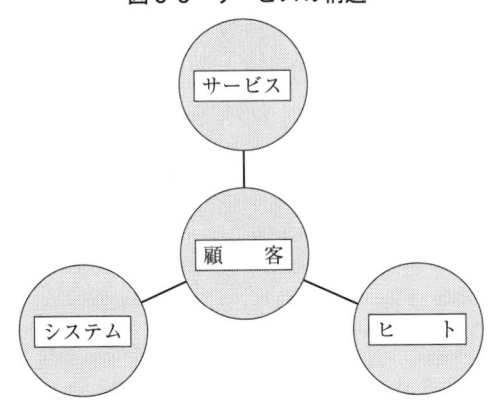

（サービス／顧客／システム／ヒト）

図 3-4　サービスとテクノロジー

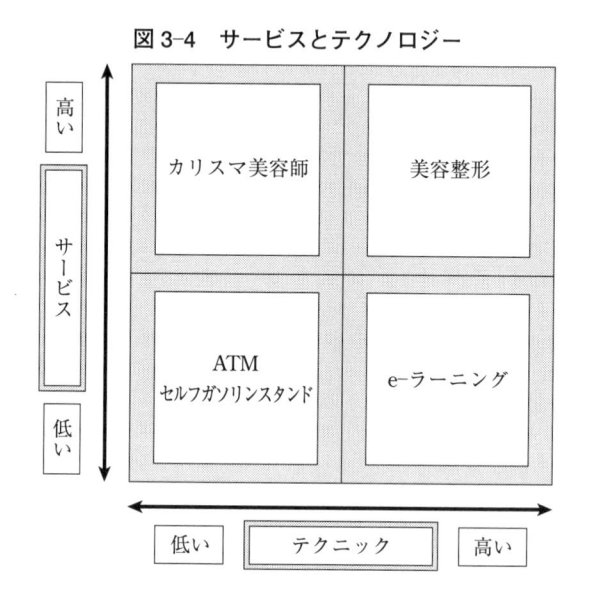

	低い ← テクニック → 高い
高い ↑ サービス ↓ 低い	カリスマ美容師 ／ 美容整形 ATM セルフガソリンスタンド ／ e-ラーニング

● サービスの特徴

　サービスには大きく 4 つの特徴がある（cf., Kotler, 1999, pp. 429-434）。まず第 1 に，サービスの無形性（intangibility）が挙げられる。サービスは無形であり，有形の製品のように購入前に実際に見たり，触れたり，味見をしたりできない。こうした不確実性によるリスクを減らすために，買い手は，そのサービスが提供される場所，設備，従業員の応対，雰囲気，シンボル，価格などから，そのサービスのクオリティを示すサインやエビデンスを得なければならない。

　第 2 に，サービスの非分離性（inseparability）がある。サービスの生産と消費は通常同時に行われる。これは有形の製品が製造業者の工場で生産され，卸売業者，小売業者の間を流通し，消費者の手に渡るのとは決定的に異なっている。マッサージの場合，施術者が顧客のツボを押した瞬間がサービスの生産であり，顧客にとってはツボを押された瞬間がサービスの消費である。こうした特徴から，サービスの消費にはその提供者と購買者との間にインタラクション

が生じる。そのためクオリティの高いサービスの提供者には需要が集中することになる。こうした限界を解消するための方策として、1度のサービスに対するその享受者の数を増やすことが考えられる。人気のあるアーティストのステージは可能な限り大きな会場を用意し、その回数も増やすなどして対応している。

第3に、サービスの変動性（variability）がある。サービスは、提供者、時間、場所によってそのクオリティが大きく変動して一定に保たれない性質をもっている。例えば、見立ての良い医師もいればそうではない医師もいる。また、同じ見立ての良い医師でも体調や気分によっては診察に影響がないとはいえない。サービスのもつこうした変動性を最低限に抑えて品質を一定化させるための方法として人材の教育や訓練、提供するサービスのマニュアル化、顧客モニタリングなどがある。

第4に、サービスの即時性（perishability）がある。サービスは在庫することができないため需要変動の影響を受ける。サービスビジネスでは、こうした需要を調整するための方法として予約システムを採用したり、価格による需給の調整を行っている。需要過小時には割引価格を設定することを通して顧客需要を喚起し、反対に需要超過時には割増価格を設定して、需要時期の変更を促す。

航空会社では一般的に時期や時間によって価格体系を変動させている。また、現在は予約システムを通して空席のある時期や便が特定できる。こうした仕組みを活用して、全日本空輸では「超割」という一定期間限定の低価格料金サービスや、一定日数前になっても空席が埋まらない便を対象とした「突然割引」という低価格設定サービスを提供して、顧客需要の喚起を行っている。

飲食店が行う朝食セットやランチメニューも顧客需要の喚起を狙いとしたサービスであり、病院やホテルなどでは予約システムを導入してサービスの需給調整を行っている。

こうした特徴を有したサービスは、図3-4のように、そのクオリティとテクニックの高低から分類することもできる。

3-4　プロダクトミックス

● プロダクトに関する意思決定

　マーケターがプロダクトに関連して意思決定すべき変数は多い。例えば，特定の製品に関して，その多様性，品質，機能，特徴，デザイン，ブランド名，パッケージ，ラベル，サイズ，サービス，保証などさまざまである。

　具体的に洗濯機を考えてみると，マーケターは，色などの多様性，全自動，おいそぎ，がんこよごれなどに対応できる品質，機能，静音，節水などの特徴，スタンダード，コンパクトといったデザイン，「静御前」，「AQUA」などのブランド名，電気用品安全法PSE適合表示といったパッケージ，ラベル，洗濯できる容量などのサイズ，配送，設置などのサービス，1年間，3年間，5年間といった保証期間などを意思決定する。

　同様にヨーグルトでは，プレーン，バニラ，果肉，果汁，ヨーグルトムースなどの多様性，低脂肪，脂肪分ゼロ，特定保健用食品といった品質，機能，ビフィズス菌が生きて腸まで届くなどの特徴など意思決定すべき変数は多い。

　家電量販店で洗濯機売場を見たり，スーパーマーケットでヨーグルトを購買するつもりになって観察してみると，私たちの選択肢の多さを実感することができる。

● 製品ラインと製品アイテム

　プロダクトは，関連する特定のモデル，ブランド，サイズによって製品ラインとしてグループ化され，製品ラインの構成要素は製品アイテムと呼ばれる。例を挙げると，キリンビバレッジの提供する「生茶」，「午後の紅茶」，「ファイア」が製品ラインであり，表3-2に示されているように容量や容器が異なるそれぞれの製品が製品アイテムとなる。

　プロダクトミックス（Product Mix：PM）はプロダクトのアソートメントの

表3-2 キリンビバレッジのプロダクトミックス

製品ライン「生茶」	製品ライン「午後の紅茶」	製品ライン「ファイア」
製品アイテム（14）	製品アイテム（37）	製品アイテム（17）
生茶280ml ペットボトル	ストレートティー250ml 紙（LL）	挽きたて微糖155g 缶
生茶350ml ペットボトル	ストレートティー190g 缶	挽きたて微糖190g 缶
生茶500ml ペットボトル	ストレートティー245g 缶	スペシャル同上2アイテム
生茶500ml ペットボトル（自動販売機用）	ストレートティー340g 缶	スペシャル200mlLL スリム
生茶200ml 紙（LL）レギュラー	ストレートティー280ml ペットボトル	アフリカン190g 缶
生茶200ml 紙（LL）スリム	ストレートティー350ml ペットボトル	関西限定ミルク珈琲250g 缶
生茶185g 缶	ストレートティー500ml ペットボトル	メンソール190g 缶
生茶240g 缶	ストレートティー1000ml ペットボトル	挽きたてミルクテイスト250g 缶
生茶340g 缶	ストレートティー1.5L ペットボトル	ブラックカリビアーノ300g ボトル缶
生茶480g 缶	レモンティー同上9アイテム	挽きたて微糖〈アイスコーヒー〉300g ボトル缶
ホット生茶280ml ペットボトル	ミルクティー同上「1000ml ペットボトル」を除く8アイテム	カフェゼロ〈キリマンジャロ100％〉190g 缶
生茶のど涼み555ml ペットボトル	スペシャル茶葉2倍ミルクティー3アイテム	昭和喫茶190g 樽缶
生茶香ばし深煎り500ml ペットボトル	T-BOX ピールが香るレモンティー	ブラック〈挽きたてダブルロースト〉190g 缶
生茶香ばし深煎り2L ペットボトル	ホットストレートティー	挽きたて炭焼き190g 缶
	T-BOX ミルクが主役のミルクティー	挽きたて工房190g 缶
	アジアンストレート〈無糖〉	挽きたてカフェラテ190g 缶
	微糖ミルクティー	
	スペシャル NEW カムカムレモンティー	
	ロイヤルクリアストレート（無糖）	

ことであり，幅，深さ，長さ，そして整合性でとらえることができる。PMの幅は製品ラインの数を表し，PMの深さは特定の製品ラインに含まれる製品アイテムの数を表し，PMの長さはそのPMに含まれる全アイテム数を表している。そして，PMの整合性とは，特定のPMが有しているそれぞれの製品ラインが，使用用途，製造条件，流通チャネルなどでどの程度密接に関連しているかを表している。

キリンビバレッジの例で考えてみれば，「生茶」，「午後の紅茶」，「ファイア」を始め，製品ラインがA種類あり，同社の製品アイテムを合計するとB個あると仮定した場合，同社のPMの幅はAで表される。そして「生茶」のPMの深さは14，「午後の紅茶」のそれは37，「ファイア」のそれは17である。そして，同社のPMの長さはBである。さらに，同社の扱う製品は，清涼飲料水やお茶飲料，コーヒーが中心であり，使用用途，製造条件，流通チャネルが共

通していることから，PMの整合性はかなり高いと考えることができる。

こうしたPMの4つの次元が企業のビジネスの広がりを創りだす。企業は，そのビジネス展開のプロセスで製品ラインを付け加えてPMの幅を拡大したり，特定の製品ラインの製品アイテムの種類を増やしてPMの深さと長さを伸長するといったPMに関する意思決定を行っている。

新たな製品ラインの追加は，それまでとは異なった顧客要求に応えるプロダクトの規格を創りだす側面がある。アップルコンピュータ（現アップル）が1998年5月に発表したiMacは，同社に大きな売上をもたらすことになる。iMacはそれまで一様にベージュ色の機械の塊だったコンピュータの概念を払拭し，ポリカーボネイト素材をベースに半透明の製品であった。この年のグッドデザイン賞で金賞を獲得したこのデザインは，それまではどのような部屋のインテリアにも馴染まなかったパソコンの概念を変えた。同社は，その後このiMacのリビジョン改訂を行って，5色になったiMacはCandyと名づけられ，色名も「ブルーベリー」，「タンジェリン」，「ストロベリー」，「グレープ」，「ライム」の名称が与えられた。

わが国で製品ラインの追加が企業経営に大きな影響をもたらした事例としては，アサヒビールが挙げられる。1987年，アサヒビールの新しい製品ラインとして登場した「スーパードライ」は日本のビールの味を変え，その後のビール市場に大きな影響を与えている。スーパードライは，ビール類では日本で唯一年間販売量1億箱（1箱＝ビール大瓶20本＝12.66 L換算）を超えた製品であり，この製品の大ヒットによって，同社はシェアが10％を下回った危機的状況から脱して，2001年12月期，売上高でキリンビールを抜いて1953年以来48年ぶりに業界トップに返り咲いた。

● 製品ラインマネジメント

PMにおける製品ラインのマネジメントに関して考察していく。企業の所有している製品ラインはマーケットにおいて特定のポジショニングを採っている。これはマーケティングミックスにおける自社事業のポジショニングと密接に関

連している。ポジショニングに関しても，企業はそれを変更することを通してマーケットの環境変化に対応していることが整理された。マーケターは，マーケティング目的を達成するために，製品ラインに関しても同様にそのポジショニングをマネジメントしている。

製品ラインマネジメントには，ラインの拡張とラインの縮小，そしてラインの充実があり，ラインの拡張には下級市場への拡張と上級市場への拡張がある。ライン拡張の目的は，ターゲットマーケットの拡大にある。上級市場へのライン拡張の例としてはトヨタ自動車の「レクサス」ブランド構築がある。

トヨタ自動車は，小型車から大衆車，高級車まで全てのマーケットに対応した乗用車，トラック，バス，中型 SUV 車までをグループ全体で手掛けるフルカバレッジのターゲティングを行う自動車メーカーである。同社の新ブランドであるレクサスは，それまでの高級車である「クラウン」の上位に設けられた新たな製品ラインである。レクサスブランドは，それまでの高級車ではニーズを満たすことができなかった人びとをターゲットとして，レクサスそのものの高い品質もさることながら，高級感あふれるサロンを用意し，ユーザーとの親密なコミュニティを作り，微に入り細にわたるアフターサービスを提供している。同社は，敢えて「トヨタ」の名前を出さないことを通して，それまでのトヨタの延長線上にはない，既存のラインナップとは一線を画した製品ラインを演出したのである。

反対に，下級市場へのライン拡張の例としては資生堂の「化粧惑星」ブランドの構築がある。それまで制度品メーカーとして成長してきた同社は，新たなターゲットとして CVS 業界の成長に目をつけた。こんにち CVS は私たちのライフスタイルの中に定着し，その売上高もスーパーマーケットを凌ぐまでになっている。

資生堂は，それまでの制度品のイメージを損なうことなく新しいマーケットを開拓するために，「SHISEIDO」とのつながりをイメージさせないようにしている。CVS 限定で販売されている化粧惑星のパッケージを一見しただけでは，それが資生堂の製造した製品であることはわからないが，目を凝らして裏

に記載されている小さな文字を見ると資生堂の製品であることがわかる。ホームページ（HP）も化粧惑星だけは資生堂のHPにリンクされていない徹底ぶりである。

　企業は，上級市場と下級市場の双方向へのライン拡張を行う場合もある。1999年，資生堂はオービットを設立し，2000年からCVS専用化粧品ブランド「C／O」を発売するが，価格や製品コンセプトがCVSを利用する顧客層には受け容れられなかった。その経験を踏まえ，2001年，同社は化粧惑星で下級市場へのライン拡張に成功した。

　2008年になって，資生堂は製品ラインの上級市場への拡張を行った。自分の可能性を信じて輝き続けることに貪欲な30歳代以降のニューラグジュアリー層の女性たちをターゲットとして，2008年10月から新ブランド「リバイタルグラナス」の販売を開始する。ニューラグジュアリー層とは，トレンドに敏感でこだわりが強く自分の価値観に合った製品やサービスなら出費を惜しまず贅沢品を購買する層である。

　リバイタルグラナスの製品ラインは，人口ボリュームが際立つ団塊世代ジュニア層である30代女性の新たな消費意識に着目して，伸張する高価格帯化粧品市場でカウンセリングを通じた高付加価値販売を行うリレーショナル領域の中核ブランドとして，マーケットにポジショニングされる。リバイタルグラナスは全13品目23品種で価格が1,800円から15,000円であるのに対して，化粧惑星は300円から高くても1,800円の価格設定である。

　資生堂が下級市場と上級市場の双方向に製品ラインを拡張するのには根拠がある。同社の調査によれば，2007年の高価格帯化粧品市場は化粧品市場全体が横ばい傾向の中，2005年対比で104％と伸張しており，低価格帯化粧品市場の107％とともに市場を牽引しているという。また，30歳代，40歳代の女性は，手間をかけて自分を磨くことでもっと美しさを高めることができるという美容意識をもっていることから，自分にとって相応しいものならば高額であっても化粧品を購入する傾向があるとされる。さらに，彼女たちは販売員とのコミュニケーションを通して商品選択の楽しみや購買の達成感を謳歌する傾向があり，

積極的にカウンセリングを楽しみたいと考えているという調査結果を明らかにしている（http://www.shiseido.co.jp/）．

　そして，資生堂はリバイタルグラナスの販売に合わせて，彼女たちのニーズに応え，製品を効果的に使ってもらうための美容法「充時間美容」を提案し，肌悩みの対応だけでなく顧客一人一人の長所を引き出す独自の手法を通して，製品の満足感をより一層高めるカウンセリング販売を実践している．同社はターゲット女性を象徴する言葉「女は成長をやめない．」をキャッチコピーとして，モデルに女優の鈴木京香と世界的なバイオリニストの諏訪内晶子，女優のマイコを起用したプロモーションを展開している．

　つぎに，製品ラインマネジメントにおけるライン充実は，PM における特定の製品ラインに新しい製品アイテムを追加して当該ラインの深さと PM 全体の長さを増すことを意味している．

　アサヒビールのスーパードライの PM の深さは，アルミ缶（135ml，250ml，350ml，500ml，750ml，1,000ml，2l，3l）と瓶（小瓶334ml，スタイニーボトル334ml，中瓶500ml，大瓶633ml，特大瓶1,957 ml）の13である．この中でも，1998年4月にこの製品ラインに新たに追加された製品アイテムであるスタイニーボトルは，この製品ラインの売上に大きく貢献してきた．

　「スタイニー」は陶製のジョッキを意味する英語 'stein' からイメージされた造語で，製品品質はそのままで，小瓶の容量で容器を変えた製品アイテムである．この新しい製品アイテムは，新しいファッションを求める若者層，可能であれば瓶でビールを飲みたいという顧客層を的確にとらえ，さらには環境保護に対する問題意識を消費者に喚起することによって，発売当初から予想以上の好反響を呼んだ．1都9県で発売を開始した同アイテムは発売月の4月に40万ケース（1ケース20本），翌5月には60万ケースと生産を伸ばし，生産拠点を1工場から3工場に拡大して，7月からは販売地域も1都1道29県とした．

　このとき北海道ではスーパードライのほかのアイテムはあっても，スタイニーボトルだけは品切れ状態がしばらくの間続いた．全国でも同様に売れ続けたことから，その後，同社はスタイニーの主力拠点である西宮工場で3交代24時

間操業を実施するなどして対応している。当時，消費者は「スーパードライ」を飲みたいのではなく，「スーパードライスタイニー」を飲みたかったのである。この例からわかることは，製品はパッケージを含めてトータルで価値を生み出すということで，こうした意味から，新しい製品アイテムの導入によるPMのマネジメントは，企業のマーケティングにおいて重要な役割を演じるということである。

3-5　パッケージングとラベリング

　Kotler（1999）によれば，パッケージングとは製品の容器をデザインし，作りあげる活動であるとされる。パッケージの主要な役割は製品の物理的な移動そのものを可能にすることや，流通プロセスにおける製品の破損を防いだり品質を保持することである。例えば，ビールという製品は液体であるためそのままでは流通しない。そこで，ビールを1次パッケージである瓶やアルミ缶に詰める。

　そうした容器に詰められた製品は2次パッケージとして単位ごとにまとめられる。ビールや発泡酒，新ジャンルビール，チューハイ，ビールテイスト飲料の250ml缶，350ml缶，500ml缶の場合，6本ごとにもち運びできるように上部に2本の指が入るように工夫された厚紙でくるまれる。そして，最後に輸送用パッケージとして段ボールに入れられる。上記製品の場合，6本入り1パックが4個ごと合計24本で1ケースとして梱包される。

　パッケージには製品の輸送とその間の損壊の防止という役割のほかに，プロモーションの機能ももっている。パッケージに印刷された社名やロゴはマーケット構成員の視覚に働きかけ，製品やそれを製造する企業を認知させる働きを果たすのである。また，パッケージに広告や景品応募のメッセージを掲載して積極的なプロモーションを行う企業も少なくない。

　そしてパッケージングにはもう1つの機能がある。それはパッケージの外見が生み出す信頼感，格式の高さである。例えば，化粧箱に入れられた日本酒は

直射日光を遮ってその品質を保持するという意味のほかに，それによって高級感を演出する効果がある。日本の百貨店がギフト市場で依然として大きなシェアを占めているのは，その包装紙がそのまま高級イメージをもっているためである。

つぎにラベリングは消費者に情報を提供する機能がある。具体的には，私たちは製品のラベルに記載されている製品名を見てその製品を認識する。ビールの場合，ラベルが貼られていなければ，私たちはそれがどのメーカーの何というブランドなのかを知ることができない。ほかにも，ラベルには，製造年月日，原材料，賞味期限など製品に関する多くの情報が記載されている。海外から輸入された製品であれば，原産国や輸入業者などの情報もラベルから知ることが可能である。また，製品ごとに食品の有効性や安全性に関しての審査に合格して国の許可を受けた条件付きを含む特定保健用食品は，その食品のもつ特定の保健の用途を表示して販売されるが，こうした許可マークもラベルに記載される。

3-6　プロダクトレベル

企業はマーケットのニーズを満たすプロダクトをマーケットに提供するが，

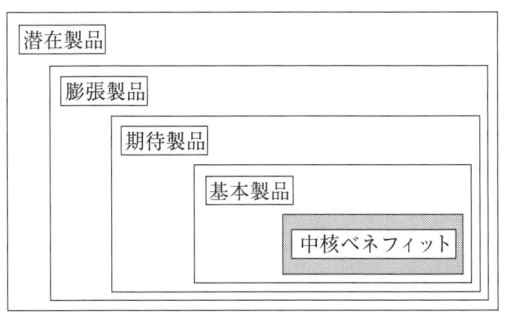

図3-5　プロダクトレベル

```
┌─────────────────────────────────────┐
│ 潜在製品                              │
│   ┌─────────────────────────────┐   │
│   │ 膨張製品                      │   │
│   │   ┌─────────────────────┐   │   │
│   │   │ 期待製品              │   │   │
│   │   │   ┌─────────────┐   │   │   │
│   │   │   │ 基本製品      │   │   │   │
│   │   │   │ ┌─────────┐ │   │   │   │
│   │   │   │ │中核ベネフィット│ │   │   │   │
│   │   │   │ └─────────┘ │   │   │   │
│   │   │   └─────────────┘   │   │   │
│   │   └─────────────────────┘   │   │
│   └─────────────────────────────┘   │
└─────────────────────────────────────┘
```

それらは，顧客がそれから受けとる価値の大きさから顧客価値階層を形成し，そのレベルが上がるごとに顧客が獲得する価値も上がる。

　プロダクトによって充足されるニーズを中核ベネフィットとした場合，それを満たす基本仕様が基本製品である。基本製品でも顧客がもっているニーズを最低限満たすことが可能であるが，基本製品に＋αの価値を付加した期待製品を提供することを通して，企業は顧客により大きな満足を提供することができる。さらに，仮に企業のマーケターが，顧客が抱いているであろう期待を上回る価値を有した膨張製品を提供できたら，期待を上回る満足を得た顧客はその満足に驚き，感動するかもしれない。そして，最も高いプロダクトレベルは，将来の実現可能性をも含めた考え得る最高の価値を提供する潜在製品である。

　こんにちでは顧客がそのニーズを満たすために購買した製品で満足するのは当たり前であり，代替品を提供する競合他社との競争に勝利して自社の製品を選択してもらうためには，顧客を満足させるだけではなく，彼らを驚かせ，喜ばせ，感動させることが求められているのである。

　中核ベネフィットとして宿泊を考えた場合，基本製品は個室，ベッド，バス，トイレ，テレビ，空調である。これだけ揃っていれば宿泊客はそのニーズを満たすことができる反面，このうちどれか1つでも足りなければ不満を感じるかもしれない。この基本製品に＋αとして，テーブルの上に飴が置かれていたり，ベッドがセミダブルだったりすれば，これは期待製品となる。さらに，バースディシャンパンのプレゼント，朝食無料サービス，レイトチェックアウトなどのサービスが加われば，それは膨張製品となる。そして，こんにち考え得る宿泊における潜在製品はスウィートルームである。こうした有形財のみで考えるのではなく，リッツカールトンホテルのように個々の顧客の好みに対応したサービスを提供するなど，マーケターが考え得る選択肢は広い。

　ハンバーガーショップを想定してプロダクトレベルを考えてみると，中核ベネフィットはファストフードであり，基本製品はハンバーガーとポテトとドリンクである。期待製品はセットメニューであり，膨張製品は作りたてのハンバーガーが出てくることであり，原材料のトレーサビリティである。そして，考

え得る潜在製品は原材料にこだわって作られるボリュームのあるハンバーガーかもしれない。

　動物園の例で考えてみると，動物園を訪れる人たちの中核ベネフィットは私たちが日常生活では観察することができない野生動物である。彼らがそこに期待している基本製品は，ライオンや象，キリン，カバといった代表的な動物の存在である。そして，そこにパンダやコアラ，ホワイトライオンなどごく一部の動物園でしか見ることができない稀少動物が展示されていれば，その動物園が提供しているサービスは期待製品となる。さらに，たとえ稀少動物がいなくても，ほかの動物園では見ることのできないアザラシの水中遊泳やオランウータンの綱渡り，ペンギンの散歩の観察は，入園者にとっての膨張製品となる。そして，考え得る潜在製品は，もしかしたら，その実現性を考えなければアザラシと一緒の水中散策や，ニホンザルの群れへの1日体験入群を可能にする仕組みなのかもしれない。

3-7　アソートメント

　アソートメント（assortment）とは，人間の消費目的に照らして意識的に形成された財の集合を意味し，一般的に品揃えあるいは品揃え物と訳されている。冷蔵庫に納められた食料品の集合は，その家庭の家族構成，構成員の嗜好によって購買されたアソートメントである。また，百貨店，スーパーマーケット，CVS，専門店，個人商店などの小売形態は，アソートメントされるプロダクトの幅と奥行きによっても特徴づけられ，一方，消費者もその購買目的に応じたアソートメントを行っている小売業へと足を運ぶ。

　例を挙げると，百貨店は衣料品，家庭用品，家具に代表される複数の製品ラインを取り扱い，かつその種類も豊富である。それに対して，専門店は狭い製品ラインの中で深いアソートメントを行っている。また，CVSは広い製品ラインで回転率の高い最寄品を取り扱っているがそのアイテム数は少なく，スーパーマーケットは幅広い製品ラインに関して標準的なアイテム数をアソートメ

ントしている。

表3-3 アソートメントとマーケット・生活シーン

マーケット：0歳〜15歳
ミルク　紙おむつ　乳幼児用衣料品　乳幼児用玩具　離乳食　子供服　自転車　ぬいぐるみ　ゲーム機器　ゲームソフト　ボードゲーム　プラモデル　お菓子　宿題セット　スポーツ用品
生活シーン：デスクワークによる目の疲れ・肩こり
目薬　目の冷却シート　無臭性シップ　ビタミン剤　ドリンク剤　カルシウム剤　低周波治療器　入浴剤　ハーブティー　アロマテラピー商品　健康補助食品　ヒーリング音楽CD・映像DVD
生活シーン：旅行・出張
旅行カバン　目覚まし時計　携帯用アイロン　下着
生活シーン：朝食
シリアル　牛乳　フルーツ　ヨーグルト　プリン

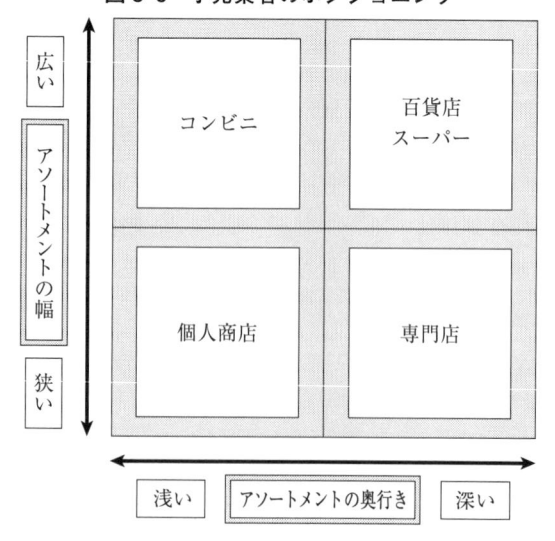

図3-6 小売業者のポジショニング

	アソートメントの奥行き	
	浅い	深い
広い	コンビニ	百貨店　スーパー
狭い	個人商店	専門店

3-7 アソートメント

　Alderson（1957）によれば，財のアソートメントは一定の構造と整合性をもつが，しかしそれはそのアソートメントが帰属する集団を構成している個人個人の目的に役立つということのほかの意味はないとしている。そして，アソートメントには，仕分け，集積，割当，配当という4つの側面があり，取引を行おうとする組織はそのターゲットとするセグメントに役立つアソートメントをすることが求められるとする。したがって，消費者の需要構造や購買行動の変化に伴ってアソートメントも変化を遂げることになる。

　日本の小売業は伝統的に「モノ別縦割り」のアソートメントを行ってきた。しかしながら，最近になってそのアソートメントは「マーケット別横割り」へと移行しつつある。例えば，子供をターゲットとしたマーケットを考えてみると，ミルクや離乳食はドラッグストア，衣類は子供服専門店，玩具は玩具店，ゲームやゲームソフトは家電量販店，スポーツ用品はスポーツ用品店といった線引きがなされていた。それに対してアメリカ資本のトイザらスは，ミルクや離乳食から子供服，玩具やゲーム，宿題セット，スポーツ用品にいたるまで0歳児から15歳までの子供の必要とするあらゆる商品をアソートメントしている。こうしたマーケット別アソートメントはニーズの共通性に基づく関連購買を生みだし，顧客単位の平均購買金額を押し上げることによって，小売業者の売上高を増大させることにつながっている。

　ニーズの共通性に基づく関連購買の促進を目的としたアソートメント手法の1つとしてゴンドラ陳列があり，ゴンドラごとに生活シーンを提案したアソートメントが行われる。ドラッグストアを例に挙げると，「デスクワークによる目の疲れや肩こり」という生活シーンを設定して，1つのゴンドラに目薬，無臭性湿布から，ビタミン剤，ドリンク剤，カルシウム剤，目の冷却シート，低周波治療器，ハーブティー，アロマテラピー商品までをグルーピングして陳列する。売上高40兆円を誇るウォルマートでは，バナナは青果棚だけでなくシリアルや乳製品棚にも置き，旅行用スーツケースの脇には目覚まし時計や携帯用アイロンを品揃えするといった関連購買を狙いとしたアソートメントが徹底されている。

3-8 プロダクトライフサイクル

● プロダクトライフサイクルとは何か

　プロダクトには人間と同じように寿命がある。製品は企業によって研究開発され，市場に導入され，それがその時代の人びとのニーズを満たす価値を有していれば売上を伸ばしていく。その後，製品ラインの深さを増すなどの PM のマネジメントを通して成長を続け，それがニーズをもった消費者に行き渡ることによって，マーケットは成熟，飽和する。そして，そのプロダクトはそれを上回る機能をもった製品や，そのニーズを代替するより利便性の高い製品の登場によって衰退していく。こうした，製品が通過する市場への導入期，成長期，成熟期，衰退期のプロセスを，プロダクトライフサイクル（Product Life Cycle：PLC）という。ワープロ専用機はその PLC を終えて，現在日本でそれを製造しているメーカーは存在しない。代わってそのニーズを満たしているのがパーソナルコンピュータ（PC）である。

　図に示されるように PLC は一般的なプロダクトの場合には S 字型のカーブを描く。売上高と利益は成熟期でピークになる。売上高がマイナスになることはないが，利益は PLC の初期にはマイナスになることがある。新しいプロダクトの場合，マーケットに認知してもらって購買してもらうためにはプロモーションにコストを掛けなければならないためである。一方で，成熟期に利益がピークになるのは，成長期まででコモディティを提供する競合他社との競争に決着がついてマーケットでのパワー構造が固まるためである。したがって，このステージではプロモーションに経営資源を投入しなくてもよくなり，売上の一定割合が安定して利益となるのである。

　PLC は製品カテゴリー，製品形態，ブランドによって異なった特徴を示す。PC を例に挙げると，PC という製品カテゴリーは最も長い PLC を描き，PC の製品形態としてのデスクトップ型，ノート型，モバイル型，超軽量薄型ノー

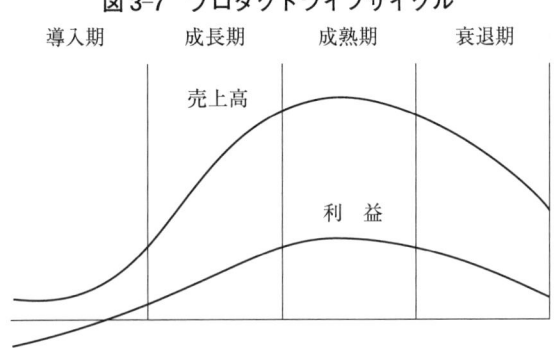

図3-7　プロダクトライフサイクル

（導入期／成長期／成熟期／衰退期　売上高・利益の曲線図）

ト型は，PCのPLCの中でそれぞれのPLCを歩んできた。PCのPLCは成熟期に位置しているが，製品形態としてのデスクトップ型，ノート型はそのPLCを終え，モバイル型，超薄型軽量ノート型はPLCの成長期を歩んでいる。

　PCの製品形態よりもさらに短いPLCをもつのがブランドである。日本IBMの「APTIVA」，ソニーの「VAIO」，NECの「VALUESTAR」，アップルの「MacBook」といった個別ブランドである。これらは製品カテゴリーとしてのPCのPLCの中でそれぞれのPLCを歩んできた製品形態の中で，さらにそれぞれのPLCを歩んでいる。高性能化するマイクロプロセッサやHDD，また，FDからMO，ZIP，CD-ROM，USBへと進化を遂げてきたデジタル記録媒体に対応する形でそれぞれのブランドはバージョンを重ねてきたのである。

　プロダクトの中にはS字のPLCを描かないものも存在し，特徴的なPLCの形態としてスタイル，ファッション，ファッドなどがある。スタイルのPLCは世代を跨いで盛衰を繰り返すもので，フォーマル，カジュアル，ファンキーといった洋服のスタイル，リアリズム，シュールリアリズム，抽象主義といった芸術のスタイル，ミニスカート，ロングスカートといったスカートのスタイルがある。

　ファッションとは，ある分野で現在受け容れられ人気のあるスタイルをさす。

ファッションの PLC は，ゆっくりと始まり，一定期間人気を保ち，やがてゆっくりと衰退していく特徴を有している。初めにファッションリーダーが現れ，自らを他者と差異化するために何らかの新しいスタイルを取り入れるようになる。つぎにこうしたファッションリーダーを模倣する人びとが現れ，ファッションは広く普及するようになる。そうなるとそのファッションは差異化の意味を失って衰退していくことになる。女子高校生の間で流行した「ルーズソックス」，若い女性の間で流行した「厚底靴」や，人気タレントの髪型などもファッションである。

　もう1つ特徴的な PLC の形態としてファッドがある。その PLC を描くプロダクトは，人びとの関心を急速に集め，彼らに熱狂的に受け容れられて短期間でそのピークを迎えるが，すぐに衰退していく性格を有しているものである。かつては6面の色を合わせるパズル「ルービックキューブ」，つかみどころのない物体「スライム」から，携帯ゲームの「たまごっち」など，ファッドの PLC をもつ製品は，珍奇なもの，珍しいものである場合が多い。

　顧客はプロダクトが提供する機能を購入するため，新たな機能や+αの機能が付加された製品が市場に導入されるとそれまでの製品は陳腐化する。企業は，製品の陳腐化を計画的に行うことを通してマーケットの需要を喚起することができる。企業が行う計画的陳腐化には大きく3つの手法がある。

　はじめに，プロダクトの耐用年数を操作して PLC の長さを設定する物理的陳腐化がある。ボタン電池を動力に使った使い捨て製品は，その電池の耐用年数が製品の寿命である。つぎに，新しく優れた性能や機能を加えることによって既存製品の PLC を操作する機能的陳腐化がある。高性能化，高機能化するたびにバージョンを重ねてきた PC のハードウェアやソフトウェアは，その度にそれまでのそれらを陳腐化させてきた。最後に心理的陳腐化がある。これは，デザインやスタイル，パッケージやラベルを定期的に刷新することによって，その性能や機能に変化はなくても，心理的，イメージ的に，既存製品を時代遅れにしてしまう手法である

● プロダクトライフサイクルの延命策

　PLCが長いプロダクトもあれば短いプロダクトもある。企業は多くの時間と多額の資金を始めとする莫大な経営資源を投入して研究開発を行い，新製品を開発している。さらに，PLCの導入期には製品のマーケットでの認知を目的として成長期にはマーケットの競合他社との競争に勝利することを目的として，それぞれプロモーションに多くの時間と資金が費やされるがPLCが必ずしも成長カーブを描いていくとは限らない。ただし，マーケット競争に勝ち残ってPLCの成熟期を迎えた製品は，企業に多くの利益をもたらしてくれる。

　製品のPLCが極端に短い製品にカップ麺がある。1998年には350を越えるアイテム，1999年には300アイテムが開発されたが，それらのほとんど導入期の勢いは良いが数週間で勢いがなくなってつぎの新製品と入れ替えになる。発売当初は1週間で5万個売れた製品が，2～3週間後にはわずか200個あまり

表3-4　ロングセラー製品

誕生年	製品名	製造業者
1922年	グリコ	江崎グリコ
1950年	江戸むらさき	桃屋
1951年	ミルキー	不二家
1952年	お茶づけ海苔	永谷園
1958年	チキンラーメン	日清食品
1961年	オロナミンC	大塚製薬
1962年	リポビタンD	大正製薬
1963年	バーモントカレー	ハウス食品
1964年	かっぱえびせん	カルビー
1967年	リカちゃん	タカラ
1967年	MG5	資生堂
1968年	サッポロ一番	サンヨー食品
1968年	ボンカレー	大塚食品
1970年	an・an	マガジンハウス
1971年	non・no	集英社
1971年	カップヌードル	日清食品

しか売れない例が少なくないのである。結果として売れ筋商品にはお馴染みの製品が並ぶことになる。

　それに対してPLCが長い製品も少なくない。江崎グリコのキャラメル「グリコ」は1922年の発売以来1世紀近くそのPLCを歩んできた。桃家の「江戸むらさき（現ごはんですよ）」，不二家の「ミルキー」，永谷園の「お茶づけ海苔」，日清食品の「チキンラーメン」は半世紀以上のPLCを刻んでいる。また，大塚製薬の「オロナミンC」，ハウス食品の「バーモントカレー」，カルビーの「かっぱえびせん」など私たちの生活に馴染みの深い製品は，そのPLCが長いのが特徴である。こうしたロングセラー製品は長くマーケットに存在し，企業に利益をもたらし続けてくれる孝行製品なのである。しかしながら，こうしたロングセラー製品の背景にはPLCの延命策が行われてきており，中にはそのPLCを終えようとしていた製品が延命策を通して，永谷園の「お茶づけ海苔」のように，復活したケースも存在する。

　どんなに売れた製品も時間の経過に伴ってその売上を減少させていくことになるが，企業にとっては多くの経営資源を投入して育て上げ，安定した利益をもたらしてくれるプロダクトが衰退期に進んでいくのを，何もしないで見ているわけにはいかない。マーケターは，PLCの衰退を食い止め現状を維持するか，あわよくば再び成長カーブを描いてもらうことを目的としてさまざまな延命策を施すことになる。製品の改良といった製品そのもののクオリティの向上とは別に，企業が行う代表的なPLCの延命策として新たな製品アイテムの追加，新規ユーザーの開拓，新しい用途の提示が挙げられる。これらの方策は相互に密接に関連しており，ケースによっては2者あるいは3者の内容を含んでいる。

　PLCの延命策，あるいは製品のマーケットシェアの拡大を目的として最もよく行われているのが，各製品ラインにおける新しい製品アイテムの導入である。日清食品の「カップヌードル」のようにロングセラーを続ける製品の場合，外見上の変化はなくても卵の食感を良くしたり，ポテトを大きくするような具材の質を向上させるといった細かな改良は毎年のように行われているが，こう

した個々の製品の改良とは別に新しい味付けや容器，容量の製品を投入することを通して売上を伸ばすことが期待できる。

　日清食品がカップヌードルの発売を開始した1971年は，アメリカとの間で沖縄返還協定が締結された年だった。カップ麺という新しいマーケットを順調に創造する中で，同社はカップヌードルの製品ラインに1973年には「カップヌードルカレー」，1984年には「カップヌードルシーフードヌードル」という新しい製品アイテムを導入することを通してマーケットのさらなる拡大に成功してきた。ほかにも「カップヌードルしお」，「カップヌードルみそ」，「カップヌードルレッドカレー」を始め多くの製品ラインが加わってきた。

　大塚製薬は「オロナミンC」の製品ラインに，新たな製品アイテムとしてロイヤルゼリー，プロポリス抽出物，蜂蜜を加えた「オロナミンCロイヤルポリス」を導入した。また，ブロックタイプのスタンダードからスタートした「カロリーメイト」の製品ラインには，現在ブロックタイプと缶タイプに4種類のフレーバー，ゼリータイプにはアップル味1アイテムがある。

　カルビーは，「ポテトチップス」の製品ラインに，うすしお味，のりしお，コンソメパンチといった新たな製品アイテムを導入することによって，1975年の新発売以来同製品は同社の主力商品として，依然として大きなマーケットシェアを維持し続けている。アサヒビールは，「スーパードライ」，「生ビールダンク」，「黒生」の製品ラインにリターナブル瓶を加えてPMの深さと長さを拡大することによって，各製品ラインの販売数を大幅に増加させることに成功した。

　花王は，製品のPLCにユーザーの人生を重ね合わせてPLCの延命策を行ってきた。同社が1980年に導入した「ビオレ」ブランドの起点となった製品は10歳代の女性をターゲットとした「ビオレ洗顔フォーム」である。同社は，「ビオレ洗顔フォーム」を使った女性のライフサイクルの進展に合わせて，彼女たちの人生のステージに求められる新たなアイテムを追加してきたのである。具体的には，化粧をする年齢に成長したセグメントを対象として，1992年に「ビオレメイク落とし」，1998年にはさらにステージを進めたセグメントを対象

として「ビオレ目もとうるおいパック」を発売した。

　つぎに新規ユーザーの開拓によるPLCの延命策の具体例を提示する。ビオレ同様，ターゲットセグメントの成長に合わせて製品を進化させた例として，タカラの「人生ゲーム」がある。1968年に発売された同製品は，子供のころ遊んだ記憶のある人も多いに違いない。スタンダード版の内容は小学生のいる家庭をターゲットとしていたが，少子高齢化の中で同社のターゲットは縮小が続いている。そこで，タカラは子供の成長に合わせてゲームの内容を進化させることを通して製品の成熟を抑えることを考えた。それが1989年に発売された「人生ゲーム平成版」である。「人生ゲーム平成版」はターゲットを中学生以上に設定し，プレイヤー同士の駆け引きや消費税といった時事問題を盛り込んだ内容になっている。また，花王は2008年に「メンズビオレ」ブランドを立ち上げ，そのターゲットを男性にまで広げた。

　最後に新しい用途の事例としてはカルピス食品工業の主力製品「カルピス」がある。カルピスは，瓶詰めの原液を水で薄めて飲む飲料として長い間販売されてきた。1991年，同社はアウトドアなどでそのまま飲めるタイプの「カルピスウォーター」を開発し，現在もマーケットで大きな地位を確保している。家庭で飲む子供のおやつのサイドメニューとしてのポジショニングから，アウトドア飲料へとターゲットの拡大に成功したのである。

　また，1984年に新たにカップヌードルの製品ラインに追加された「カップヌードルミニ」は，従来の77gから36gに内容量を減らすことで，食事のスープ代わりとしてのニーズを開拓した。反対に，1991年には内容量を99gに増量した「カップヌードルビッグ」も発売している。さらに，大塚製薬は「オロナミンミルク」のレシピとして，同製品に卵黄をミックスする「オロナミンセーキ」，バニラアイスをミックスする「オロナミンフロート」，ビールをミックスする「オロナミンビア」を紹介して，同製品の新しい楽しみ方を提示している。ナイロンは軍事パラシュートの素材として，フランスのデュポンが開発した新素材だったが，現在では衣類から日用品まで幅広く使用されている。

　冒頭に触れたようにPLCの3つの延命策は相互に密接に関係しており，か

つ，1つのプロダクトに関して複数の延命策がコンカレントに行われることも少なくない。トウモロコシは，アメリカ穀物協会によって行われてきたPLCの延命策の成功事例である。アメリカの広大な農地で機械化された大規模な生産体制で収穫される大量の穀物は，自国内では到底消費しきれるものではない。そこで，アメリカの穀物農家の団体であるアメリカ穀物協会は，これまでに消費創出のためにさまざまな取り組みを行ってきた。

第1に，新たな市場の開拓である。第2次世界大戦後，日本にパン食文化を導入したことを皮切りに，1959年，5,098人の死者，行方不明者を出した伊勢湾台風で壊滅的打撃を被った近畿地方に36頭の豚と餌となるトウモロコシを空輸する。こんにち15代目の彼らの子孫は70,000頭になり，餌のアメリカから輸入されたトウモロコシを食べて育っている。日本での成功を踏まえて，その後も同協会は世界各国にマーケットを広げている。1980年代には，エジプトの水牛農家をターゲットにして，トウモロコシを餌にした飼育が，それまでの牧草による飼育よりも，出荷までにかかる飼育期間を2ヶ月短縮できることを周知させた結果として，現在はアメリカから輸入されたトウモロコシによる飼育が行われている。そして，1990年代に入って人口13億人の巨大マーケット中国への進出を始める。同協会は，中国に支部を設け，ステーキハウスなどを通して食肉文化を普及させた結果，約20年間で同国の牛肉消費量は約20倍にまで膨れあがった。同国は依然穀物輸出国であるが，同協会は大量の牛の飼育にかかる餌のトウモロコシを賄うために，同国は2010年以降穀物輸入国になると予測している。

第2に，アメリカ穀物協会は新たなマーケットの開拓と並行して，トウモロコシの新たな用途の開拓にも取り組んできた。同協会は資金を出し合ってバイオエタノール工場を設立し，ロビイストを使った議会への働きかけやオートレースなどのさまざまなキャンペーン活動を行ってきた。その結果，2008年に入ってバイオエタノール需要が急増し，トウモロコシ価格は急騰することになる。

このように，企業は自社が保有する複数の製品ラインあるいはブランドにおいて，こうした継続的延命策をコンカレントに実行することを通して，企業全体としての収益を確保することができるようになるのである。

4 ブランドマネジメント

4-1 ブランドとは何か

　ブランドの要諦は，第1に，製品，商品，サービスの差別化と，第2に，それらの性能，機能，品質に対する顧客への信頼性の約束と保証の2つに集約される。ブランド（brand）という言葉は，英語の「burned」が語源であり，焼印を押すという意味がその起源であるとされる。古くは，放牧してある牛に焼印を押したり，醸造されたウイスキーの酒樽に焼印を押したりして，所有者や製造元を区別するために文字やマークを入れたことが始まりとされる。わが国でも，陶磁器に窯元や作者の印章，紋章を押したり，看板の文字や紋章，あるいは，家紋などに工夫が凝らされてきた。こんにちよく目にするようになった有名ブランドのロゴやマークは，それを見た人がそれが入った製品をそれを製造した会社の製品であることを認識してもらうために付けられているのである。
　AMA (1988) は「ある売り手の財やサービスをほかの売り手のそれと異なると認識するための名前，用語，デザイン，シンボル，およびその他の特徴。」(http://www.marketingpower.com/) と概念定義している。また，Kotler＝Armstrong (1996) によれば，ブランドとは，「特定の売り手あるいは売り手グループが，製品またはサービスを競合他社のそれと区別するために用いる名前，用語，記号，シンボル，デザイン，あるいはそれらの組合せ」(p. 283) を意味する。
　ブランドには，アサヒビールの「スーパードライ」，キリンビールの「ラガー」といった発音可能なブランドネームと，キリンビールの「麒麟」，フェラーリの「跳ね馬」といった認知可能なブランドマークがあり，登録商標となったブランドは商標法によって保護される。また，ブランドは，パテントや著作

権のように失効期限がある資産とは異なる性格をもっている。そして,「キリン一番搾り」,「アサヒスーパードライ」,「サッポロ黒ラベル」などのように,複数のブランドが組み合わされて利用されるブランドは,ダブルブランドと呼ばれる。

ブランドを通して,売り手は買い手に対して製品のもつ特定の性質,特徴,便益,そしてサービスを約束することになる。日本で人気の高い"L"と"V"がクロスしたマークとモノグラムラインと呼ばれる模様のロゴで知られるルイ・ヴィトンは,フランスのかばん職人ルイ・ヴィトンが創始したブランドで,現在はLVMH(モエ ヘネシー・ルイ ヴィトン)グループの中核ブランドとなっている。ルイ・ヴィトンは1854年,荷造り用の木箱職人だったヴィトンによって創立される。1868年には,大型客船に積み込まれる旅行カバンや大型トランクを製作し,当時の新素材の強化ビニールをトランクの上から布地に貼るとともに,木材の枠組みを組み込んだ堅牢な旅行用トランクは熱帯のコロニアル諸国への旅に耐えられる設計だった。この製品が大ヒットすると模倣品が多数マーケットに参入してくる。1896年,ヴィトンはこうした模倣品との差別化を図るために,当時ヨーロッパで流行していたジャポニズムに着目して,日本の家紋をアレンジした「モノグラム」を考案して大評判となる。

ブランドは,それが社会的に認知された場合には,同ブランドから出される新製品の市場参入がスムーズに行われるなどのメリットが生じる一方,ブランドを構成する一部の製品ラインに問題が生じた場合,その影響がブランド全体に及ぶというデメリットも起こり得る性格を有している。

ブランド戦略を採る企業の多くは,販売される自社ブランド商品を自らの手で全て製造するわけではなく,ほかの製造業者へ製品の下請け製造を依頼している。依頼先の製造業者は,衣料品,家電製品など多くの製品の製造を請け負う専門の製造業者である場合もあれば,自らもNB製品を保有している製造業者の場合もある。

相手先ブランドで販売される商品の製造,供給を,相手先ブランド製品製造(Original Equipment Manufacturing:OEM)という。パナソニックグループは,

フランスのトムソンに対してはVTR，ビデオムービー，ドイツのシーメンスに対してはビデオムービーのOEM供給を行っている。

4-2　ブランドの類型

● 適用範囲によるブランド分類

　ブランドには，企業が提供する製品やサービス全般について統一して用いるコーポレートブランドがある。「TOYOTA」，「SONY」，「NTT」などそのほとんどが企業名である。つぎに，企業の中の特定事業分野の製品やサービスに統一して用いるブランドとして事業ブランドがある。松下電器産業（現パナソニック）の白物家電事業に使用された「National」と，それ以外の製品に使用された「Panasonic」や，シャープの液晶テレビやDVDレコーダー，ブルーレイレコーダーなどのオーディオビジュアル事業に使用される「AQUOS」，パソコン事業に使用される「Mebius」などがこれに該当する。コーポレートブランドを統一ファミリーブランド，事業ブランドを分散ファミリーブランドと呼ぶこともある。

　つぎに，特定のコンセプトに基づいた製品のもつ品質や機能，流通チャネルなどの特徴から，複数のカテゴリーに属する商品やサービスの製品ラインについて共通して用いるコンセプトブランドがある。1992年にライオンから発売された「植物物語」ブランドは，毎日使うものだからこそ天然，自然志向の肌へのやさしさにこだわった製品が必要というコンセプトのもとで，化粧石鹸の主原料を牛脂から東南アジア産の天然パームと天然ヤシの油という，100％食物由来の原料に切り替えた石鹸を開発した。植物原料にこだわった製品開発を行った。当該ブランドには，シャンプー，コンディショナー，ボディソープ，洗顔石鹸カテゴリーの製品アイテムがラインナップされている。

　1980年に発売された花王の「ビオレ」ブランドのコンセプトは，「'Pure Skin, Bright Life'。肌の調子がいいと前向きで充実した生活が送れる。前向

きで充実した生活をしていると肌の調子がいい。いい肌でいられることと充実した生活を送ることはお互いにいい作用をもたらす。ビオレは健康な素肌を通して幸福な生活をサポートするブランドでありたい。」(http://www.kao.co.jp/) である。Biore の語源は「Bios」+「Ore」，ギリシャ語で，「満ち足りた (Ore) 生活 (Bios)」を意味している。

石鹸や洗顔料がそれまでは弱アルカリ性であったのに対して，酸性でもアルカリ性でもない素肌にやさしい中性の洗浄成分を主成分として，肌が突っ張らない洗い上がりのビオレ洗顔フォームを開発したことに始まったビオレブランドは，洗顔料や基礎化粧品としてのシリーズから，ボディソープへと製品ラインを拡張し，こんにちでは洗面から入浴という生活の中のリフレッシュないしリラックスタイムを彩る製品をラインナップしている。

ブランドの出発点になるのが個別ブランドであり，独立ブランド，商品ブランド，製品ブランドとも呼ばれる。ブランドは基本的には個別ブランドからスタートして，そこに新しいアイテムを追加することを通してラインを形成していく。カップヌードルもカロリーメイトも最初は単一アイテムから始まって，その後フレーバーや容器の異なった製品アイテムが導入されている。それがのちに企業ブランドとなったり，サブブランドへ展開したりする。ブランドネームの社会的認知と呼応して，リーガルコーポレーション（旧日本製靴）のように，企業名を自社のブランド名に変更した企業も存在する。

いくつかのブランドをもつ企業の場合，新たなベネフィットや機能の製品をマーケットに導入する場合，既存ブランドのサブブランドとするか，新たに個別ブランドを立ち上げるかの選択を行わなければならない。

● 所有権の所在によるブランド分類

ブランドは，その所有者から製造業者が所有権をもつ製造業者ブランド (National Brand: NB) と，流通業者が所有権をもつ流通業者ブランド (Private Brand: PB) に分類される。PB 商品は，流通業者のマーケットにおける製造業者に対するパワー関係の向上を背景に，卸売業者や大規模小売業者によ

って積極的に開発されるようになってきた。商品を流通業者自らが企画，立案し，製造業者に製造を委託するPB商品の導入は，流通業者による商品の低価格設定を可能にすると同時に高マージンの獲得を可能にしている。

メーカーへの大量発注と計画生産によって製造コストが削減されるとともに，適正在庫が実現する。また，プロモーションにコストがかからないことから，20％～30％の低価格設定が可能となるのである。そして，流通業者が製造を委託するのは大手メーカーがほとんどで，その品質はNB商品と何ら違いはないのである。さらに，PB商品は消費者により近い流通業者がその製品を企画することから，彼らの声を反映しやすい側面がある。

チェーン展開する流通業者の多くは，PB商品の比率を高めて利益率の向上を目指している。特に，薬事法改正に伴って競争激化が予想されるドラッグストア業界は，その生き残りをかけてPB商品開発に力を注いでいる。

イオンの「TOPVALU」は，生活の基本アイテムを安心品質とお買得価格で提供することをコンセプトとしたPB商品であり，消費者の製品の開発や改良に活かし，安心と安全に配慮して，必要な情報をわかりやすく表示し，満足できない場合は返金や商品の取り替えに応じることを謳っている。良品計画の「無印良品」は西友のPB商品から出発して，現在では，良品計画の主力ブランドとして，日本国内のほかイギリス，フランスなど諸外国にに独自の店舗を構えるまでに成長している。

「無印良品」は，生活の基本となる本当に必要なものを本当に必要な形でつくることをコンセプトとして開発された。生産工程では商品本来の品質に不必要なプロセスは徹底して省かれている。例えば，製品の形状を整えることを省いた不揃いの食料品開発，高品質にもかかわらず完成品の見栄えが悪いという理由で他社では使用されない素材を活用した衣料品開発，また，最小限のパッケージによって品質の優れた製品を廉価で提供する工夫がなされている。日常生活で目にする「A-COOP」は全国農業協同組合連合会（JA）のPBであり，「A-COOP」商品の開発には組合員の意思が反映され，JAの特色を活かして安心して使える商品，組合員にとって有利な価格を実現する商品開発が志向さ

れている。

● 新しいブランドへの取り組み

また，これまでのブランド戦略にはなかった全く新しい試みとして，トヨタ自動車，松下電器産業（現パナソニック），花王，アサヒビール，近畿日本ツーリストという業種の異なる5社が，「WiLL」という統一の名称，オレンジに白字の共通ロゴマークを使って，「業種を超えたブランドの傘」のもとに製品の販売を開始した。WiLLの商標は参加各社が保有し，プロモーションは各社によって独自に行われた。

WiLLは，トヨタの提唱に基づいて5社が1999年8月にスタートし，2000年にはコクヨと江崎グリコが参加して異業種合同プロジェクトとして推進されてきた。このプロジェクトは，「遊びゴコロと本物感」のコンセプトのもと，「ニュージェネレーション層」と呼ばれる20代から30代の消費者をターゲットとして，各社から自動車，パソコン，自転車，消臭スプレー，ビール，旅行パッケージ，文具，チョコレートなどの製品が発売された。

ターゲットとしたニュージェネレーション層の特徴を，「自分らしさ」や「こだわり」を意識した消費行動を示すとプロファイリングし，彼らのニーズに合致した製品開発やプロモーションが行われた。

WiLLというブランドネームには企業から明確な「意志（will）」を発信し，それを生活者と共感することによって新たなマーケット，ライフスタイル，消費スタイルを生みだしていくという意味が込められていた。こうしたプロジェクトの趣旨を反映して開発された参加各社の製品は，いずれも各社がこれまで取り扱ってきた商品と比較して斬新なものとなっていた。トヨタ自動車の「WiLL Vi」は昔の馬車を連想させる独自のデザインを採用し，松下電器産業は，「パナソニック」ブランドから，「λ（ラムダ）フォルム」と呼ぶ三角形のデザインを採用したパソコンを開発し，「ナショナル」ブランドからは新しいコンセプトの冷蔵庫が開発された。

花王は容器のデザインに斬新さを取り入れ，容器の一部を半透明にした

「WiLL クリアミスト」を開発し，アサヒビールの「WiLL スムーズビア」の容器には大きく「WiLL」のロゴが入り，一見しただけではアサヒビールの商品とはわからない。そして，近畿日本ツーリストの開発した「WiLL TOUR」のパンフレットには，同社では初めて表紙に黒が使われている。これらの商品には，すべてオレンジ色に白抜きで WiLL のロゴが施されている。

このプロジェクトは2002年にアサヒビールと花王が脱退し，2004年に終結したが，若者向け旅行の市場開拓に一定の成果があった近畿日本ツーリストや，個人向け文具の市場開拓に成果が認められたコクヨは，WiLL ブランドを継続展開している。

● ブランドの価値

特定のブランドを継続して購買するグループは，彼らの属する社会階層，性別，年齢，ライフスタイルといった特定の文化カテゴリーと密接に関連している場合がある。McCracken (1988) は，「文化カテゴリーが実体化される最も重要な方法の1つが，文化の物的対象物を通してである」としている（訳書，130頁）。ブランドの構築には物語や哲学の創造の側面が存在するのである。

レアのビーフステーキは食べても魚の刺身は食べない，機能は同じでも特定のメーカーの車のオーナーになるといった消費現象は，「ものの消費」が「機能の消費」という意味のほかに，「文化的意味」を消費するという側面をもっていることを示している。すなわち，ベンツに乗るグループ，BMWに乗るグループ，フェラーリに乗るグループは，それぞれ特定の文化カテゴリーに属していることになる。

メルセデスは，高品質と社会的ステイタスの象徴という価値を認知させることによって，独自の顧客セグメントを構築してきた。さきに述べたスーパードライスタイニーの事例では，カジュアルでファッショナブルなプライベートシーンを演出することを通して，ビールとともに消費者に自分流のスタイルという新たな文化を提案している。

このようなブランドは，不動産が有する資産価値と同様にブランドエクイテ

ィと呼ばれる資産価値をもつようになる。ロレックスという言葉から多くの消費者が高級感を連想し，シャネルという言葉から多くの消費者が高度のファッション性を連想するならば，ブランドはそれ自体で認知，ステイタスといった市場価値を有していることになる。

例えば，キリンビールが「ラガービール」に設定したブランド価値は，機能的な価値として「コク・苦味・伝統」であり，自己表現的な価値として「ビール通の大人」，情緒的価値として「生活の中での人とのかかわり」である。同じキリンビールの製品でも，同社が「一番搾り」に位置づけた価値は，「鮮度・上質」であり，ブランドによってその価値は異なる。

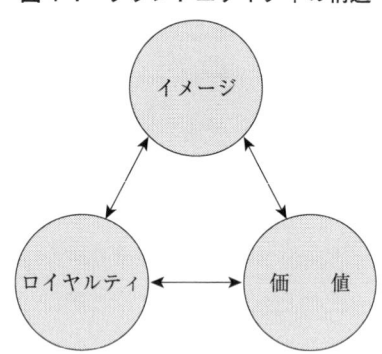

図4-1　ブランドエクイティの構造

（イメージ　ロイヤルティ　価値）

こうした顧客に提案する価値はブランドアイデンティティと呼ばれ，ほかにもウォルマートの高品質で低価格のPBと高いサービス，ボルボの安全性のように製品やサービスの重要な属性に関する卓越性や，ジャガーの洗練された嗜好と雰囲気，アマゾンの探しやすい品揃えと注文しやすいビジネスモデルそして確実な配送，3Mの革新的な製品，ハーレーダビッドソンの行動や製品に対する情熱の共有，そしてIBMのコンピュータシステム，データソフトウェア，ネットワークが実現するオンデマンドなどがある。

ブランド設定は企業の製品戦略において重要な役割を演じている。企業は，

独自のブランドを開発することを通して製品市場でのパワーを増大させることができるが，その一方で，ブランド製品の開発とそのマーケットでの認知には長い時間と多額の費用を要するのである。

4-3 ブランドポートフォリオ

　Aaker（2004）によれば，ブランドポートフォリオ戦略とは，活力のある企業ブランドを創造するために，企業が所有する，あるいは影響力を行使できるブランドにおいて，シナジー効果，レバレッジ効果を発現するポートフォリオを構築することにある。1つ1つのブランドが求めるものは魅力的なアイデンティティであり，それに強いロイヤリティを抱いてくれる顧客の獲得である。そして，その目的は，ブランドがもたらすシナジー効果の促進，組織としてのブランド資産の活用，市場拡大を目的とした市場関連性の創造と維持，差別化を伴ったブランドの構築と支援，そして，ブランドポートフォリオの明確化の達成にある。

　ブランドポートフォリオはシナジー効果の源泉となる可能性を内包している。マーケットに認知されたブランドはそれ自体が経営資源となり得る。企業は，特定領域において地位を確立したブランドを使用して製品ラインを拡張していくことを通して，当該製品の市場導入のコストとリスクを削減することが可能となるのである。ポートフォリオがうまく機能すれば，マーケットでのブランドの認知度が高まり，ブランド間の連想の創造，強化へと進展して，結果としてコストを下げることができる。その反面，ブランドアイデンティティやブランドコンセプトの相違から，既存ブランドの価値を低下させてしまう負のシナジー効果も発生し得るリスクがある。

　ブランド資産の活用とは，マーケットにおける強力なブランドプラットフォームを構築し，マスターブランドやエンドーサーとしてターゲットマーケットにおける影響力を広げていくことにある。マーケットにおける強力なブランドアイデンティティの確立を通して，企業はブランド拡張のためのコストとリス

クを引き下げることができる。

　マーケットは常に変化を遂げている。市場で広く認知されたブランドであっても，季節や社会環境などに影響される顧客の意識の変化に機敏に対応しなければ，移り気な顧客をつなぎとめておくことはできない。企業は市場のトレンドにあわせて，マスターブランドにサブブランドを追加したり，ブランドポートフォリオに新しいブランドを追加することを通して，常に市場との関連性を創造，維持しなければならない。

　ブランドポートフォリオが有効に機能する条件は強いブランドをもつことである。企業は，自らのブランドを通して差別化された価値を顧客に約束し，彼らがそこに強いロイヤリティを抱いてくれれば，ポートフォリオを構成する全てのブランドが成功に必要な役割を演じ，ブランドへの経営資源の再配分を可能にする。

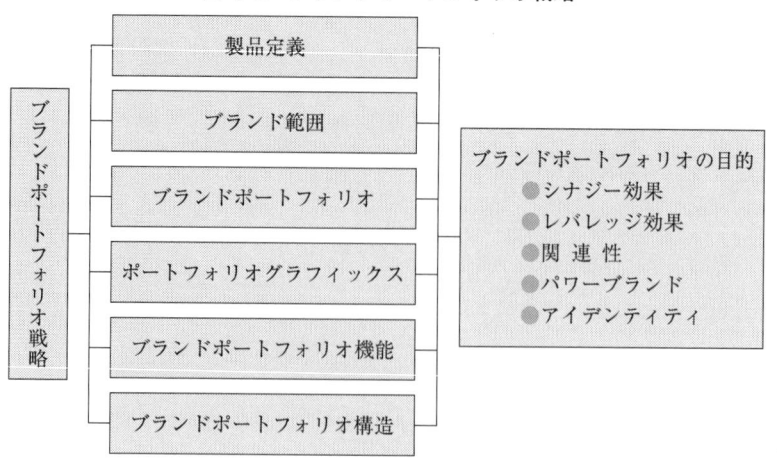

図4-2　ブランドポートフォリオ戦略

ブランドポートフォリオ戦略	製品定義		ブランドポートフォリオの目的 ● シナジー効果 ● レバレッジ効果 ● 関連性 ● パワーブランド ● アイデンティティ
	ブランド範囲		
	ブランドポートフォリオ		
	ポートフォリオグラフィックス		
	ブランドポートフォリオ機能		
	ブランドポートフォリオ構造		

　こうしたブランドポートフォリオは，全てのステイクホルダーにとって明確に理解可能である必要がある。特に，こんにちのように企業が複数のブランドを抱え，多種多様なマーケットに進出している環境では経営者の果たす役割は

大きい。例えば，ソニーは，「VAIO」，「WEGA」，「PlayStation」，「WALK-MAN」，「Handycam」，「AIBO」，そして，「Cyber-shot」などのブランドを内包している。また，シャネルやグッチ，プラダといったファッションブランドは，服飾，バッグ，アクセサリー，靴，フレグランスといった複数の製品カテゴリーで同一ブランドを使用している。さらに，ブランドコングロマリットのLVMHの事業は，ワイン＆スピリッツ，ファッション＆レザーグッズ，パフューム＆コスメティックス，ウォッチ＆ジュエリー，セレクティブリテイリングの5つの部門と，その傘下にある世界的に知名度を有した50あまりのブランドから構成されている（http://www.lvmh.co.jp/）。

彼らには明確な事業戦略に基づいたブランドポートフォリオを構築し，その中で各ブランドの果たす役割を知り，それぞれの目的を達成できるようにブランドをマネジメントしていくことが求められる。

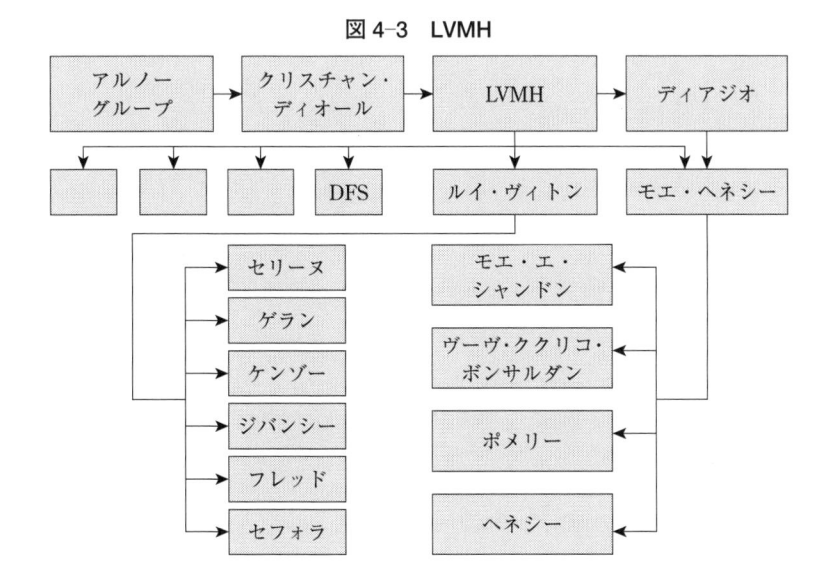

図4-3 LVMH

4-4　ブランドの役割

　開発あるいは買収した製品やサービス，ブランドを，自社のビジネスの中でどのようにブランド化するかの選択肢は，個別ブランド戦略，保証つきブランド戦略，マスターブランド戦略，サブブランド戦略の4つがある。中でも最も独立性の高いのがこれまでのブランドとのつながりを連想させない個別ブランド戦略であり，既存ブランドとの相応のつながりを想起させるのが保証つきブランド戦略である。マスターブランド戦略は，製品あるいはサービスを既存のマスターブランドの傘下で市場に導入するもので，サブブランド戦略は既存のマスターブランドの下にサブブランドを設けて，それらを市場導入する方法である。
　個別ブランド戦略とマスターブランド戦略はブランド戦略の対極に位置している。個別ブランド戦略では，個々に独立したブランドがそれぞれ単独で市場におけるポジションを確立していくことが求められる。個別ブランド戦略を採用する企業としてはP&Gが挙げられる。同社は80を超える個別ブランドを構築してビジネス展開を行っている。個別ブランド戦略を使用する場合，個々のブランド間での連想が生じないため，規模の経済性とシナジー効果を期待することはできない一方でいくつかのメリットもある。
　具体的には，個別にブランドを設定することを通して製品やサービスと矛盾する連想を回避することができる。ドイツの自動車メーカーであるポルシェ，フォルクスワーゲン，アウディは同一資本グループである。ポルシェはフォルクスワーゲンの株式の30％以上を保有する筆頭株主であり，フォルクスワーゲンはアウディの株式の99％を保有し強い資本関係で結ばれている。しかしながら，それぞれのブランドは相互に結びつけられることはなく，別個のアイデンティティを構築している。
　つぎに，個別ブランドは，新製品や新サービスを市場導入する際に差別化を全面的に押しだし，マーケットに強烈なインパクトを与えることができる。ト

ヨタ自動車は，新たな高級車の製品ラインを市場導入する際，「レクサス」という個別ブランドを構築して，「トヨタ」ブランドとは一線を画した。個別ブランドを立ち上げることを通して，レクサスが同社のこれまでの車種の延長線上にはない高級感を演出したのである。同様に，個別ブランドの構築は新たな製品カテゴリーを創りだすときにも使われる。

さらに，個別ブランドは異なる製品やサービス領域，チャネル，ターゲットにおける事業展開で生じるさまざまな課題を解決する手法としても活用される。化粧品メーカーのロレアルは，「ロレアル」ブランドと「メイベリン」ブランドは薬局や量販店，「ランコム」ブランドと「ヘレナルビンスタイン」ブランドは百貨店，「レッドケン」ブランドは業務用で販売されている。同様に，資生堂は制度品ブランドを販社を通して販売することで成長してきたが，CVSという新たなチャネルに進出する際には，個別ブランド「化粧惑星」を新しく構築した。

P&Gのヘアケア事業領域において，「輝くほど健康な髪のために」のコピーで知られる「パンテーン」ブランドは，技術と伝統に裏打ちされたブランドとして，髪の活力増進機能という機能的便益を謳い，「ヘッドアンドショルダー」ブランドはフケ止めを提供価値とし，「パートプラス」ブランドはシャンプーとコンディショナー市場で顧客と強く結びついている。

同様に，洗剤市場でも提供する機能的便益によってマーケットを詳細に細分化し，それぞれのターゲットに対して明確なポジショニングを行っている。マーケットが洗剤に求めるニーズに対応して，P&Gはしつこい汚れに対応して「タイド」ブランド，どんな温度にも対応する「チアー」ブランド，柔軟効果を付加した「ボールド」ブランド，濃縮粉末の「ダッシュ」ブランドといった複数の個別ブランドを展開している（cf., Aaker, 2004）。

個別ブランド戦略を採用する企業で特徴があるのはLVMHである。同社は自社でブランドを立ち上げるのではなく，すでに世界規模になったブランドのみをM&Aで取得することを通して成長してきた。背景が異なる複数のブランドを1つの資本の傘のもとに収めているのである。

ブランドには製品を定義する役割がある。顧客は企業が提供する製品やサービスをそのブランドを通して認知することができる。製品定義のためのブランド分類として，マスターブランド，エンドーサーブランド，サブブランドがある。マスターブランドは製品やサービスを認識する際の基本であり，通常はコーポレートブランドがこれにあたる。コーポレートブランドは企業を象徴するブランドで，その組織がもつ歴史と伝統に基づいた文化，標榜するコンセプトを体現する価値観を映しだすものである。

エンドーサーブランドとは，手形や小切手の裏書き保証人を意味するエンドーサーから，特定ブランドの製品やサービスを保証し，信頼性を付与する役割を果たすブランドを意味している。例えば，全日本空輸（ANA）は，北海道国際航空（Air Do）のエンドーサーとして機能している。また，IBMやNEC，エプソンといったパソコンメーカーは，インテルのエンドーサーとしての役割を果たしている。それらの企業が生産するPCには，"Intel Inside"のシールが貼られており，顧客はこれを見てインテルのマイクロプロッセサーに対する信頼性を感じとることになる。この場合，エア・ドゥやインテルは保証付きブランドと呼ばれる。

つぎに，サブブランドとはマスターブランドを修飾する役割を担う。例えば，マスターブランドの「SONY」に対して，ノートパソコンの「VAIO」，テレビの「WEGA」，ゲームの「PlayStation」，パーソナルオーディオプレイヤーの「WALKMAN」，ビデオカメラの「Handycam」，パーソナルロボットの「AIBO」，デジタルカメラの「Cyber-shot」は，全て「SONY」のサブブランドである。

ドライバーブランドとは，マーケットにそのブランドに対するブランドロイヤリティをもつ顧客が相応数存在し，ブランドネームそのものが顧客の購買意欲を喚起し，購買意思決定に大きな影響力をもったブランドをいう。例えば，シャネルやジャガーといったブランドネームは，彼らの顧客に購買への強いインセンティブを与える。

また，ブランドディスクリプターとは，ブランドに関連して製品やサービス

の内容を説明する言葉である。例えば，松下電器産業（現パナソニック）の家電，シャープの液晶，本田技研工業のバイク，あるいはエンジンのように，当該企業の事業領域やコアコンピタンスで表現される。

そして，製品ブランドとは文字通り製品やサービスを規定するものであるが，傘ブランドとは，製品やサービスを規定するグループを構築する際に用いられる概念である。例えば，マイクロソフトが1990年に市場投入した"office"がある。この製品は，「オフィス」という傘ブランドのもとに，ワード，エクセル，パワーポイント，アクセスなどの製品ブランドを擁していて，アプリケーションソフト間におけるコマンドの共通性を始めとする操作の汎用性はユーザーの機能的便益を増幅する。そして，2003年に発売された"Office2003"では，ワープロや表計算，情報管理，プレゼンテーションを始めとするアプリケーションを包括的に統合されたシステムが提供された。オフィスがマーケットで認知され，そのシェアを拡大するにいたり，オフィスの生産性の向上というコンセプトの傘としてのオフィスは，それ自身が強力なマスターブランドとしての地位を確立することになる。それに伴って，傘下の個別ブランドはオフィスのサブブランドとして位置づけられるようになった（cf., Aaker, 2004）。

4-5　ブランド戦略

ブランド設定には，"x86"から"Pentium"といった新ブランド構築，"Pentium II MMX"などのブランド特徴付加，"Pentium II III 4"に表されるようなブランド新世代化という3つの側面がある。

IMBの初めてのPCに，1978年に開発されたインテルの「8086マイクロプロセッサチップ」が搭載されていたことによって，インテルのマイクロプロセッサはグローバルスタンダードへの階段を登り始めた。競合他社はインテルが1985年に投入した386チップを模倣して，AMD386チップとネーミングした製品で市場に参入してきた。こうした競争環境の中，同社は1991年からブランド戦略を展開するようになる。この"Intel Inside"プログラムは，マイクロプ

ロセッサという PC の内蔵部品をブランディングする取り組みであった。

インテルと提携関係を構築したパソコンメーカーは，同社のチップを購入すると購入代金の6％のリベートを受け取り，それらはファンドとして積み立てられた。同社は，パートナー企業の広告に"Intel Inside"のロゴを表示することを条件に，広告費の最大50％をそこから支払うことができる仕組みを構築した。また，インテルの競合他社のチップをパソコンに搭載する場合には，パソコンにサブブランドをつけることを条件として，同社製品の徹底した差別化を行ってきた。現実に，"Intel Inside"のロゴが入ったパソコンは，これまで相対的に高い価格で販売されてきた。それは，インテルの製品の性能に対するマーケットの高い評価を反映したものである。

1992年，インテルはX86シリーズの後継製品の市場導入にあたって，"pentium"という新しいブランドを構築する。これを通して，同社はマイクロプロセッサという製品領域における差別化と優位性の構築を目指していくことになる。新しいブランドの構築とマーケットの地位確立のためには莫大なコストを必要とするが，同社は視覚的に"pentium""Intel Inside"と並列したロゴを提示することを通して，効率的に新しいブランドの市場浸透を図ってきた。すなわち，"Intel Inside"が"pentium"のエンドーサーとしての役割を果たすことによって，新たなブランドは導入当初からその信頼性を保証されると同時に，新たなブランディングという行為そのものが，革新性と高度な技術力を裏づける役割を果たした。

その後，インテルは，1995年に"pentium pro"，1997年に"pentium II"，1999年に"pentium III"，2000年に"pentium 4"のようにブランド新世代化を目的とした多くのサブブランドを市場投入していく。ペンティアムIIはペンティアムにグラフィック機能を付加した製品であり，ペンティアム4ではそれまでとは異なったビジュアルデザインの採用を通して，新規性と高品質をマーケットにアピールする製品だった。その後1998年，インテルはブランド特徴付加を施した"pentium II XEON"ブランドで，サーバとワークステーション市場に参入する（*cf*., Aaker, 2004）。

製品のリニューアルが企業を危急存亡の危機から復活させた例がある。アップルコンピュータ（現アップル）は，主要なターゲットとしていた個人顧客層を「ウィンドウズ」パソコン勢の激しい価格競争によって奪われ，経営不振に陥っていた。こうした厳しい経営環境の中，同社は新しい製品ブランド「iMac」を発売する。1997年，同社の共同創業者のスティーブ・ジョブスが暫定CEOに就任し，ファッション性を有したPCを作るというコンセプトのもとに「iMac」は開発された。「i」はインターネットを表し，モニターと本体，通信機能などを一体化し，丸みを帯びた奇抜なボディーであった。そして，従来はグレー以外考えられなかったパソコンのボディーの色には，透明プラスチックが採用された。

1998年8月に市場投入された「iMac」は，1998年下半期の全米店頭PC販売で首位を確保するなど，アップルコンピュータはこんにち経営危機から完全に脱している。1999年には，スケルトン仕様に5色のカラーが加わり，その後のスケルトンカラーブームの火付け役となった。

4-6　ブランド関連性

企業が所有するブランドをマーケットで広く認知してもらうためには，顧客に彼らの求めるニーズと自らのブランドとの間に関連性を感じてもらう必要がある。具体的には，特定の顧客がある製品カテゴリーに属する製品やサービスを意識的に必要としているときに，彼らが，企業の提供する当該ブランドがその製品カテゴリーの範疇に入るということを認識してもらうことである。

顧客に当該製品領域において自社の製品やサービスを購入してもらうための前提は，ブランドのマーケットにおける知名度と，それを可能とするそれらの性能や機能，品質に関する信頼感である。牛丼といえば，「吉野家」，「すき家」，「松屋」というように，顧客の頭の中ですぐに結びつくということは，何でもないことのようで，企業にとっては計り知れない価値を有しているのである。

何らかのニーズによって動機づけられた顧客は，そのニーズを満たしてくれるであろうと考えられる製品カテゴリーを選択したあと，その製品カテゴリーに属する製品やサービスを提供している具体的なブランドを候補に挙げることになる。企業のブランドマネジメントの目的は，このプロセスにおける顧客のニーズと結びついたブランドイメージの構築にある。親が子供の誕生日やクリスマスにプレゼントを購買するシーンを想定すると，そのニーズを満たしてくれる製品カテゴリーは，アクセサリー，ゲーム，人形，スポーツ用品などである。

そして，最終的なブランドマネジメントの目的は，特定のニーズを前提として検討される一連のブランド群の中から，自社の製品やサービスに対する選好性と嗜好性を獲得することにある。さきのケースで，親が任天堂の「Wii」やSCEの「PlayStation」を選択してくれれば両社のブランド戦略は成功である。顧客がニーズと自社プロダクトを結びつけるブランド関連性と，候補に挙がったブランドの中から自社のプロダクトを選好してもらうブランド選好の両方が求められるのである。

新しい製品やサービスが出現したときにつけられるファストフード，ドライビール，ワイヤレス，ATM，e-ビジネス，ハイブリッドカーといったラベルは，その連想をマネジメントできるという観点からブランドの重要な定義要因となる（cf., Aaker, 2004）。

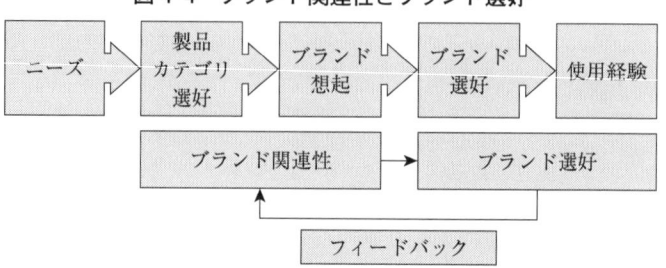

図4-4 ブランド関連性とブランド選好

4-7　ブランドの差別化と活性化

● ブランド差別化

　強いブランドを構築するために差別化が果たしている役割は大きい。企業は，ブランド差別化要素をマネジメントすることを通してブランドの強化を図っていく。こうした要素には，ブランドの特徴，成分，サービス，プログラムがあり，これらは顧客にとって意味のあるものでなければならない。

　ブランドのもつ特徴は，その製品やサービスが約束する性能や機能，品質であり，ほかとの明確な違いをもったものである。モスフードサービスのハンバーガーは素材にこだわり，注文を受けてから作るバイオーダー方式で，作りたての商品を提供することを約束している。また，ブランドの特徴とはそのプロダクトのコンポーネントや技術などの成分を意味している。企業は，当該製品領域に新しい技術を導入することを通してブランドの差別化を行うことができる。トヨタ自動車のプリウスにはハイブリッドシステム「THSII（TOYOTA Hybrid System II）」が採用されている。同システムは，クルマ全体のエネルギー効率を追求したハイブリッドエネルギーマネジメント制御を進化させ，さらに回生ブレーキ制御の進化などを通して燃料消費の高効率化を実現している。また，富士重工業は水平対向エンジンを採用しているが，この方式のエンジンを搭載したクルマを量産するのは世界で同社とポルシェの2社のみである。これらの事例は，コンポーネントあるいは技術といった成分がブランドを特徴づけていることがわかる。

　ドールはバナナに「スウィーティオ」というブランドを構築して，マーケットにそれまでより甘いバナナを提供した。スウィーティオはフィリピンの海抜500m以上の高地で栽培される。高地では昼夜の寒暖差が激しく，その温度差で糖度が高くコクのあるバナナが育成される。野菜や果物のデンプン含量は成熟中の気温や日照などで異なる。特に，昼夜の気温変動が大きく夜間の気温が

下がるほうが，そうでない場合よりデンプンの含量が高まることが知られている。また，日本に向けてバナナを生産，出荷しているドールのフィリピンの農園では，消費者への安心，安全の保証として，品質管理の国際規格である「ISO9002」を 1995年に青果業界では初めて取得している。

ブランドのもつサービスは成熟した製品カテゴリーにおいて効果的に使用され，差別化されたポジショニングを強化することができる。トヨタ自動車のレクサスは，購入からアフターサービスにいたる高度なサービスを提供している。展示車，試乗車を始めとして，本木目，本革などの実物サンプルや，ディスプレイの映像を通してさまざまなカラー，仕様が確認できるレクサスギャラリーを全店舗に用意し，顧客のニーズによってカスタマイズされる。そして，専用スペース「レクサスプレゼンテーションルーム」において，顧客と「Myレクサス」との初めての対面が演出される。全国のレクサス販売店，レクサスオーナーズデスクなどからなる緊密なネットワークが，24時間，365日，ユーザーをサポートする体制が構築されている。

ブランドのプログラムは，ロイヤルティを抱いてくれている顧客をより満足させ，その関係をより強固にするための手法である。全日本空輸が提供しているマイレージクラブを利用すれば，顧客はスターアライアンスメンバーの航空会社も含めて，ポイントサービス，座席のアップグレード，そして提携するホテル，レンタカー，レストランなどで特典を受けることができる。

以上のようにブランドがもつ価値のある特徴，成分，サービス，そして，プ

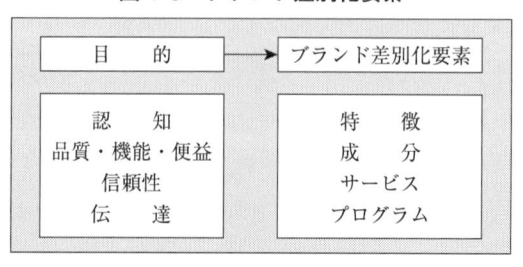

図4-5 ブランド差別化要素

目　　的	→	ブランド差別化要素
認　　知 品質・機能・便益 信頼性 伝　　達		特　　徴 成　　分 サービス プログラム

ログラムは，ブランドの差別化の機能を果たしている。

◉ ブランド活性化

　広く市場に認知されたブランド，特に世界で認められたブランドはその伝統に裏打ちされたアイデンティティを確立している一方で，その歴史ゆえに古くさく，退屈なイメージをもたれることがある。そこで，ブランドマネジメントの重要な要素として，ブランド活性化を行う必要がある。

　こうした役割を担うのがブランド活性化要素であり，ブランドを活性化させる新しい製品，プロモーション，シンボル，用途，ライフスタイルなどがある。ブランド活性化要素は，マスターブランドと結びつきブランドを強化しつつも，ブランドがもつアイデンティティを損なってはいけない。

　ダットサン（現日産自動車の）「240Z」，マツダの「ロードスター」は，大きな注目を集めて両社のブランドを活性化させた。また，自動車メーカーがモデルチェンジを繰り返すのもブランド活性化の手段と考えることができる。また，プロモーションは製品やサービスのプロモーションと同じくブランドにおいても行われる。ブランドをプロモーションする目的は，特定のニーズとブランドの間の関連性のイメージを高めたり，ロイヤリティを育成したりすることにある。同様に，関連性を想起させブランドに対する親近感を演出することを目的として，キャラクターなどのシンボルを創ることも行われる。

　ブランドを構成する製品やサービスの新しい用途を提示することも，ブランドの活性化につながる。ブランドの中には，ライフスタイルを背景としたマーケットでのポジショニングが行われることも少なくない。アサヒビールは，スーパードライスタイニーボトルを通してビールにファッション性を持ち込んだ。

　経営資源や時間，能力の制約を打開するための1つの方法として，2社以上の企業がそれぞれのブランドを結びつけるブランド提携が挙げられる。ディズニーはテーマパーク内でマクドナルドのレストランを起用し，マクドナルドはプロモーションのツールとしてディズニーのキャラクターと映画を使っている。

　このように，ブランドポートフォリオは自社所有のブランドに限られるもの

ではなく，他社との提携ブランドの選択，ポートフォリオ内での役割，ポジショニングをトータルでマネジメントすることが求められる（*cf*., Aaker, 2004）。

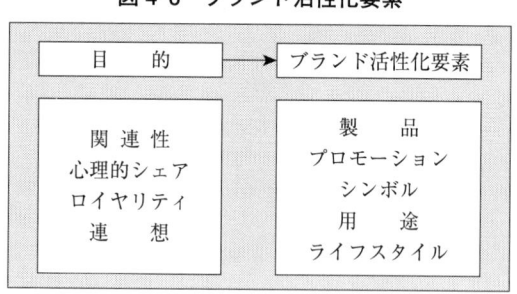

図4-6　ブランド活性化要素

```
┌─────────────────────────────────────┐
│  ┌─────────┐    ┌─────────────┐    │
│  │  目 的  │───▶│ブランド活性化要素│    │
│  └─────────┘    └─────────────┘    │
│  ┌─────────┐    ┌─────────────┐    │
│  │ 関 連 性 │    │  製　　品   │    │
│  │心理的シェア│    │ プロモーション│    │
│  │ロイヤリティ│    │  シンボル   │    │
│  │ 連　　想 │    │  用　　途   │    │
│  │         │    │ ライフスタイル│    │
│  └─────────┘    └─────────────┘    │
└─────────────────────────────────────┘
```

4-8　ブランド拡張

　ブランドポートフォリオの策定における重要な次元はブランドの範囲の規定である。ブランドがカバーする製品カテゴリーの設定は，当該ブランドを利用した事業領域を規定する。ブランドの拡張の目的は，新たなマーケットを開拓して事業を成長させ，そこから収益を上げることにある。その手法には新たなブランドを構築する手法と，既存ブランドの範囲を拡張する手法の2つがある。ブランド拡張にはブランドの露出とイメージを高めてブランドに活力を与える効果が期待できる。新しい製品やサービスを事業化するにあたって，新たなブランドを構築するには大きなコストが必要となる。それに対して，既存ブランドを活用した場合にはそのレバレッジ効果を期待することができる。

　ブランド拡張には，新しい市場へのブランド拡張，ブランドの垂直的拡張，ライン拡張の3つのタイプが存在する。そして，ブランド拡張はブランドの連想が最も付加価値を生みやすい製品市場，そして，拡張によって既存ブランドが強化されるような状況において実施されるのが望ましい。

　ブランド連想は，ブランド拡張に際して製品やサービスに関する信頼性と差

別化のポイントを提供してくれる。例えば，「メルセデス」からは自動車，「IBM」からはコンピュータの製品カテゴリーを連想し，「VOLVO」からは安全性という機能的便益を連想し，「HONDA」からはエンジンに関する高い技術水準を連想する。ブランドが特定のプロダクトに結びつく強い連想をもっている場合にはブランド拡張の可能性は限られるが，ブランドが抽象的な連想に基づいている場合にはブランド拡張の可能性は広がる。

ソニーは事業の多角化に伴ってブランドの範囲を広げている。そのカテゴリーは，事業の出発点である家庭用電化製品から音楽，電子ゲーム，そして最近では保険や銀行業務にまで及んでいる。同社の場合は，このブランド範囲の広さがソニーブランドの差別化を促進し，その活性化に役立っている。ソニーというブランドネームからは，高い技術力，新しい娯楽製品が連想され，そこから新たな活力が生みだされる（*cf*., Aaker, 2004）。

4-9　ブランドを創る

ブランドとは企業のマーケティング目標の実現において極めて重要な役割を演じる。マーケットがそれを認知し，顧客との間でそのブランドを冠するプロダクトが提供する品質や性能，機能に関する信頼関係が構築されたならば，企業がその約束を裏切らない限り，彼らは継続的に反復的に生涯にわたってそのプロダクトを購買してくれるのである。

その資産価値を表す例として，リーガルコーポレーション，マンダム，パナソニックなど企業名をブランドネームに変更した企業も存在する。1902年に創業した日本製靴は，1990年にアメリカのブラウンより「リーガル」の商標権を取得したのを機会に，社名をリーガルコーポレーションに変更した。また，1927年に設立された金鶴香水は1970年に「マンダムシリーズ」を発売する。ハリウッドスター，チャールズ・ブロンソンのテレビCMを思い浮かべる人も多いかもしれない。同ブランドのヒットを背景に，同社は1971年に社名をマンダムに変更する。

中には「デルモンテ」のように,企業が特定の事業会社の社名をブランド名に変更した例もある。デルモンテの前身は,キッコーマンが経営多角化の一環として農産加工食品の製造を目的に1961年に製造した吉幸食品工業である。同社は,アメリカのデルモンテとの技術提携によって売上を伸ばしたトマトケチャップやトマトジュースのマーケットでのブランドネームの浸透を機会に,1991年日本デルモンテに社名変更している

最近のケースでは,2008年10月から社名をパナソニックに変更した松下電器産業である。社名変更に伴って,2009年度を目処に全ての「National」ブランドを「Panasonic」ブランドへ切り替える。この社名変更は,ソニーの76%,サムスンの78%に対してこれまで50%程度だった海外市場への販路拡大を目的とした大胆な改革である。社名から「経営の神様と称される」創業者「松下」の名前が消滅してまで,マーケットでのブランド価値を高めるための同社の行動は,ブランドがそれだけ経営において重要であることを示す事例といえる。ブランディングの成功,不成功は時として企業の命運を左右することもある。

● アサヒビール「スーパードライ」

1998年,アサヒビールはビールの年間出荷量でキリンビールを抜いて,1954年以来キリンビールが握っていたマーケットシェア第1位の座を奪い返すことに成功する。1964年にはサッポロビールにも抜かれて,1985年にはシェアが10%を切っていたアサヒビールにこの大躍進をもたらしたのが1987年に市場導入された「スーパードライ」である。スーパードライは,1997年ブランド別マーケットシェアでキリンビールの「ラガービール」を抜いて初めてビールのトップブランドに立っている。

1998年の時点では,この年起死回生の「麒麟淡麗〈生〉」をヒットさせたキリンビールが,発泡酒を含めたビールジャンルで依然として首位の座をキープしているものの,スーパードライ登場は,その後の日本のビール業界に大きな構造的変革を引き起こすトリガーとなった。

アサヒビールの主力ブランドとなったスーパードライ誕生の背景には,従業

員の意識改革による新たな経営理念の定着への全社一丸となった取り組みがあった。同社は，コーポレートアイデンティティ（Corporate Identity：CI）のキャッチコピーとして，「LIVE ASAHI for LIVE PEOPLE」を採用し，その一環として創業以来続いてきた会社のシンボルであった「波に朝日」のマークをアルファベットの「ASAHI」へと変更した。

1986年，「アサヒ生ビール」のモデルチェンジに先立って，同社はビールに対する消費者のニーズを探るために，東京と大阪で計5,000人を対象とした味覚調査を実施した。調査の結果，消費者は「サラリとしてベトつかない」，「コク」と「キレ」を両立させたビールに対するシーズの存在だった。さらにはよりキレのいいビールを求めているというものだった。

こうした結果を踏まえて，同社は無数に存在する酵母の中から，アサヒ生ビールの508号とは全く性格の異なる318号酵母を採用し，麦汁の発酵度を高め，またアルコール分を従来比0.5％増やして約5％にした。さらに，ホップ使用量を生ビールより10％〜20％多く使用したスーパードライが誕生する。

スーパードライは，初年度1ケース大瓶20本換算で1,300万ケースの販売実績を記録し，小売売上高は800億円を超えた。ビール業界では1986年にサントリーが発売した麦芽100％ビール「モルツ」が初年度200万ケースを販売してヒット製品とされたが，スーパードライはまさに桁違いの売れ行きとなったのである。

1998年のビールの出荷数量で，同社がスーパードライの好調で前年比5.6％増と出荷を伸ばしたのに対して，キリンビールは主力のラガービールが大きく数字を落とし，ビール全体でも同17.2％減と落ち込んだ。その結果，ビール・発泡酒マーケットにおけるアサヒビールのビール部門のシェアは39.5％となり，キリンビールを抜いて45年ぶりに年間シェア首位に立ったのである。

そして2001年，アサヒビールは遂にビール・発泡酒マーケットで48年ぶりにシェアトップを奪還した。その後も同社はその地位を守り続けている。また，アサヒビールは1997年から「トータルフレッシュマネジメント活動」を展開し，生産，販売，物流など全部門にわたる徹底的な鮮度管理をアピールして，スー

パードライの価値を高めてきた。

このように，アサヒビールのケースは，危急存亡の淵に立っていた企業を1つのブランドが業界トップにまで押し上げた事例であるが，その一方で，それまで強力な地位を築いていたキリンビールのラガーブランドの凋落と表裏一体という側面を有している。

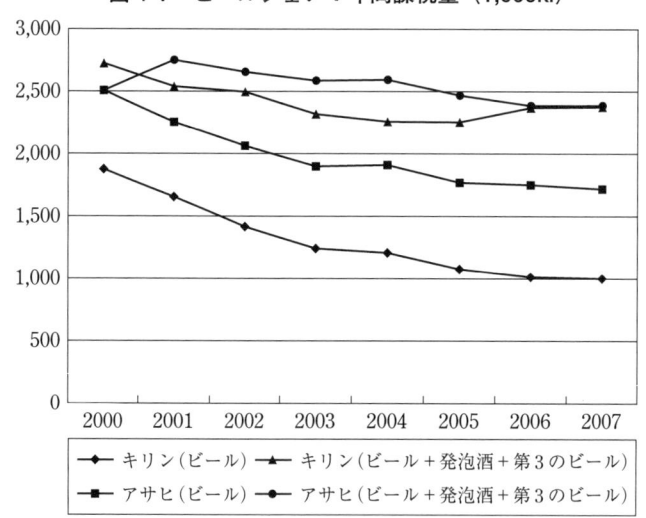

図4-7 ビールシェア：年間課税量（1,000kl）

（グラフ：2000年～2007年のビールシェア推移
- キリン（ビール）
- キリン（ビール＋発泡酒＋第3のビール）
- アサヒ（ビール）
- アサヒ（ビール＋発泡酒＋第3のビール））

● サッポロビール「グランドビア」

アサヒビールのスーパードライ発売と似た状況にあるのが，1990年代後半以降のサッポロビールである。同社のシェアはここ半世紀の間に28％から12％にまでゆっくりと下がり続け，2008年には遂に酒類・ビールマーケットでサントリーに逆転されて業界4位へと転落してしまった。かつて同社もアサヒビールと同じように起死回生の新ブランド構築を行った歴史がある。こうした背景には同社の主力ブランド「黒ラベル」の売上落ち込みがあった。

2年連続で最終赤字を計上したサッポロビールは，2000年に復活の切り札と

して新ブランド「グランドビア」を市場投入して初年度の販売目標を1,000万ケースとし，あわせて同年のビール・発泡酒の販売計画を前年の6.3％減から，今年度は前年比7％増に設定した．

グランドビアは「これからの時代に合った新しい味，新しい生活価値をもたらすビール」をコンセプトとして，間近に控えた21世紀の消費動向を支えるキーワードを「自然・健康・安全・本格・簡便・万能」の6つに設定して，これらに価値を見出す20～30歳代をターゲットとして，彼らのライフスタイルや生活価値にあった新しいビールを目指していた．

このビールの最大の味覚特徴は「旨味から後味スッキリへの急カーブ」にあり，飲み始めの旨さの素早い立ち上がりと旨味の高いピークから，飲み終わって喉の奥に消えていく爽快な後味へと誰も想像できなかった急カーブと落差を実現していた．同社はグランドビアが実現したこの味覚特徴を「ブレイクするうまさ．ググッときて，スッとひく．これがグランドブレイク．グランドブレイク，グランドビア．」と表現した．1月に開催された発表会で社長の岩間辰志は，「既存のビールを20世紀の遺物として陳腐化させたい」，「若者への生活提案ビール」と述べ，アサヒビールの主力商品であるスーパードライへの挑戦を口にしていた．

グランドビアの味わいを視覚的に表現するために「V」を逆さまにした形のシンボルマークを設定し，プロモーション用としてビールのうまみを縦軸に，時間経過を横軸にした味覚イメージグラフを導入した．これでグランドビアのうまみが短時間でピークに達し後味がすぐ消えるカーブを表し，同じ座標軸上で比較対象として「Xビール」を書き入れた．実名は出さなかったが，サッポロでは「既存ビールの代表例」としており，アサヒビールのスーパードライを想定しているのは間違いなかった．スーパードライも「キレ味」を謳っていたが多少の後味が口の中に残ったが，グランドビアはそのさきを行って後味が一切残らなくすることで，消費者にスーパードライはもう古いと思わせることが狙いだった．

サッポロビールは，グランドビアを市場投入するにあたって，発売日までに

国民一人あたり平均30回の視聴頻度を想定して発売日の20日前からテレビ CM を放送した。この事前 CM では，「ブレイクするうまさ。ググッときて，スッとひく」というキャッチコピーとシンボルマークのみをメッセージとして訴えかけ，視聴者にグランドビアの味覚イメージを徹底的に植え付ける内容であった。これは，発売当日までに同製品の製品名と味覚イメージを消費者に浸透させることを狙った広告戦略である。

味覚イメージ作りと並行して，発売前にグランドビアを実際に味わってもらう100万人消費者モニターキャンペーンも実施された。アサヒビールが同年1月に発売した「スーパーモルト」の過去最大規模で5万人を大幅に上回る規模での実施は，サッポロビールの同製品に対する意気込みの表れでもあった。

グランドビアは原料が麦芽100％というのも特徴の1つだったが，スーパーモルトが麦芽100％の素材感を強調してドライとは別の土俵のマーケットだと位置づけようとしていたのを意識して，あえてこれをアピールしなかった。

グランドビアは，初年度販売目標の1,000万ケースに対し初出荷時点での受注量が100万ケースを超えるなど滑り出しは好調だったが，12月までの10ヶ月間の販売数はわずか198万ケースに止まった。同社のグランドビアにかけた意気込みと前代未聞のプロモーション活動にかけたコストに対して，考えられない数字であった。翌2001年，同製品は販売後わずか1年でその PLC を終えることになる。

2008年1月〜6月のビール系飲料のシェアは，首位から順にアサヒビール37.5％，キリンビール36.7％，サントリー13.0％，サッポロビール12.1％，オリオンビール0.8％となり，トップブランドをもたないサッポロビールは初めてサントリーに抜かれることになる。万年4位だったサントリーは前年同期に比べ1.8ポイント上昇したのに対して，サッポロビールは1.1ポイント低下した結果だった。

アサヒはビールのスーパードライ，キリンは発泡酒の「淡麗」と第三のビールの「のどごし〈生〉」でトップシェアをとっている。いずれも各分野で2位以下を大きく引き離した販売量を誇っており，若干の価格差なら競合商品が安

売りをしてもその地位が揺らぐことはないが，サッポロビールにはそうしたトップブランドがないのである。

そもそも発泡酒よりも酒税が安い「第三のビール」のパイオニアはサッポロビールの「ドラフトワン」であるにもかかわらず，キリンビールが「のどごし〈生〉」を発売すると，一気にこの分野での首位を奪われ，今ではシェアがキリンの3分の1に止まっている。

今回のシェア逆転を受けてサッポロビールの主力製品にも影響がでている。高級ビールでこれまで好調に伸びてきた「エビス」の出荷が減少に転じて，サントリーの「ザ・プレミアムモルツ」に抜かれたのである。すなわち，縁起の良さが売りのエビスに落ち目のイメージがついてしまったのである。イメージはブランドを構成する重要な要素であり，その影響は計り知れない。

● サントリー「伊右衛門」

2004年，サントリーの「伊右衛門」は3,400万ケースという清涼飲料の新製品として過去最高の販売を記録して，一躍緑茶飲料ブランドシェアの第3位に躍りでた。トップブランドは伊藤園の「おーいお茶」で前年比17％増の6,700万ケース，キリンビバレッジの「生茶」は前年比約5％減の約3,450万ケースを販売した。

「伊右衛門」は発売直後から爆発的な売れゆきを見せ，あまりのヒットぶりに工場でのペットボトル自体の生産が追いつかないという事態が発生した。そのため，サントリーは一時的に伊右衛門の製造工場を全て閉鎖，出荷を休止して，製造体制の拡大を図った。その後も「伊右衛門」は売れ続け，「おーいお茶」とトップブランドの座を競っている。

サントリーはそれまでにも「緑水」といった緑茶飲料を製造していたが，その売れ行きは芳しいものではなかった。そのような中で同社が行った市場調査の結果が明らかになる。それによれば，伊藤園の「おーいお茶」のイメージが茶畑の隣の工場で製造されているものであるのに対して，「伊右衛門」のそれはウイスキー工場の片隅で作られているというというものだった。お茶にこだ

わりをもつ日本人が多い中で，同社の緑茶商品に対するこうしたイメージは致命的な問題であることが明らかとなったのである。

2004年当時の日本茶市場の開発基準の中心が「健康」に置かれている中，サントリーは新しい商品のコンセプトを日本の文化と伝統に置いた。お茶は「侘び寂び」という日本人の精神文化につながる存在であり，私たちの心とも密接に関わっている。

そこでサントリーが考えたのが京都の老舗茶メーカー「福寿園」との共同開発である。寛政2年，1790年に創業した京都福寿園の茶匠が厳選したこだわりの茶葉だけを石臼挽きにして，磨き抜かれた純水と京都の山崎の天然水を使用して製造される。山崎の水は同社の高級ウイスキー「山崎」にも使用される全国名水百選に選ばれている名水である。

ペットボトルにもこだわって竹筒を模した独特なデザインを採用し，底部には竹の切り口を模したエンボス加工を施した。そして極めつけはその名称である。商品名の「伊右衛門」は福寿園の創始者である福井伊右衛門の名前である。このネーミングに関してはサントリーの提案に対して福寿園サイドも当初躊躇したが，同社の情熱に説得されて了承したといわれている。

日本人におけるお茶の位置づけを考えた場合，消費者は味もさることながらその背景にある歴史と伝統に価値を認めたのである。「福寿園の伊右衛門」はそれ自体で消費者に伝統ある良質なお茶を連想させる。消費者がその価値を認識した結果がそのまま売上につながっているのである。そして「伊右衛門」は，消費者に茶葉と水にこだわったその歴史に裏づけられた伝統の味を約束しているのである。

● 任天堂「ニンテンドーDS」「Wii」

年齢が40歳以上ならば任天堂といえば花札を思い浮かべるひとも多いことが想像される。同社は1889年，麻雀牌，囲碁，将棋，花札用具を製造するメーカーとして創業し，日本で初めてトランプを製造した企業としても知られている。それが2007年にはNTTやNTTドコモ，キヤノン，本田技研工業，みずほフ

ィナンシャルグループを押さえ，トヨタ自動車，三菱UFJフィナンシャルグループについで，時価総額日本第3位の企業へと変貌を遂げた。それを実現したのが「ニンテンドーDS」であり「Wii」である。

　1980年，任天堂が発売した「ゲーム&ウオッチ」は大ヒット商品となり，一躍ゲーム産業において注目を集めるようになるが，何といっても"Nintendo"の名前を世界的に有名にしたのは，同社が1983年に発売した「ファミリーコンピュータ」である。日本では「ファミコン」という言葉が家庭用ゲーム機の代名詞となり，同様に北米でもNintendoがビデオゲーム一般をさす言葉として通用していた。当時のファミコンでプレイできたゲームは今から考えると極めて単純な内容だったが，アナログのゲームしか存在しない時代に現れたファミコンは，日本に止まらず全世界で爆発的な広がりを見せることになる。

　1985年，ファミコン用ソフト「スーパーマリオブラザーズ」がヒットし，1989年には携帯ゲーム機「ゲームボーイ」を発売，そして1990年，ファミリーコンピュータの後継機として「スーパーファミコン」を発売した。その後，家庭用ゲーム機世界トップシェアの座は1994年にゲーム業界に新規参入してきたソニー・コンピュータエンタテインメント（SCE）の「プレイステーション」に譲ることになる。

　こうした背景には，ゲームソフトのクオリティにこだわりすぎたために，スクウェア（現スクウェア・エニックス）を始めとする多くのサードパーティが離脱したことと，ソフトのメディアをロムカセットにこだわった結果としてソフトの価格が割高となり消費者が離れてしまったという原因があった。

　SCEのプレイステーションに対抗して，任天堂は1996年にロムカセット媒体の「NINTENDO64」を発売するが，多くのサードパーティを擁するプレイステーションのシェアを脅かすにはいたらなかった。さらに，2001年には松下電器産業との共同開発による光ディスク採用の次世代機「ゲームキューブ」を発売するが，そのときすでにSCEの「プレイステーション2」の発売から1年半が経過しており，ソフト不足とも相まってハードのシェア挽回は容易に進まなかった。

NINTENDO64やゲームキューブが不振に終わった反省から，任天堂はSCEとの競争の軸をそれまでのゲーム機本体の性能から誰でも手軽に遊べるゲームを作ることへとパラダイムをシフトする。人口動態が少子高齢化に向かう中でゲーム市場の規模は1990年代後半から徐々に縮小してきていた。同社はその要因の1つをハードの高性能化による操作の複雑化と考えたのである。そして，こうした環境でマーケットを拡大するためには，これまでとは異なる発想に基づいたハードによる新たな市場の開拓が必要と考えたのである。

2004年12月に発売された「ニンテンドーDS」はこうした背景から誕生した。その販売台数は，2007年10月下旬，発売後3年を待たずに日本国内で2,000万台を突破する。これはPS2より2倍以上速いペースである。DSは"Double Screen"の略で，その名の通り折りたためるゲーム機本体にタッチペンで操作可能なスクリーンを採用した上下2画面を備えている。キラーソフトとしてDS普及の牽引役となったのが，東北大学加齢医学研究所川島隆太監修の「脳を鍛える大人のDSトレーニング」だった。これが家族に脳トレという共通の話題による世代を超えた会話を生みだし，2005年の9月には敬老の日のプレゼントとして選ばれるという従来のゲームソフトの常識を覆す現象が生じる。

発売の初週に5万本弱を売り上げた後も順調に販売本数を延ばし，9月には週3万5,000本を超えて年末のクリスマス商戦で累計100万本を突破する大ヒット製品となるのと歩調をあわせるように，DS本体の品薄状態が続くことになる。その人気から「脳トレ」という言葉が2006年の「新語・流行語大賞トップ10」を受賞している。

DSは任天堂の岩田 聡社長が目指したゲーム人口の拡大を実現していく。ベネッセコーポレーションが通信教育サービス「進研ゼミ」のノウハウを注入した「得点力学習DS」は，1学年分フルセット2万4,990円と高価であるにもかかわらず好調な売上を示している。DSのタッチペンは書いて覚えるのが基本の単語に使用され，DSのダブルスクリーンは，上に問題，下に解答を表示するのに有効なツールとなる。ベネッセコーポレーションの調べでは中学生の80%がDSを所有しており，この結果は中学生をターゲットとするビジネスに

おけるビジネスチャンスの大きさを表している。ゲームと勉強は長年水と油の関係だったことを考えると，当該ソフトは任天堂の目指したパラダイムシフトの究極に位置する製品といえるかもしれない。

　そのほかにも学習塾大手の代々木ゼミナール監修のセンター試験向けソフトや料理レシピ，美容，文学，株取引，旅行ガイド，就職活動などにソフトの領域が広がっている。それはそのまま受験生，家庭の主婦，OL，サラリーマン，学生といったターゲットの広がりの裏返しを意味している。料理レシピのDSソフトは，それまで子供からゲームを遠ざけたかった親たち惹きつけ，ダイヤモンド・ビッグ社の海外旅行ガイド『地球の歩き方』のDSソフトは，若い女性の間で高い人気を得ている。2005年157タイトルだったDSソフトは，2006年に約400タイトル，そして2007年以降は1日1タイトルのペースで新しいコンテンツが発売されている。

　DSの成功に続いて2006年12月，任天堂は据置型ゲーム機「Wii」を発売する。従来のコントローラのボタンによる操作だけでなく，ポインタと加速度センサーを搭載して直感的な操作を可能としたWiiリモコンを採用し，これもまたゲームの楽しみ方を広げる大きな要素となった。話題性に富んだことで，これまた同時期に発売されたSCEのプレイステーション3に大きく差をつける結果となり，任天堂は実に10数年ぶりとなるゲーム機市場トップシェアの座を奪還した。こうした環境変化に対応して，かつて任天堂を離れていったサードパーティーが，徐々にではあるが任天堂のハードにソフトを供給し始めている。

　Wiiは2006年末から2007年9月までの10ヶ月間で367万台の国内販売を記録し，世帯普及率は2008年時点で10％を超えている。立体的な動きを感知できるセンサーが組み込まれ，直観的な操作を可能にしたリモコンは，ゲームの可能性を大きく広げている。スポーツソフト「Wii Sports」では家庭でテニスやボーリング，ゴルフを楽しみ，フィットネスソフト「Wii Fit」では，ヘルスメーターに似た「バランスWiiボード」を使ってさまざまなことができる。バランスボードは台にかかる圧力を読み取り重心の移動をテレビ画面に表示する

だけでなく，身長，体重のデータから肥満度を割り出すBMI指数を計測する機能がある。そして，計測されたデータは蓄積され，体を動かすことで日々BMIがどう変化していくかのかがわかる。

ライバルのPS 3のハードの性能と比較してもWiiのスペックは低水準ではない。Wiiの直感的捜査に貢献している「3軸加速度センサー」は物体の動きを立体的に感知するセンサーで，自動車の横転を防止する装置を想定して研究が進められていた技術である。自動車の過酷な温度変化にはいまだ対応できていないが，その技術が搭載可能なゲームにいち早く応用されたのである。また，蛍光灯の下で画像を鮮明に表示できるDSのタッチパネル式液晶画面も，2004年当時最先端の技術であった。

任天堂の2005年3月期の売上高は5,153億円であり，そして2006年の売上高は1兆5,000億円を突破している。さらに2007年9月中間期の売上高営業利益率27.2％は産業界屈指の高水準を誇っている。こんにち，DSやWiiが創りだした「経済圏」が自己増殖を続けて大きなマーケットを形成して，今なおその成長を続けている。

● 花王「アジエンス」

2003年10月，花王は同社としては7年ぶりとなるヘアケア用品の新しいブランドをマーケットに導入した。ネーミングには英語の「Asia（アジア）」，「Science（サイエンス）」，「Essence（エッセンス）」が組みあわされ，伝統的な東洋美容と現代科学を融合させて「東洋人ならではの本来の美しさ」を効果的に引きだすという意味がこめられ，「Asience（アジエンス）」とされた。

ヘアケア製品がもっていたそれまでの髪に足りないものを補うという発想ではなく，内面から髪そのものを美しくするという東洋美容の考え方に則った製品である。日本人ならではの髪質や問題点にあわせて，大豆，真珠，プロテインを始め，椿油，朝鮮人参など漢方を意識したエッセンスが配合され，パッケージカラーのゴールドは東南アジアの寺院の金色の輝きがイメージされている。

金髪のハリウッド女優をイメージキャラクターに使うユニリーバ・ジャパン

の「LUX」，P&Gの「VIDAL SASSOON」などのヘアケア商品に対抗して，花王はアカデミー外国語映画賞を受賞した『グリーン・デスティニー』で知られる中国人女優のチャン・ツィイーを初代のキャラクターに採用し，西洋の美から脱却し艶やかな黒髪は美しいという東洋の美「アジアンビューティ」を前面に押しだしたキャンペーンを展開した。

チャン・ツィイー以降のキャラクターも，フリーライターの知花くらら，サクソフォーン奏者の矢野沙織，バレリーナのワン・チーミンなど歴代各界で活躍しているアジア人女性を起用している。また，プロモーションに使用されるBGMもアジアにこだわり，坂本龍一に作曲を依頼した「ASIENCE」を使った。この曲はCM用オリジナル曲でありながら大きな評判を呼び，2005年にはこの曲を収めたコンピレーションアルバム「ASIENCE SPIRIT OF ASIA」が発売されている。

それまでヘアケア製品市場においてトップシェアを誇っていた花王は，2001年に高級感を前面に打ちだした販売戦略を展開したラックスに売上首位の座を奪われていた。アジエンスは，高級イメージを謳い高価格帯で進出してきた海外製品ブランドの台頭に対抗して，花王が開発した独自の高級ヘアケア製品ブランドである。

花王は，従来の低価格帯製品とのポジショニングの違いを明確に打ちだすために，あえて同社のシンボルマークを使用しないプロモーションを行ってきた。「メリット」や「エッセンシャル」などの花王の従来のヘアケア製品ブランドは，どうしてもファミリー向けというイメージが強く，アジエンスブランドがターゲットとするそれまでラックスに奪われていた20～30歳代のマーケットを惹きつけるためには，既存のブランドイメージとは一線を画した新たなブランドの構築が必要だったのである。

それまでの花王のヘアケア商品のプロモーションはスーパーマーケットを中心に行われてきたが，同社はアジエンスの発売にあわせて東京銀座で一週間にわたるイベントを行い，その後も銀座と六本木を中心とした販売促進活動を展開した。銀座のイベントでは100万個の試供品を配布し，プロモーションビデ

オを放映しながらターゲットとなる女性の髪質をその場で分析できる機器を設置して，日本人特有の髪質やカラーリングによる傷みや対処法などを詳しく説明した。

こうしたプロモーション活動の結果，アジエンスは2004年には日本経済新聞社が主催する日経優秀製品・サービス賞2004最優秀賞日経MJ賞を受賞するなど順調に売上を伸ばし，こんにちラックスとマーケットのトップシェアの座を争う製品ブランドにまで成長してきたのである。

● 佐賀関町漁協「関サバ・関アジ」

アジやサバというと大衆魚のイメージがあるが，日本には1本数千円から大きさによっては1万円を超えるアジやサバが存在する。大分県佐賀関漁港で水揚げされるサバは，1980年代までは漁師から買いとる浜値が1本250円くらいだった。佐賀関町の沖合に広がる豊予海峡は，四国の佐多岬と佐賀関半島が迫る瀬戸内海の入口で潮の流れが速いことで知られており，この急流で育ったサバやアジのうち，この海域で一本釣りされたものだけを「関アジ」「関サバ」と呼んでいる。

豊予海峡は大分県佐賀関町の関崎と愛媛県三崎町の佐田岬の間13.9キロの海峡であり，水深は約195メートルである。関崎の沖合いの高島の東にホゴ瀬と呼ばれる瀬があり，非常に海流が速く年間を通して餌となるプランクトンなどの餌が豊富にあることから，ホゴ瀬の周囲に本来は回遊魚であるサバ，アジが居ついている。アジやサバで瀬つき魚になる例は全国でも少ない。

瀬に居つく理由ははっきりと解明されてはいないが，水温特性が大きく関与していると考えられている。湧昇流の影響から年間を通して海水温の変化が少なく，餌が豊富なために瀬から離れないようになると推測されている。この海域で生育したアジやサバは，餌が豊富なことから一般的なそれらと比較すると別種と見まがうほどに大きく育ち，速い潮流の中に定住していることから身が締まっている。刺身で食べても青魚特有の臭みはなく，脂がのっているにもかかわらずしっかりした歯ごたえがある。

科学的な成分分析の結果，一般のマサバの脂の含有量の季節変動が激しかったのに対して，瀬つきのサバのそれは年間を通してほぼ一定値であることが解明された。そして，その脂の割合が日本人が刺身を美味しいと感じる適度な量であることがわかっている。

黒潮と瀬戸の潮がぶつかりあうこの海域一帯は，波が高く海底の深さも一定していないことから網を使っての操業は困難を極め，昔ながらの「一本釣り」での漁が受け継がれてきた。そして，刺身では食べられることが少ないアジやサバも，この大型で鮮度が良い瀬つきのアジやサバは以前から刺身として食されてきた。佐賀関町漁協（現大分県漁業協同組合佐賀関支店）では同じアジやサバでも全くといっていいほど違う性質に着目した。

1992年に「関サバ」，「関アジ」を商標登録申請して，1997年に商標登録が認可されている。こうして差別された「関サバ」と「関アジ」がその消費者に約束するものは「鮮度」と「旨さ」である。佐賀関町漁協はこれらの約束を実現する仕組みを創りだしている。

第1にこの漁場特有の「一本釣り」である。一本釣りされたアジやサバは，出荷までの間そのまま漁協の海に設置された広い生け簀に移される。出荷時には通常の取引では計量されて売買されるが，「関サバ」と「関アジ」の場合には魚にストレスをかけず魚体にも傷をつけないで，その鮮度を保つために「面（つら）買い」と呼ばれる手法が用いられる。この方式では水面から魚の大きさを見ておおよその重さが判断され取引価格が決められる。そして，取引が成立したら網ですくい上げて即座に包丁で脊髄を切断し，血を抜き，氷で冷やす「活けじめ」と呼ばれる処置が施されて出荷される。こうした一連のプロセスを通して徹底した鮮度管理が行われるのである。

こうして出荷された「関サバ」と「関アジ」は，関西や首都圏においても刺身で食べられるようになり，その味のよさが認められて高値で取引されるようになる。ここでおかしな状況が生じる。「関サバ」と「関アジ」の漁場は海峡であり，佐賀関町漁協の対岸の愛媛県佐多岬に位置している三崎漁業協同組合も，同じ漁場で同じ瀬つきのアジとサバを水揚げしているのである。それにも

かかわらず，両者の価格には10倍以上の開きが生じたのである。

そこで，三崎漁業協同組合は三崎漁港で水揚げされるアジとサバに対して，それぞれ「岬（はな）アジ」，「岬（はな）サバ」を商標登録する。しかしながら，魚自体は同じものでも佐賀関町漁協の面買いや活けじめなどの品質を保持する仕組みと，厳格な管理によって生みだされる品質が高く評価されて，全国的にブランドが確立，浸透している「関サバ」，「関アジ」に比べ，「岬アジ」，「岬サバ」は相対的に安価で取引されている実情がある。

高級ブランドとしての認知が高まるにつれ，「関サバ」，「関アジ」の偽物が出回るようになった。このため佐賀関町漁協では出荷する魚の尾に一匹ずつタグシールをつけるとともに，それらの料理を提供している全国の料理店には特約加盟店の看板を掲示してもらうなど，ブランドの保護，育成に努めている。また，2006年10月には地域団体登録商標（地域ブランド）の第1弾として「関アジ」が登録されている。

5　プライシング

5-1　プライシングの意味

　価格は収益を生みだす重要なマーケティング要素であるが，同時に価格競争は企業が直面する最大の課題でもある。したがって，価格設定にはさまざまな視点を考慮して現実的な意思決定が行われなければならない。価格は投下された資本（コスト）に基づいて決定されるだけでは不十分である。価格設定には，ほかのマーケティングミックスを始めとする多様な要因との関連の中で，製品アイテム，ターゲット，セグメント，購買機会に応じてきめ細かな配慮が求められるのである。

　プロダクトの価格はマーケットに導入される製品そのものはもちろんのこと，その製品に付帯して提供されるアロウアンスやアフターサービス，流通チャネル，製品の収益構造などが包括的に考慮した上で決定される。マーケティング戦略上の価格設定は，伝統的物理的プロセス連鎖のもとで一般的に使用されるコストプラス法やマークアップ法のような無機的な価格設定とは一線を画している。マーケティングミックスにおける価格設定は，目先の収益にとらわれることなく，大局的な視点で将来的なマーケティング目標の達成を目的として展開される戦術なのである。

　基礎化粧品の中には1万円を超える高額商品があり，有名ファッションブランドバッグの中には数百万円を超える商品も少なくないが，それらの価格設定は原価を大きく上回っている。化粧品の製造原価は，原料コスト，容器，包材，そして，研究開発費までを含めて約20％といわれている。化粧品の中でも大きなウエイトを占める化粧水のほとんどは水である。高価なブランドバッグもその素材に特別な素材が使用されているわけではない。また，贈答用に購買され

る商品はある程度高額であることに価値があるのである。

トヨタ自動車が高級車ブランドとして製造している「レクサス」と，それまでの最上級車「クラウン」の製造原価に数百万円の販売価格差ほどの違いはないはずである。かつてアメリカにはパッカードという名門自動車メーカーが存在した。黄金時代には，時のアメリカ大統領ウォーレン・ハーディングが「パッカード」に乗りこんで大統領就任式へ向かったことでも知られており，それは当時のアメリカの富と権力の象徴であった。

ところが，1929年に世界大恐慌による未曾有の不況が訪れパッカードの販売台数はそれまでの3分の1にまで激減してしまう。当時の同社 CEO アルヴィン・マコーレーは，起死回生の戦略として中産階級向けの大衆車「120」を発表する。パッカードと同じ外見をしたこの車は販売台数を大きく伸ばすことに成功するが，1958年に倒産してしまう。その理由は，同社のそれまでの顧客だった富裕層がそれ以降パッカードを購買しなくなってしまったためである。こうした事例からいえることは，消費者にとって価格が安いことが常によいわけではないという現実である。

価格設定に関してもマーケティングが行われる。仮に，企業が生産にかかった製造原価にマージンを上乗せして機械的に価格設定を行うのであれば，マーケティングは必要ない。しかしながら，マクドナルドの「59円バーガー」や携帯電話の0円，10円という価格設定を見れば，そうした価格設定が行われていないことは明白である。

5-2 需要と供給

経済学における価格はマーケットの需要と供給が一致する点で決定される。この意味で供給サイドの意思が入り込む余地がない。需要曲線とは特定製品のそれぞれの価格水準における市場の推定購買量を示す曲線であり，供給曲線とは，同様にその製品のそれぞれの価格水準における製造業者や生産者の推定出荷量である。この需要曲線と供給曲線の均衡点が市場価格になるという理論で

ある。
　その論拠は価格が上昇すれば消費者の需要は減り製造業者や生産者の供給は増え，その反対に，価格が下落すれば消費者の需要は増え製造業者や生産者の供給が減り，こうした反応を通して価格がすりあわされるというものである。
　世界の原油価格の中で最も有力な指標は，テキサス州を中心に産出される原油（West Texas Intermediate： WTI）のニューヨークマーカンタイル取引所（NYMEX）における取引価格である。2008年7月11日に史上最高値147.27ドルを記録したWTI価格は12月に入って50ドルを割り込んだが，こうした大きな変動をもたらしているのが需要と供給の関係である。
　2008年の夏は平均気温よりも高かったことからキャベツ生産量が大幅に増加した。そのまま全てのキャベツを出荷すれば値崩れを起こすことから，農家は収穫したキャベツを粉砕して廃棄する作業を行った。こうした現象はマーケットにおける商品の供給量の調整のために生じる。
　需要曲線と供給曲線の均衡点が市場価格になるという理論が有効であるためにはいくつかの前提条件がある。それは第1に市場が完全競争市場であること，第2に消費者が製品の品質と価格に関する完全な情報を有していること，そして第3に製品が均質であることである。こうした経済学における価格設定プロセスはマーケットが行う価格調整機能としてとらえることができる。
　製品や商品に対する価格感受性は，価格の変化に対する個人需要の反応の違いを表す概念である。経済学の理論では価格下落は需要増加につながり，価格上昇は需要減少につながると考えられるが，そうした反応にはプロダクトや個人によって違いがある。
　一般に，ユニークな価値をもつ製品や代替品が少ない製品，代替品との比較が容易にできない製品はマーケットの価格感受性を低下させる。また，総所得に占める当該製品のコストが低いときや，当該製品が期待よりも高い品質やイメージ，独自性などの特徴をもっていたときには購買者の価格感受性は低下する。こうした現象は個人によっても生じる。すなわち，個人によって特定プロダクトに関する感性が異なるためである。

以上のような価格感受性の違いによって、プロダクトには価格の変化に対する反応の違いが生じる。これを需要の価格弾力性と呼び、製品価格1単位の変化に対する需要量の変化の割合で表される。

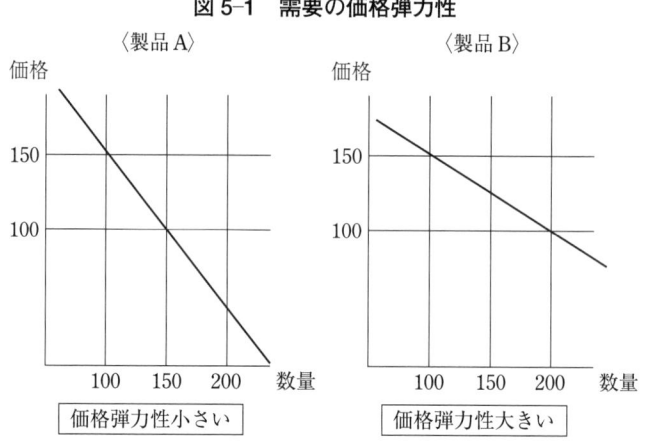

図5-1 需要の価格弾力性

〈製品A〉 価格弾力性小さい

〈製品B〉 価格弾力性大きい

需要の価格弾力性の図は、異なった2つの製品が150円のとき需要量がともに100単位あり、この価格で市場価格が成立していることを意味している。この製品の価格を150円から100円に変更したときに、製品Aの需要は50単位増加して150単位になるのに対して、製品Bの需要は100単位増加して200単位になる。この場合、製品Bは製品Aよりも価格弾力性が大きいことを意味している。ただし、こうした概念は消費者は常に価格が安いことに効用をもつという前提に立脚している。

5-3　経営学における価格設定

経営学における価格設定は、経済学における需要と供給の均衡点で価格が決まる場合とは異なって、供給サイドの意思が入り込む余地が多分にある。私たちは食事のコメ、味噌、パン、チーズ、ハム、牛乳、コーヒーや、通勤・通学

にかかる電車料金，バス料金，ガソリンなど日常生活の中で，多くの製品や商品，サービスを，代金を支払って購買している。それらは代金の見返りとして獲得される便益と考えることができる。価格は顧客が獲得するそれらの価値と引き換えに彼らが支払う対価である。

図5-2 価格へ影響を及ぼす要素

消費者需要　競合他社
製造コスト
取引業者流通チャネル　市場環境法的規制

図5-3 価格設定プロセス

コスト志向
プロダクトミックス志向　需要志向
競争志向

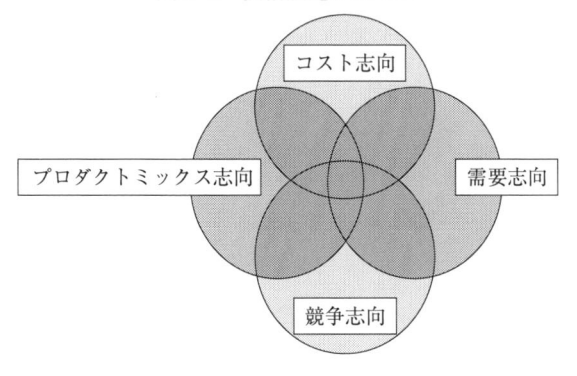

　製品が提供するベネフィットと顧客が獲得する価値は，製品が提供するベネフィットから製造コストを差し引いたものが創造される価値で，そこから企業のマージンを除いた部分が顧客が獲得する価値という図式で表される。したがって，企業のマージンが小さいほど顧客が獲得する価値が大きくなる一方で，競争を通して企業のマージンがマイナスになるケースも想定される。

企業のマーケティング担当者はプライシングに際して多くの要因を考慮することになる。代表的なものとしては，製造原価を始めとして，消費者需要，競合他社，取引業者や流通経路，そして市場環境や法的規制が挙げられる。通常は，法的規制を含んだ特定のマーケットの環境の中で，取引業者や流通経路のことを前提条件として，製造原価や消費者需要，競合他社の要因を総合的に考慮した価格設定が行われる。

5-4 コスト志向価格設定

◉ マークアップ（コストプラス）価格設定

マークアップ価格設定は製造原価にマージンをプラスして価格を決定する手法で合理的であり，売り手サイドは比較的容易に価格設定を行うことができる。仮に特定業界の全ての企業がマークアップ価格設定を行えば，市場での価格競争は最低限ですむことになる。また，マークアップ価格設定は売り手と買い手の双方にとって公平である。コストプラス法は製造業で，マークアップ法は流通業で一般的に使用される。

マークアップ価格設定を図5-4のケースを使って具体的に考えてみる。製品の製造原価は大きく変動費と固定費に分けられる。変動費は製造単位によって変動するコストであるのに対して，固定費は製造数量にかかわらず一定のコストである。変動費には製品の原材料費や機械の燃料，人件費があり，固定費には工場や機械が当てはまる。

事例では，スチームアイロンを製造するにあたって，1単位製造するたびに2,000円の変動費が発生するほかに，工場や機械などの設備投資に5億円の費用がかかり，製造された5万台全てが販売されることを仮定している。マークアップ価格の計算は2つのステップに分けて考える。STEP1では製品の製造原価を計算して，STEP2で期待利益率を実現するための価格を設定する。

製品を1単位製造するにあたって変動費は明らかであるが，固定費は製造台

数によって変わってくる。事例の場合，5億円の固定費がかかっているが5万台のスチームアイロンを製造しているため，1台当たりにかかる固定費は1万円となる。この変動費と固定費を合計した金額が同製品1単位を製造するのにかかる製造原価となる。第2ステップとして，第1ステップで計算した製造原価に20%マークアップした金額を計算して製品価格を決定する。

提示されたケースは条件が単純化されており，実際にはそのほかに考慮すべき制約条件が加わる。例えば特定の製品の場合には税金も製造原価に含まれる。ガソリンの場合，「揮発油税及び地方道路税」が製品価格に上乗せされなければならない。現在1リットル当たり53.8円の税金が課されており，そのうち25.1円が暫定税率分である。同様にたばこの場合，たばこ税の税率は通常の製造たばこが1,000本当たり3,552円で，特定販売業者以外の者により保税地域から引き取られる製造たばこには1,000本当たり7,924円の税金がコストとして加えられることになる。

図5-4　マークアップ価格設定

```
ケース
製品              スチームアイロン
変動費                    2,000円
固定費              500,000,000円
推定販売台数            50,000台
期待利益率                   20%
投資金額           1,000,000,000円
期待投資収益率               20%
```

STEP 1　単位コストの計算

$$\text{単位コスト} = \text{変動費} + \frac{\text{固定費}}{\text{販売台数}}$$

$$= 2{,}000\text{円} + \frac{500{,}000{,}000\text{円}}{50{,}000\text{台}}$$

$$= 12{,}000\text{円}$$

STEP 2　マークアップ価格の計算

$$\text{マークアップ価格} = \frac{\text{単位コスト}}{(1-\text{期待利益率})}$$

$$= \frac{12{,}000\text{円}}{(1-20\%)}$$

$$= 15{,}000\text{円}$$

しかしながら，現実にはこうした仕組みにはなっていない。2008年，アメリカの住宅バブルの崩壊に端を発したサブプライムローン問題で，株式市場から逃避した資金が原油市場に流れ込んで原油価格が高騰した。世界各国の漁業者は船の燃料高騰に直面し，漁に出ればそれだけ赤字になるという事態が出現した。仮に，水産物価格にマークアップ価格が採用されていればこうした事態は生じないはずである。また，さきに述べたキャベツの廃棄も起きないはずである。

価格設定に少なからぬ影響を与える要因に流通チャネルがある。私たちは，ほとんどの製品や商品を小売店から購入しており，製造業者や生産者から直接購入しているわけではない。流通チャネルを構成する卸売業者や小売業者に代表される流通業者は，製品やサービスに自らのマージンを載せることで利益を上げており，流通チャネルで製品やサービスを仲介する彼らの数とマージンの大きさによって，私たち消費者に対する価格は変動する。

水産物の流通チャネルを考えてみると，図5-5からもわかるように，魚介類が水揚げされてから私たちの食卓に並ぶまでに多くの流通業者が介在している。彼らが存在しなければ私たちが日常生活で毎日のように新鮮な魚を食べることができないのが現実だが，複雑な流通チャネルが時間と価格に影響を及ぼすこともまた事実である。魚介類の場合，通常産地で取引される価格と私たちが小売店で購買する価格には約4倍の開きがあるといわれている。

こうした環境で新たな取り組みも始まっている。大手スーパーマーケットのイオンが，島根県の漁業協同組合JFしまねから直接魚介類を仕入れ，自らが展開する大阪や京都，愛知などのジャスコ約80店で販売したのである。イオンは市場を通さず漁協から直接網ごと魚を買い取る仕組みで，これまでは規格外という理由からマーケットでは取引されず肥料か飼料にしかならなかった小型の魚や，「さごし」や「だつ」といったマーケットで認知されていないという理由から流通していなかった魚も店頭に並ぶことになる。また，流通チャネルが簡略になった分，店頭に並ぶまでの時間が従来より1日から2日早くなり，価格も安く抑えられている。

型が小さい魚やあまり知られていない魚は味や品質には問題がなく，私たち消費者が受け容れさえすれば漁師の生活も消費者の食卓も潤うことになる。そもそも消費者は安くて新鮮で美味しい魚であれば喜んでそれらを受け容れるはずで，それらの流通をこれまで拒んでいたものはもしかしたら流通業者サイドの固定概念だったのかもしれない。

イオンのような流通業者の場合，商品原価は商品の仕入価格や流通にかかる費用，人件費や光熱費を始めとする店舗運営費などから構成される。流通業者は，この商品原価に自らの儲けであるマージンをマークアップして販売するのである。こんにちの私たちのライフスタイルにしっかりと定着したCVSの場合，商品原価はカテゴリーによっても異なるが，NBの酒類で25％前後，ホビー玩具で30％前後，食料品で35％前後，コーヒー系飲料，炭酸飲料，ソフトドリンクで50％前後，また，タバコやDVDソフトで10％前後，ゲームソフトで4％前後となっている。

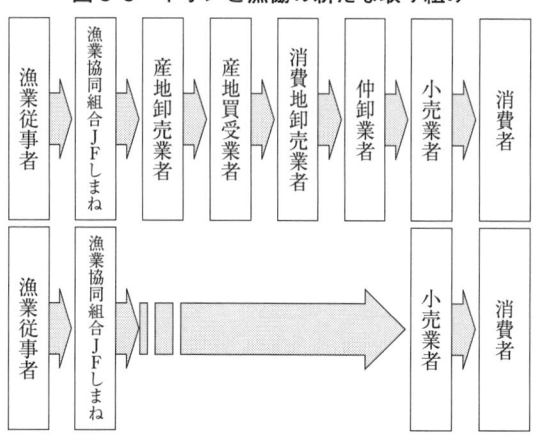

図5-5 イオンと漁協の新たな取り組み

漁業従事者 → 漁業協同組合JFしまね → 産地卸売業者 → 産地買受業者 → 消費地卸売業者 → 仲卸業者 → 小売業者 → 消費者

漁業従事者 → 漁業協同組合JFしまね → 小売業者 → 消費者

表 5-1　2007年11月末日現在セブン-イレブン商品原価（1）

商　品　名	分　類	原　価	売　価	粗利（％）
ガールズガード500	医療・衛生用品	167.83	525	68.00
ゲンキお尻ふきお出かけ用20枚＊2P	紙おむつ	184.76	298	38.00
たまごっちフランズポケットティッシュ6P	紙類	80.34	126	36.20
ラスティングアイクレヨン	女性化粧品	698.19	1,180	40.80
サクラヴェールリップ	女性化粧品	432.10	730	40.80
デザインスーパーロングマスカラ	女性化粧品	757.87	1,280	40.80
S.I.C.匠魂	ホビー玩具	367.50	525	30.00
ガンダムヒロイン	ホビー玩具	478.10	683	30.00
遊戯王カード	ホビー玩具	116.02	150	22.70
データカードダスドラゴンボールZ 2プレミアム	ホビー玩具	191.36	299	36.00
松竹梅白壁蔵三谷藤夫大吟醸720ML	清酒	1,139.25	1,470	22.50
めぞん一刻おちょこ付き180ML	清酒	399.00	525	24.00
越の誉にごり酒300ML	清酒	302.40	399	24.20
シャトーレイソンSキュヴェ赤750ML	赤ワイン	2,235.00	2,980	25.00
ピエモンテブラケット赤750ML	ワイン	966.00	1,380	30.00
カルピスバータイム	清酒	108.98	190	42.60
三ツ矢白いサイダーいちご450ML	炭酸飲料	78.49	157	50.00
ザ・エスプレッソボスの休日	コーヒー系飲料	58.50	130	55.00
ファンタ アップルを探せ！500ML	炭酸飲料	73.50	147	50.00
ホットおーいお茶焙じ茶345ML	ソフトドリンク	54.60	136	59.90

表 5-2　2007年11月末日現在セブン-イレブン商品原価（2）

商　品　名	分　類	原　価	売　価	粗利（％）
エッセルスーパーカップ	アイスクリーム	65.10	103	36.80
ラテスタイル	アイスクリーム	68.25	103	33.70
パティーナマルチ	アイスクリーム	341.25	525	35.00
韓流辛麺豆腐チゲラーメン	カップラーメン	105.00	158	33.50
スープはるさめかきたま	カップラーメン	90.30	147	38.60
7プレミアムいちごジャム	ジャム	127.08	198	35.80
マイルドセブン スーパーライト 10P	タバコ	2,684.70	3,000	10.50
ケント ウルトラメンソール 10P	タバコ	2,684.70	3,000	10.50
ウィンストンフィルター 10P	タバコ	2,595.21	2,900	10.50

表5-3　DVDソフト・ゲーム機器商品原価

DVD ソフト			
タイトル	メーカー希望小売価格	推奨価格	粗利率（%）
宮里藍ベストショット USA　VOL. 1〜3		1,995	10.00
2007世界ラリー4　ラリージャパン	3,150	2,980	12.50
ダウンタウンのガキの使いやあらへんで10	7,800	6,980	11.50
5269　DVD付限定版／コブクロ		3,500	25.00
ゲーム機器			
プレイステーションポータブル本体ワンセグパック	29,800	29,800	4.60
プレイステーションポータブル本体映像 UMD「スパイダーマン3」セット	27,815	25,280	4.00
プレイステーション3 HDD60GB	54,980	54,980	3.00
メモリースティックデュオ	1,980	1,980	23.10

表5-4　2007年12月セブンミールお食事配送サービスメニュー

ジャンル	商品名	推奨価格	粗利率（%）
お総菜	雑煮	480	32.00
お総菜	七草がゆ	370	30.10
お総菜	白皮かぼちゃの煮物	380	32.00
かんたんクッキング	魚沼産こがね餅のお雑煮	880	32.00
かんたんクッキング	七草がゆセット	1,100	30.00
食卓の逸品	芽吹き屋おしるこ	270	32.10
華御膳	華御膳	1,200	32.00

◉　ターゲットリターン価格設定

　ターゲットリターン価格設定は，特定の事業に投資した場合に目標とする投資収益率が実現可能な価格を設定する手法である。ここでは初めに製品1単位にかかる製造コストを計算した上で，投資金額に対する投資収益率から実際の収益金額を計算して，1単位当たりいくらの利益をマークアップすればよいのかを考える。STEP 3では，スチームアイロンの事例で実際にターゲットリターン価格を計算している。

134　5　プライシング

　これまでは仮定された販売数量の前提でプライシングを考えてきたが，少し目先を変えて，特定のマークアップ価格で製品を販売したときに，投下した製造原価を全て回収できる販売数量を計算してみる。企業にとって収益と損失の間となる製品販売数量を損益分岐点という。

　例えば，1万6,000円でスチームアイロンを販売した場合には，5万台全てを売り切れば2億円の収益が上がるが，損失が発生しない販売数量を計算するためには，販売価格から製造にかかる変動費を差し引いた金額を算出して，固定費を賄うためにはその金額でどれだけの数量を販売すればよいのかを計算する。STEP 4の計算結果は，スチームアイロンを1万6,000円で販売するならば，3万5,715台売れれば投下したコストを回収できることを意味している。

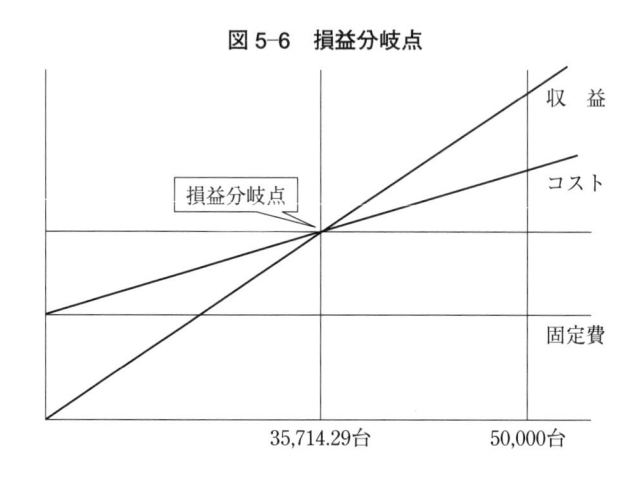

図5-6　損益分岐点

（収益・コスト・固定費を示すグラフ。損益分岐点は35,714.29台，最大販売数量は50,000台）

図 5-7　ターゲットリターン（TR）価格設定と損益分岐点販売量

STEP 3　ターゲットリターン価格の計算

$$TR価格 = 単位コスト + \frac{投資金額 * 期待投資収益率}{販売台数}$$

$$= 12{,}000円 + \frac{1{,}000{,}000{,}000円 * 20\%}{50{,}000台}$$

$$= 12{,}000円 + 4{,}000円$$

$$= 16{,}000円$$

STEP 4　損益分岐点販売量の計算

$$損益分岐点販売量 = \frac{固定費}{価格 - 変動費}$$

$$= \frac{500{,}000{,}000円}{16{,}000円 - 2{,}000円}$$

$$= 35{,}714.29台$$

5-5　需要志向価格設定

　需要志向価格設定はプロダクトに対するマーケットの需要に着目して価格を決定する手法であり，代表的なものとして心理的価格設定，差別的価格設定，上澄吸収価格設定がある。第1に，心理的価格設定は消費者の心理的反応を考慮に入れた価格設定手法である。消費者は商品の価格からその価値を連想する側面を有している。商品に関して価格以外の情報が入手できない場合この傾向が顕著になる。商品の価格と消費者の知覚価格は相互に影響することが知られており，高い価格設定の商品は消費者に高品質であると知覚され，同じように高品質の商品には高い価格設定が行われていると知覚する。消費者のこうした性質を利用した設定価格として参照価格，名声価格，端数価格，慣習価格がある。

　参照価格とは，特定の商品に関してその性能，品質，機能，便益から同じカテゴリーに属すると考えられる商品の過去と現在の価格を参考にして価格を決

定する手法である。当該商品の購買にあたっては，消費者もその商品の価格の妥当性に関して同様のプロセスを通して判断される性質の商品に適用される。商品が価格帯ごとにアソートメントされていると，消費者はそのカテゴリーに属している商品の価格を適正と認識する。名声価格は高い価格設定が高い価値をもった商品と知覚されるプロダクトに適用され，その高い価格設定がステイタスをもつようになる。

端数価格とはその名称通り設定価格を端数にする手法である。端数にすることによって，本来は1つ上のカテゴリーに属する商品をいつもより安い価格で提供しているという印象を与えることができ，消費者の購買意欲を刺激することができる。その反面，その価格設定を常態化した場合には当該商品のイメージを損ねてしまう可能性がある。

慣習価格も文字通り慣習的に決まった価格が適用される価格設定手法である。例えば，2008年における板ガムの価格の常識は100円であり，製造原価にかかわりなく同様の商品は100円にプライシングされる。時代の慣習から極端に高い価格設定はマーケットに受け容れられない一方で，プライシングが従来よりも低い場合には製品の性質にもよるが受け容れられるケースが多い。1976年に放映されたカルビーのテレビCMで，当時13歳の藤谷美和子が語りかけた「100円でカルビーポテトチップスは買えますが，カルビーポテトチップスで100円は買えません。あしからず。」というフレーズは，1960年以前に生まれた人には懐かしいかもしれない。この1袋100円という価格設定は，当時のポテトチップスの製品カテゴリーでは他社製品より50円安い価格設定だった。

第2に，差別的価格設定は，顧客や製品，場所に応じて設定価格を変える手法であり，その価格差は製造コストに基づくものではない。代表的な手法をいくつか紹介すると，顧客セグメント別価格設定は販売する顧客に応じて同じ商品に異なった価格を設定する手法である。交通機関の運賃や映画館，テーマパークの入場料には，多くの場合大人料金と子供料金が設定されている。

場所別価格設定はその名称通り場所によって異なった価格設定を行う。スタジアムの場合，バックネット裏，内野席，外野席などに分けられ，イベントを

より間近で観戦できる場所ほど高い価格設定になっている。この価格設定手法は各種イベントのチケット価格の設定でよく用いられる。

イメージ別価格設定は，製造コストにかかわらず，イメージの違いに基づいて同様の製品に異なった価格設定を行う手法である。資生堂は制度品化粧品メーカーとして成長してきたが，CVS向け化粧品を販売するにあたって資生堂の名前を前面にださず，新たに「化粧惑星」ブランドを構築して300円から高くても1,800円の価格設定を行っている。同社が製造する数千円から1万円を超える制度品化粧品と化粧惑星の製品アイテム間に，大きな製造原価の違いは存在しないと考えられるが，桁違いの価格設定が行われている。

時期別価格設定は同じ製品や商品，サービスに対してそれを販売する季節，月，日，時間などの違いによって価格を変更する手法である。航空運賃は利用者が少ない時期には通常よりも安い価格が設定される。また，航空会社は情報システムによって予約状況を確認できることから，空席が多数ある便が生じた場合，それを埋めるために適宜破格値でサービスを提供することがある。

時間帯による異なった価格設定の例としては，レストランなどのサービスビジネスで設定されているモーニングセットやランチセットメニューは，通常の時間帯よりも安い価格設定が行われている。それとは逆に，タクシーは午後10時から翌朝5時までのあいだは深夜割増料金として通常料金の20％増しの料金がかかる。

製品形態別価格設定は，バージョンや容器の違いによって設定価格を変更する手法である。特定の製品で新しいバージョンをだしたときには，前のバージョンの価格を引き下げることが行われる場合がある。また，清涼飲料水の価格はそのサイズによって価格設定が異なるが，その違いは1 ml当たりで計算された価格が設定されているわけではない。これらの事例は，価格設定が製造コストのみに基づいて決定されていないことを意味している。

第3に，上澄吸収価格設定は，開発コストの早期回収を目的としてマーケット需要の上澄みをすくうことによって大きな収益を上げようとする価格設定手法である。この手法を採用している企業として，マイクロプロセッサを製造す

るインテルがある。同社は，イノベーターと呼ばれる価格にこだわらないで高性能製品を購買する顧客層をターゲットとして，12ヶ月ごとに新たな高性能チップを約1,000ドルという高価格で市場導入してきた。

そして，競合他社が同様の製品を発売するころにはバージョンアップを行い，そのたびに前のバージョンの製品価格を低下させてきた。さらに競合他社の追随が進行すると，最終的にはマスマーケットを対象として約200ドルという低い価格設定を行ってきた。このような価格戦術を通して，同社はその間マーケットから多大な収益を獲得してきたのである。

上澄吸収価格設定は，高価格が高品質イメージを創りだすといった状況で行われるが，この価格設定が有効であるためにはいくつかの条件をクリアしなければならない。それらは，初めに需要水準が企業の収益を確保するだけ存在し，彼らの製品に対する価格弾力性が小さいこと，少量生産のコストが高くはなく大量生産の利点が得られないことが挙げられる。価格弾力性が小さくなければ，つぎつぎ販売される高性能製品に対する相応の需要を期待できない。つぎに参入障壁が高く競合他社の追随までに相応の時間がかかることである。

5‐6　競争志向価格設定

競争志向価格設定はマーケットでの競合他社との競争を意識した価格設定手法である。代表的な手法をいくつか紹介すると，現行レート価格設定では競合他社の製品価格に基づいた価格設定が行われる。鉄鋼，パルプ，肥料のようなコモディティ製品を扱う寡占業界では，マーケットリーダーが決定する価格に従うことが行われている。この価格設定手法は，製造原価の測定が困難な場合や競合他社の動向が不明確な場合などには有効である。

入札価格設定も競争志向価格設定の1つの手法である。入札に参加する企業は，製品製造や事業に想定されるコストやマーケットの需要量よりも，ほかの入札参加企業の予想される入札価格を考慮した価格設定が行われる。契約を勝ちとるためにはより低い価格設定はその可能性を高めるが，それと反比例して

利益は減少していくことになる。

　バリュー価格設定とは高品質の製品，商品，サービスに低い価格設定を行う手法である。日進月歩する技術環境の中で高性能を追求してきたDVDレコーダー，PC，携帯電話において，それらのアイテムの一部に基本的機能だけを提供する機種を作り，それらを低価格で提供することが行われている。

　小売レベルで行われるバリュー価格設定にエブリデイロープライシング（EDLP）がある。EDLPの手法を採用する小売業者は一時的な価格割引はせず，日常的に一定の低い価格設定を行っている。この手法のメリットは新聞折りこみチラシに代表される販売促進費がかからない点と，商品価格管理の事務作業が軽減される点，そして通常の商品の店頭価格の信頼性の確立である。しかしながら日本においてはこの手法は定着していない。アメリカ小売大手のウォルマートが傘下に収めた西友で自国と同様にこの手法による店舗運営を行ったが，思うように効果が上がらずELDPを行いつつも思い切った低価格設定の目玉商品による販売促進を組みあわせた販売戦術を採用している。

　EDLPによる価格設定に対して販売促進型価格設定は，消費者の購買を刺激するための手法である。目玉商品価格設定は集客を目的としてNB商品価格を引き下げる手法である。小売店は来店した消費者の関連購買を目的として，目玉商品を謳った新聞折りこみ広告などによる集客を行うのである。ただし，目玉商品に使われる商品を製造する業者にとっては，自社製品のブランドイメージが損なわれ，定価を設定しているほかの小売店からの不満もでることから，好ましくない価格設定手法となっている。

　特別催事価格設定は，小売店が特定の時期にあわせて行う名称通り特別の価格設定である。わが国の場合，3月に新学期セール，7月にお中元セール，11月にお歳暮セールなどがある。

　販売促進型価格設定には，製品や商品，サービスの販売価格を設定する手法のほかに，支払条件や支払い方法，付帯サービスを通して実質的に購買を喚起させる手法がある。そうした手法には，現金リベート，低金利融資，長期支払，保証やサービスがある。通信販売大手ジャパネットたかたは，販売する商品の

支払条件として，長期支払，金利手数料同社負担を謳って売上を伸ばしてきた。

市場浸透価格設定はマーケットシェアの早期拡大を目的とした価格設定手法である。具体的には，シェアの獲得がその後の通信通話料金や各種サービスによる収益獲得を大きく左右する携帯電話業界では，これまで，携帯電話機本体を製造原価を大幅に下回る価格で提供して，競合他社に先駆けたマーケットシェアの獲得を狙う販売促進が一般的に行われてきた。こうしたプライシングの背景には1994年の携帯端末の売り切り解禁があった。これを機に携帯電話サービスを提供する通信会社と携帯端末を販売する販売店とのあいだでいくつかの商慣行が生まれた。それは自社の携帯電話を普及させたい通信会社が，ショップに対して携帯端末1台に最大6万円前後のマージンを与え，さらに，ストックコミッションとして一定の条件のもとで最低でも数年間契約者の通話料金の3％から5％を与えるという内容である。そのほかにも，一定の販売台数に対して通信会社側が販売会社側にマージンを与えることも行われてきた。

これまで携帯電話産業が行ってきた低価格設定による売上数量最大化を目的とした市場浸透価格設定が効果を発揮するためには，一般的に価格弾力性が大きい製品で経験効果による生産と流通のコスト低下が見込まれる製品である。

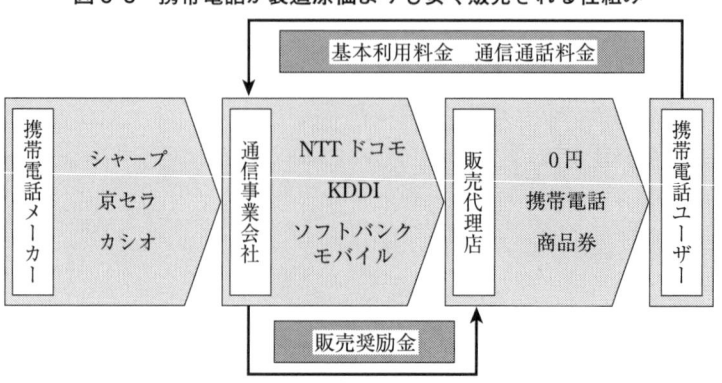

図5-8　携帯電話が製造原価よりも安く販売される仕組み

デアゴスティーニから出版されるさまざまなテーマを題材としたシリーズ書籍は，創刊号のみその後のシリーズ価格よりも相当程度安い価格に設定することによってその購入を動機づける。同社の人気シリーズとなった「ハローキティアクセサリーシリーズ」は，50号の予定で毎号サンリオのキャラクター，キティをあしらったオリジナルチャームとともにハローキティの世界を紹介する内容である。このシリーズは毎号1,890円で販売されているが，2006年9月に発売された創刊号の価格設定は990円である。キティのコレクター人口は多く，最初に購買してしまうとつぎも欲しくなるという人間の心理を巧みに利用した販売促進手法である。

同様に2006年2月にスタートした「マイロボット」シリーズでは，毎号にロボットのパーツが付属しており，シリーズ完結時にロボットが完成する内容である。このシリーズの販売価格は1,390円であるが，創刊号の価格設定は半額以下の590円である。このシリーズの場合，シリーズ全ての冊子を購入しなければロボットが完成しないため，初回に購買したひとは必然的につぎも購入しなければならないため，創刊号を仮に製造原価を下回る価格で提供したとしても，シリーズトータルで収益が上がる仕組みになっている。デアゴスティーニは，同様の仕組みを使って多くのシリーズを出版している。

5-7　プロダクトミックス志向価格設定

経営学で価格を考える場合には1つの特定製品のみで設定価格を考えるのではなく，その企業が提供するプロダクトミックス，あるいは製品ライン全体を考慮にいれたプライシングが行われる。企業は単一アイテムの利益を考えるのではなく，そのプロダクトミックストータルでの収益最大化を見据えた価格設定を行うのである。

インテルのPC向けCPUブランドは，相対的に低機能で価格の安いほうから高機能で価格の高いほうまで"Celeron"，"Pentium"，"Core 2"の3つの製品ラインがある。それぞれのラインの中には機能に応じて複数の製品アイテ

ムがあり，例えば"Core 2"の場合その性能に応じてさらに"Core 2 Duo"，"Core 2 Quad"，"Core 2 Extreme"の3つのカテゴリーに分けられ，そのそれぞれにさらに多くのアイテムがある。

価格はCeleronが数千円から1万数千円，Pentiumが数千円から数万円，Core 2が数万円から十数万円に設定され，薄利の製品から高いマージンをかけた製品まで幅広い製品を提供することによって，CPU市場におけるトータルでの利益最大化を目指している。

自動車販売にもプロダクトミックス価格設定が採用されている。自動車価格は本体価格とオプション価格の合計で決定される。自動車ディーラーは本体と基本的なオプションのみの基本モデルをショールームに展示して来場者の購買意欲を刺激する。彼らが購買を決定した後に各種オプションの装備を提案することによって，最終的に販売される価格のアップを狙うのである。

サービスビジネスでもプロダクトミックス価格設定が行われている。レストランなどの飲食業では，食事メニューと飲み物メニューに分かれている場合が多く，通常は食事メニューのマージンは低く，飲み物メニューには高いマージンがかけられている。

ファストフードビジネスでは，セットメニューを用意して商品単品ではなく一人の顧客から得られる利益を考えた価格設定が行われている。ハンバーガーショップの場合，ハンバーガーとドリンクとポテトをセットにして，それぞれの商品価格の合計よりも安い価格設定にしている。

製品の中には付属品がなければ使用できないものもある。こうした製品は，製品本体とそのキャプティブ製品をあわせた価格設定が行われる。例えば，剃刀とその刃，カメラとそのフィルムがこれにあたる。一般的には，本体価格には高いマージンをかけず，付属製品であるキャプティブ製品から利益を獲得することが行われている。

企業は巨視的，中長期的視点に基づいて，製品やその置かれている状況に応じて複数の価格設定手法を併用して行う。利幅が大きいのは名声価格であるが，売上高に占める割合は大きいわけではない。バリュー価格設定を行って個々の

図 5-9　59円で利益がでる仕組み

価　格　＝	59円	＋	240円	＋	180円 ＝ 479円
原　価　＝	40円	＋	48円	＋	36円 ＝ 124円
	－（人件費＋光熱費）				

原価率　　68%　　　　20%　　　　20%　　26%

商品の利幅は小さくても，売上高が大きければ利益も大きい。販売促進のために，目玉商品価格設定や特別催事価格設定をして仕入原価を下回る価格で商品を提供する場合があっても，それで集客が図られて店舗全体で利益がでればよい。入札価格で工事原価を下回ったとしても，関連工事が受注できればトータルで収益を確保することが可能である。

5-8　価　格　調　整

　これまでに，経済学と経営学におけるそれぞれの価格設定プロセスについて整理してきた。そして，経済学における価格設定プロセスに対して，経営学のそれには経営者やマーケターの意思が入ることが示された。しかしながら，取引は2者以上の行為主体の同意によって成立する性質をもっており，販売側が設定した価格で販売しようと考えても，買い手がその価格で購入する意思をもたなければ取引は成立しない。同様に，販売者側にも希望する価格以下で販売しなければならない義務はない。そうした意味から，経済学における価格設定プロセスは，経営学の考え方で設定された価格のマーケットが行う価格調整機

能としてとらえることができるのである。

　こうした経済学の市場メカニズムによる価格調整とは別に，経営学における製品提供サイドからの価格調整機能がある。企業は，地理的需要，マーケットセグメント，購買の時期，タイミング，受注水準，納品頻度，保証の有無とその内容，サービス契約などの要素を反映した価格調整を行う。価格調整は具体的には値上げと値下げである。値下げの手段としては，価格割引，アロウワンス，プロモーション支援がある。

　企業は販売先との特定の取引条件のもとで価格の割引を行う。現金割引は文字通り現金支払に対して行われる。取引の決済手法としては現金のほかに手形取引も取引慣習として存在するが，手形取引の場合には，手形期日まで売り手側は現金を手にすることができない。現金化するためには銀行で手形を割り引いてもらうことが可能だが，この場合金利がかかってしまう。企業の資金繰りを考えた場合現金取引が有利であり，そのためにも企業は現金取引の場合には製品価格の割引を行うのである。

　数量割引は大きなロットの取引の場合に製品価格を割り引くものである。ロットには数量と金額があり，それを計るのにもスポットとタームが考えられる。そのほかにも，流通チャネルにおいて，販売，保管，加工，記録などの特定の機能を担う流通業者との取引に適用される機能割引や，オフシーズンの製品に適用される季節割引などが行われる。

　つぎにアロウワンスとは，再販売業者に特別プログラムに参加してもらうための特別支払いであり，新品購入時に古い製品を下取りにだしたときに提供されるトレードインアロウワンス割引と，プロモーションプログラムへの参加の見返りとして提供されるプロモーションアロウワンス割引がある。

　こうした取引条件に基づく値下げのほかにも，企業は生産過剰による製品在庫の増加やマーケットシェア落ち込みへの対応策として値下げを行うほか，製造原価の減少分を取引価格に反映する形での値下げも行われる。ただし値下げをする際には留意すべきポイントがいくつかある。例えば，値下げが製品に対するマーケットのイメージを損なうものであってはならない。また，マーケッ

トシェアの拡大を目的とした値下げは，当該マーケットにおける熾烈な価格競争を招く危険性がある。

　泥沼の価格競争に陥ってしまった場合，最後に勝利するのは資本余力が大きい企業である。企業の中には，規模の経済性を発揮して，競合他社に対して圧倒的な優位性をもつ価格設定を可能にする，全社的システムを構築する企業もある。

　日本マクドナルドは，1995年からマクドナルドチェーンの国際的な共同仕入の一環として，マクドナルドが開発したGPIA（Global Purchasing Information and Analysis）と呼ばれるコンピュータネットワークシステムを活用した仕入れを行っている。このシステムは，マクドナルドチェーンと取引のある企業名，所在国，企業規模，取扱商品，商品価格，現地関税，保険料率などの情報データベースで，A国のB企業の提供する原材料Cを購入してD国のマクドナルドチェーンへ納入させると仮定した場合，即座にその仕入価格，関税，運賃，保険などにかかるコストをはじき出し，原材料Cの調達コストを計算することができる。

　そのシステムを活用することを通して，日本マクドナルドは100ヶ国あまりに展開するマクドナルドチェーンの購入する4,000を越える原材料について，いつ，どこで，何を，どれだけ購入すれば，最も良いものを最も低い調達コストで調達することができるかがわかるのである。わが国のバブル経済崩壊後のデフレーションの中で同社が提供した59円のハンバーガーは，こうした仕組みが可能としていたのである。したがって，価格競争の消耗戦を同社と同じ土俵で戦うことを余儀なくされた企業に勝ち目はないのである。

　同様のことが航空業界でも生起している。1996年に実に35年ぶりに日本の航空産業に新規参入を果たした北海道国際航空（Air Do）は，当初大手航空3社の正規運賃より36％安い1万6,000円という画一低運賃を競争戦略として採用した。ターゲットをビジネスユースの個人客に設定して，ボーイング767をリースで使用して，羽田―新千歳間1日3往復6便でスタートした。就航直後80％を超えていた搭乗率は1999年4月を境として下降を始め，同年6月には50％

を下回ることになる。

　その最大の原因は大手各社がエア・ドゥの前後便に設定した1万7,000円の料金設定であった。これは前日まで予約可能な特定便割引であったが，6月には特定便割引はエア・ドゥと同額の1万6,000円にまで引き下げられた。これによって同社便の搭乗率は44％まで低下し，2000年末には資本金を上回る約60億円の累積赤字を抱えてしまう。

　つぎに，値上げは成功すれば企業の利益を大幅に改善させる可能性を有している。値上げの手法はいくつか存在し，最も一般的なのが価格を上げることであるが，このほかにも製品の減量，製品機能の縮小，低コスト原料への切り替え，製品付帯サービスの縮小，パッケージングコストの削減や，製品ライン縮小によるコスト削減，そして安価な製品ラインの導入も全て実質的な製品価格の値上げとなる。

6　流通チャネル

6-1　流通がビジネスを変える

　流通業者を表す「問屋」のルーツは，平安期の荘園で農民から年貢を徴収し，それを倉庫に保管後，難波の「市」で換金して京都の領主に納めていた「問丸」である。彼らが武家政権のとき独立して商人になる。かつて物流手段を使って品物を運べる人は産地と消費地の差額を自身の利益にできた。物流の独占は需要と供給の情報の独占を意味し，それは価格操作を可能としたのである。
　こんにちにおいても流通はビジネスにおける重要な戦略要素であり，流通における競争優位を獲得して成長を遂げた企業も少なくない。また，流通における新たなシステムが，ビジネスの仕組みを大きく変革したケースも存在する。
　マイケル・デルが1984年に設立したデルコンピュータ（現デル）は，競合他社が小売店経由でパソコンを販売していたとき，中間業者を排し在庫をもたない注文生産（Build To Order：BTO）の直販スタイルである「ダイレクトモデル」を構築し，2001年に世界のパソコン出荷台数でトップにまで上り詰めた。彼の構築した新しいビジネスモデルが業界のバリューチェーンを変え，イノベーションが速い業界において在庫管理で優位に立つという強力な競争優位を構築することに成功したのである。
　フレデリック・スミスが1971年に設立したフェデックスは，日本とは桁違いに国土が広いアメリカでは経済的に無理と考えられていた貨物の翌日配送サービスを実現して，業界最大手企業にまで成長を遂げている。同社の翌日配送の仕組みは，全ての荷物を深夜までにアメリカ主要空港まで運び，そこで仕分けをして目的地まで輸送する「ハブアンドスポーク」システムにある。スミスが構築した新たなシステムは，ビジネスの仕組みを根本的に変革するトリガー

となる．仮にアメリカ全土で貨物の翌日輸送が可能ならば，家電製品メーカーは修理拠点を1ヶ所にまとめることにより，顧客に迷惑をかけずに大幅なコスト削減が可能になり，同様にコンピュータメーカーは，もはや修理部品倉庫を全米各拠点に配置する必要がなくなるのである．

その後さらにシステムに改良が施され，特定の物資に関してはアメリカ本土内であれば4時間以内の輸送が実現している．現在は，国際航空貨物輸送会社のフライング・タイガーを買収して国際拠点をアンカレッジに置き，貨物輸送の世界展開を行っており，日本にも定期便が就航している．

6-2　流通の仕組み

シャープは，液晶テレビ「アクオス」の世界累計生産台数が，2007年5月31日に1,000万台を達成したと発表した．液晶テレビで1,000万台を突破したのは，アクオスが世界で初めてであり，同社は世界戦略をさらに加速させるとしている．10月には，三重県亀山市の亀山第2工場が稼働し，2008年度までに生産能力を亀山第1工場と合わせて年間約2,200万台の生産体制となる予定であるが，それでは同社が誇る高品質製品を生みだす亀山工場から私たちのリビングへ，液晶テレビはどのような経路を通って辿り着くのだろうか．

また，こんにちの日本ではほとんどの農作物や魚介類が季節を超えて1年中手に入れることができる．冬でもスイカが食べられるし，秋でなくても新そばが食べられる．イカ漁の季節には，海に面していない地域でも回転寿司で気軽に活イカを食べることができる．こうした社会が実現した背景には農作物の品種改良や生産技術の進歩はもちろんのこと，輸送手段の発達や世界規模でのインフラ整備がある．

流通システムが発達していない時代には，産地と消費地間をつなぐ馬や船などの物流手段を所有している商人，すなわちこんにちの流通業者に権力が集中しており，彼らは産地と消費地間の価格差をそのまま自らの利益にすることができた．また，彼らには産地間の情報が集中し，所有する物流手段は武器とな

って価格や流通量を操作することができた。

　交通インフラや移動手段，情報通信インフラが整備されたこんにちでは，産地直送や消費者自らが生産地へ直接購買に行くことも可能ではあるが，現実には彼らが自らの生活に必要な全ての品物を直接購買することは不可能である。そこに流通業者の存在する意味があり，消費者は交換を通して自らが必要とする品物を手に入れることになる。

　私たちは日常生活の中で多くの交換を行って生活している。通勤や通学に交通機関を利用する際には，運賃を支払って目的地までの移動というサービスを購入している。喫茶店に入ってモーニングを食べる，自動販売機でコーヒーを購入するのも交換であり，スーパーマーケット，CVS，マクドナルド，家電量販店での買い物も全て交換である。

　ここで交換の行為主体となっているのが，製品を生産している製造業者，生産者，商品を購入している消費者，そして消費者と製造業者，生産者をつなぐ卸売業者，小売業者，運輸業者，倉庫業者である。製造，生産された製品や商品は，卸売業者から小売業者，そして私たちへと流通する。

　こうした流通経路は，製造業者，生産者から消費者へ，製品，商品が届くまでに関与する流通業者の数によって段階を形成する。製造業者，生産者から消費者へダイレクトに製品，商品が届けられる場合には流通チャネルは0段階で直接流通と呼ばれ，産地直送などがこれにあたる。直接流通以外は全て間接流通と呼ばれ，製造業者，生産者と消費者の間に小売業者が介在する場合を1段階，卸売業者と小売業者が介在する場合を2段階，以下同様に介在する流通業者の数に従って流通チャネルの段階は増えていく。

　そして，こんにち流通を取り巻く環境に大きな変化が続いている。マクロ的には，さきに述べた交通インフラや情報通信技術の普及に伴って世界市場は実質的に1つとなり，こうした状況を背景として日本国内では規制緩和が進んでいる。こうした流通システムの革新は，さきに触れたようにビジネスの仕組み自体にも大きな変革をもたらすようになっている。

　このように，物流は，製造業者，生産者にとって，自らのプロダクトをエン

ドユーザーに届けるプロセスをマネジメントする仕組みであって，ビジネス展開上極めて重要な位置づけを占めるようになっている。そして，物流を効率的にマネジメントすることを通して，ビジネスは抜本的に再構築される可能性を秘めているのである。

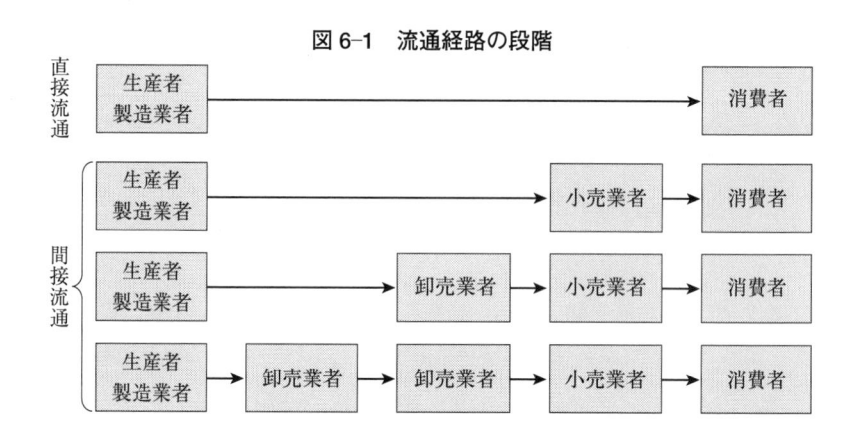

図 6-1 流通経路の段階

```
直接流通   生産者           →                     消費者
          製造業者

間接流通   生産者           →           小売業者 → 消費者
          製造業者

          生産者           → 卸売業者 → 小売業者 → 消費者
          製造業者

          生産者 → 卸売業者 → 卸売業者 → 小売業者 → 消費者
          製造業者
```

6-3 流通チャネル

企業がビジネスを行うにあたって，自社の製品をエンドユーザーである顧客の手元に到達させるルートであるチャネルと，ビジネスのエリアであるカバレッジを選択することは，ビジネスの成否を決定する重要な要因である。チャネルによって，プロダクトとそれらのユーザー間を隔てる時間，空間，所有の乖離が解消される。例えば，GMは北米だけで8,000社を超えるディーラーを通して車を販売している。そしてこんにち，ユニークなチャネル，カバレッジ戦略を展開する企業も少なくない。

Kotler（1999）によれば，「物的流通（physical distribution, market logistics）とは，顧客の必要に合わせ，彼らの便益になるように原材料と最終商品の生産地点から使用地点までの物理的流れを計画，実行，コントロールするこ

と」(p. 537) とされる。換言すれば，物流とは顧客の希望する商品を希望する場所に希望する時間に最小のコストで届けることである。そして，こうした物的流通の経路を流通経路（チャネル）といい，このプロセスを担うのが流通業者である。流通経路は，プロダクトならびにその所有権を生産地点から使用地点へ移動するためのあらゆる活動を行う機関の集合体である。この流通業者の活動の場である流通チャネルを流れるのは，物的流通である製品や商品のみではない。物的流通に付随して，商的流通である所有権が移転し，情報の流れである情報流通が生じる。

　流通業者の基本的役割は，製造業者や生産者によって生産される製品，商品の品揃えと消費者によって求められるそれらの食い違いを，両者の間に橋を架けることによって解消することである。そして，流通業者は流通チャネルの中で基本的機能とは切り離せないいくつかの付随機能も担っている。

　製品や商品の物理的移動に不可欠なのは荷役，包装，仕分けである。これは文字通り流通プロセスで生じる製品や商品の積み降ろし，輸送の際に必要な包装，仕分けの機能であり，製品や商品に荷札やバーコードを付けるといった流通加工機能も行われる。また，流通業者は，価格や数量などの交換条件やその注文を生産者に代わって受け付けるという取引条件の調整，購入意思の伝達機能を担う場合がある。

　また，流通業者が担う機能には在庫，保管，危険負担機能がある。これは製品や商品がつぎの流通業者あるいは消費者のもとへ届けられる間，それらを保管，管理し，その品質保持を担い，破損，陳腐化などの責任を負う役割である。有形財の移動の際に商品が破損する，生鮮食料品が傷むということはもちろんのこと，ファッション性の高い商品の場合には流行の変化による需要の減少に対するリスクも負わなければならない。特に熱狂的に支持されて売れる商品はその人気が冷めるのも早い。こうなると流通業者はその製品の仕入にかかったコストを回収できなくなってしまう。

　つぎに，顧客情勢，市場動向に関する情報の獲得，伝達機能がある。こんにちは情報がリアルタイムで伝達されるインフラが整っているため，かつてのよ

うに流通業者しか産地と消費地の情報を知ることができないという環境にはない。しかしながら，実際に製品や商品の流通に関わる流通業者には市場や顧客動向に関する最新の情報が集まってくる。すなわち，顧客との直接の接点がある流通業者にしか得られない需要動向，潜在需要，競合他社の動きといった体感的情報を伝達することが可能となる。

さらに，流通業者は流通金融，代金決済機能を担う場合がある。これは，製造業者や生産者に支払った製品や商品の代金を，つぎの流通業者あるいは消費者からそれが回収されるまでの間立て替えたり，製品や商品の代金回収を彼らに代わって行う。例えば，流通チャネルにおいて一定期間の取引代金を一括で支払うという取引条件や，私たちが通信販売で利用する代金引換は，商品の代金を荷主に代わって配送業者が行っている事例である。

通常，製品は図6-2のように製造業者や生産者から流通業者，そして消費者へと一方向に流れるが，製品の循環を意味するリサイクルは，プロダクトが消費者から流通業者，そして製造業者へと反対方向に流れるプロセスである。環境問題や資源問題に対応するために，今後この逆方向流通チャネルの重要性がますます高まってくることが考えられる。

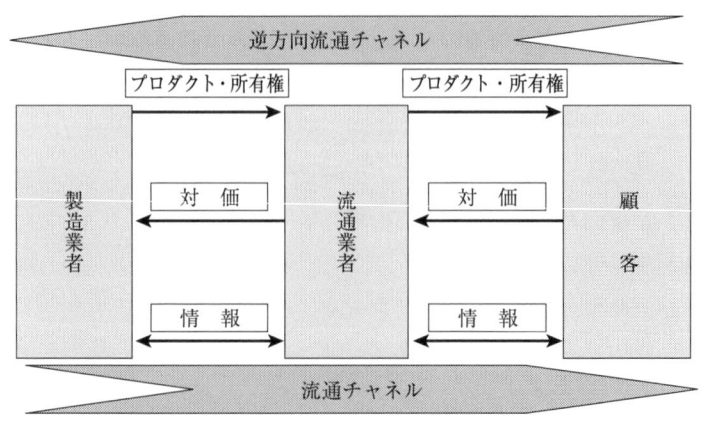

図6-2　プロダクト・所有権・情報の流れ

6-4　流通業者の社会的意義

　Kotler（1999）は，製造業者や生産者が直接こうした流通活動を行わず流通業者を活用する理由として，エンドユーザーとの接点，経験，専門化，活動規模を比較した場合，彼ら自身が流通活動を行うよりも流通業者を利用したほうが，彼ら自身より優れた効率を上げることができることを挙げている。
　ここで考えることは流通業者の存在意義である。流通業者が担う役割も，彼らがそれをビジネスで行っている以上彼らはそこからマージンを獲得する。その結果として，チャネルを流通するに従って最終的に消費者が交換のために支払うコストは増大していくことが考えられる。そうした場合，流通チャネルが0段階，すなわち製造業者や生産者から直接製品や商品を購入すると，それらを最も安価で購入することができるのではないだろうか。もしそうであるならば，流通業者の存在意義はあるのだろうか。
　例えば，ユニクロのワイシャツはそのショップで購入すれば3,000円以下で購入できる。しかしながら，ファーストリテイリングの中国の工場，あるいは同社の日本の拠点まで購買に行っても，おそらく商品に大きな価格差はないばかりか私たちは交通費に数万円を出費しなければならない。すなわち，実際には小売店で購入したほうが製品や商品を安価で購入することが可能である場合が多い。それではどうしてそのようなことが起こるのだろうか。そこに流通業者が流通チャネルに介在する社会的意義がある。
　直接流通を想定した場合，消費者が製造業者や生産者から直接商品を購買するのにかかるコストは「商品価格＋α」である。＋αの部分はその商品を購入するためにかかる交通費や人件費などである。ここで，この商品価格＋αと「流通業者が提供する商品価格」を比較して，後者の価格が前者のコスト以下であれば流通業者が流通チャネルに介在する社会的意義があると判断できる。

● 社会的意義を生み出す仕組み

流通業者の社会的意義を実現する仕組みを生みだす理論的根拠は大きく4つ考えられる。第1に挙げるのは取引数単純化の原理である。図6-3では、マーケットにA, B, C, D, E, 5人の消費者と、衣類、靴、鞄、文房具、清涼飲料水の5つの製品の製造業者が存在すると仮定している。この場合、彼ら全員が全ての製品を手に入れるためにそれぞれの製造業者を訪問して取引を行うと仮定した場合、その考えられる取引の組み合わせは（5×5）で25通りである。

つぎに図6-4で、流通チャネルに流通業者が介在するケースを考えてみる。図のケースでは、衣類、靴、鞄、文房具、清涼飲料水を製造する製造業者は、各々ジャスコとイトーヨーカ堂に自らの製品を納入する。そして、それらの全ての製品を手に入れなければならないそれぞれの消費者は、ジャスコかイトーヨーカ堂のいずれかに買い物に行けばその目的を達成することができる。この場合、考えられる交換の組み合わせは2（5＋5）で20通りとなる。

現実の製造業者、生産者、消費者の数を考えると、流通チャネルに流通業者が介在することを通して取引の組み合わせが大幅に削減され効率化されることがわかる。

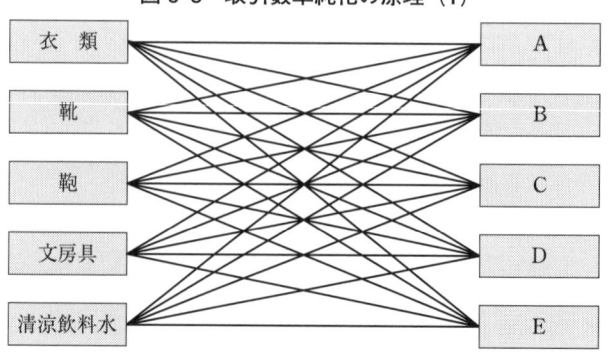

図6-3 取引数単純化の原理（1）

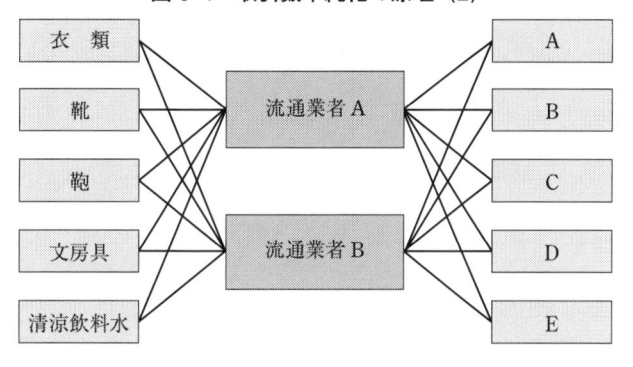

図 6-4 取引数単純化の原理 (2)

　第 2 に情報集約整合の原理を挙げる。流通業者のもとには製造業者や生産者からの生産情報，消費者の需要情報が集まり，ここで両者のすりあわせが行われる。この原理は，流通業者がこれらの情報をもとに製品や商品の流通量の調整を行うことを通して，コスト削減を図ることができるという考え方である。

　第 3 に集中貯蔵の原理を挙げる。不確実性が存在する場合に，それに対する備えは個々で行うよりも集団で行うほうが効率的である。例えば，同質のプロダクトを生産する生産者のそれぞれは変動する需要に備えて在庫をもたなければならない。仮に流通業者がその機能を代替した場合に必要となる在庫量は，直接流通で生産者のみが在庫をもつ場合の各生産者の在庫量の総和よりも小さくなる。この原理は，流通業者が製造業者や生産者に代わってこの貯蔵の役割を集中して請け負うことを通して，チャネル全体でのコスト削減につながるという考え方である。この考え方は，さきに触れたフェデックスによる全米本土翌日配送の仕組みが可能にしたビジネスの効率的な再構築にも現れている。

　第 4 に規模の経済が挙げられる。ユニクロのワイシャツを運ぶ場合，コンテナを使って中国から海上輸送すればワイシャツ 1 枚当たりの輸送費は小さい。100 円ショップのダイソーで販売される辞書は，1 万冊，10 万冊という単位ではなく，コンテナ何台という単位で，東南アジアで大量生産されそこから日本へ輸送される。

図 6-5　集中貯蔵の「原理」(1)

図 6-6　集中貯蔵の「原理」(2)

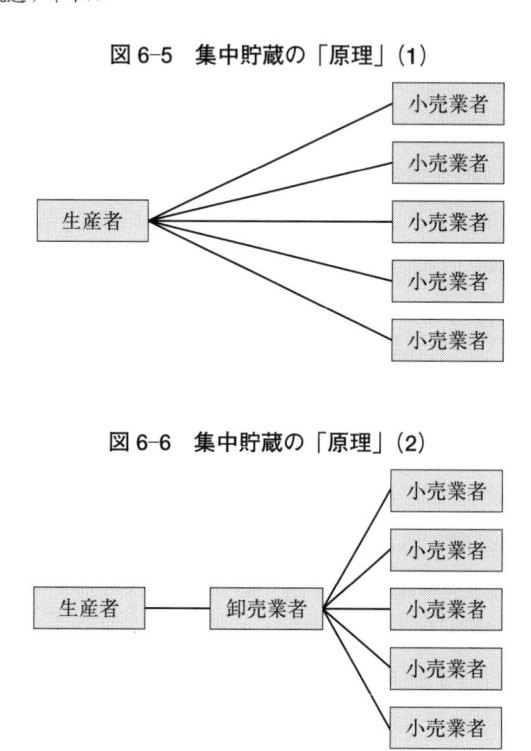

● 卸売部門と小売部門の分化

　つぎに流通チャネルの階層が複数になる論拠を考えてみる。通常，私たちは小売業者から商品を購買するが，実際には製造業者と小売業者の間にさらに卸売業者が介在するケースがほとんどである。それではこの卸売業者が流通チャネルに存在する意義は何だろうか。小売業者が販売の対象とする消費者の多くは分散して居住し，その購買単位の量は小さい。結果として，小売業者は分散して立地し，概して小規模でその取引単位は相対的に小さくなるが，彼らには消費者のニーズを満たすために多品種で少量のアソートメントが求められていたのである。卸売業者は世界各国から商品を仕入れ，それらを全国に散在した小売店に卸すことで流通チャネルの効率化を担ってきたのである。

しかしながら，こうした流通業者が有効性をもたないケースが登場してきた。それには，生産者が大規模化して流通経路の垂直的統合を行い，流通を系列化することを通して流通チャネルを支配するケースと，小売業者が大規模化してチャネルの多くの機能を自らが担ってしまうケースがある。

前者の代表例が資生堂である。1923年に同社が採用した「資生堂連鎖店制度」は，化粧品メーカーが，自社系列の販社を通して契約を結んだチェーン店に自社製品を卸す仕組みである。この仕組みがモデルとなって松下電器産業の創業者，松下幸之助が契約小売店制度を構築することになる。ナショナルショップによる製品販売の目的は乱売の抑止にあり，ほかにも小売店のテリトリー制限や，卸売業者の取引相手を制限する垂直的統合が行われた。

資生堂の2代目社長，松本 昇が構築したのが「資生堂連鎖店（チェーンストア）」制度である。チェーンストア契約は緩やかなネットワークであり，取引開始時に一定金額以上の仕入を行えば保証金やロイヤリティなどのコストが発生しない。また，同業他社製品の排他的契約もない。資生堂は，チェーンストア契約を結んだ小売店にしか自社製品を販売しない。この仕組みは製品の小売り段階での価格競争が生じないことから，小売店にもメリットがある。また，資生堂が自社製品の定価流通に細心の注意を払ったことから，同社とチェーンストアは強い信頼関係で結ばれるようになった。さらに，販売におけるサポートの仕組みが充実しており，販売実績の顕著な小売店には，専門販売員が無償で派遣される。これによって同社のチェーン店は飛躍的に増加してきた。

資生堂は，卸売段階において子会社による販売会社制度を採用した。こうした販売会社は自社の子会社であり，地区別テリトリー制度で運営された。卸売段階までの価格をコントロールすることを通して自社製品の定価販売を継続する。トイレタリー商品を主力製品とする花王も販売会社をもっており，販社をもたないライオンなどと比較すると，価格コントロールをしやすい。

資生堂とチェーン契約を締結すると，チェーンストアは発注量に関係なく70％から75％までの一定の掛け率で製品を仕入れることができる。また，納期，支払い条件も全国一律に定められている。さらに，チェーンストアは，月間の

仕入金額に応じて0％から15％までのリベートを資生堂から受けとることができる。

チェーンストアは商品を仕入値で返品することが可能である。返品制度は価格コントロールのための重要な要件となっている。チェーンストアに対する販売支援としては，メイクアップテスター，サンプル，ポスターの配布のほか，美容部員の派遣が行われている。この美容部員は，資生堂の社員であり，美容に関する高度な教育訓練を受けたプロフェッショナルである。小売店によっては人件費の削減にもつながる制度である。明確な派遣基準が定められていないのが一般的で，資生堂のプロモーションの一環として，販売実績を始めとするさまざまな条件から，派遣人数，派遣日数が決定される。百貨店の化粧品売り場は，メーカーにとって経営戦略上極めて重要な位置づけとなっている。

後者の事例はこんにちの大規模スーパーマーケットチェーンである。彼らは，チェーンオペレーションのメリットを活かして，大量仕入，直接仕入，直接輸入，PB商品の開発など流通チャネルにおけるほとんどの役割を担うまでに巨大化している。

6-5 取引慣行

● 再販売価格維持行為

日本の流通にはさまざまな興味深い取引慣行が見られる。中でも再販売価格維持行為は，製造業者が，卸売業者や小売業者の価格設定をコントロールしようとする行為であり，「メーカー希望卸売価格」や「メーカー希望小売価格」が実質これに該当する。わが国では長くこうした建値制に基づいた取引が行われてきた。メーカーはこの希望小売価格を建値として，その掛率によって卸売段階での取引価格を設定してきた。しかしながら，卸売業者と大手小売業者間では実質的にこの制度が崩れている業界が多く，バイイングパワーのある小売店では建値は単なる目安としての役割を果たすに止まっていた。食品や日用雑

貨などの最寄品の場合，総合スーパーとメーカーの本社間で直接価格交渉が行われ，価格が決定されるケースも少なくない。

再販売価格維持行為が行われる背景は，経済主体間に外部効果が強く作用することである。外部効果とは，ある経済主体の行為がほかの経済主体の利益に影響を与える現象である。すなわち，小売店の陳列やプロモーション，接客態度，アフターサービスは，製造業者の売上高に影響を及ぼすのみならず，製造業者やその製品のイメージ，製造業者とほかの小売店との関係にも少なからぬ影響を与える。

再販売価格維持行為は，小売店の価格競争を抑制して製造業者による独占的な価格設定の手段として用いられてきたほか，その業界への新規参入者への参入障壁としても作用する。製造業者サイドからすると，ある小売店が特定の製造業者の製品を推奨し，アフターサービスもしっかりしていれば，その製品を製造したメーカーのイメージも向上し，結果として売上増につながる一方で，反対の作用が働けばメーカーやその製品のイメージが傷付くことになる。そこで，製造業者はこうした外部効果の影響を避けるために，流通価格に影響力を及ぼすことを通して流通チャネルをコントロールしようとするのである。

ただし，再販売価格維持行為は独占禁止法の観点から原則として違法とされる。そこで最近では，メーカーが流通業者に対して出荷価格をオープンにし，それ以外の価格設定には一切関与しないオープン価格が浸透してきている。こうした環境で，メーカーとしてもただ単純に製品を一定価格で出荷するだけでは流通チャネルに影響を与えることができないため，彼らは小売業者が自社製品を推奨してくれるようなさまざまな誘因を与えなければならない。

そうした手法の1つとして「リベート」が存在する。リベートという言葉のイメージが良くないのは違法行為にリベートが使われるためであるが，リベート自体は商取引のテクニックの1つである。リベートとは，取引終了以降にメーカーから流通業者へ支払われる金銭であり，利益の割り戻しと解釈されるケースもある。

リベートにはいくつかの種類があるが，キャッシュ（現金）リベート，数量リ

ベート，機能リベート，季節リベートなどのほか，販売目標達成リベート，バーゲンに対する協賛金，特定製品の販売促進に関するリベート，さらには系列店であることに対するリベートがある。資生堂のチェーンストアは，月間の仕入金額に応じて0％から15％までのリベートを同社から受けとることができる。

しかしながら，リベートの存在は実際の取引価格の計算を煩雑にする。アメリカでは基本的にはボリュームディスカウントとキャッシュリベートのみである。また，リベートが流通業者にとって既得権益化して廃止できない場合も多いのである。

● 再販売価格維持制度

再販売価格維持制度とは，製造業者が卸売，小売の各段階の取引価格を決めることができる制度である。1947年に独占禁止法が施行され，こうした再販売価格維持行為は公正な市場競争を確保するために禁止された。その後，1953年の一部改正によって，書籍，新聞，音楽CD，1,000円（消費税導入前）以下の化粧品などが，こうした再販売価格維持行為が認められる独占禁止法の適用除外品目に指定された。

再販売価格維持制度は占領終了直後の1953年の独禁法改正を機に導入された。その趣旨は，当時横行していたブランドのイメージ低下をもたらすおとり廉売や乱売を事前に規制することにあった。また，新聞や書籍，雑誌などの文化的側面をもつ商品は，公共性の観点から価格競争を抑制し，これら商品の流通しない地域をなくす目的がある。

こうした適用除外品目は，これまでに段階的にその指定が解除されてきた。1966年に雑誌，キャラメル，ワイシャツ，その後1973年に石けん，洗剤，歯磨き粉，1,000円以上の化粧品，1995年にビタミン剤，ドリンク剤，1996年には風邪薬，目薬など14品目と1,030円（消費税率3％）以下の化粧品，そして1997年には最後まで残った一部化粧品と医薬品の指定が廃止されている。

残された法定再販品目には，書籍，新聞，レコード，テープ，CDなどの音楽ソフトがある。音楽著作物に関しては，1992年，発売後2年間はメーカーの

決めた販売価格を維持し，それ以降は自由に販売してもよいとする時限再販制度が導入され，現在ではそれが6ヶ月となっている。ただし，共済組合や生活協同組合は独禁法第23条5項の規定により再販契約を遵守する義務を負わない。そのため，大学生協などでは再販商品であっても1割程度の値引きが行われている。

　再販行為を行うにあたっては，製造業者と販売業者間で再販価格維持契約を締結してそれを公取委に届出する義務がある。同じ著作物でも，ビデオやDVDなどの映像ソフト，コンピュータソフト，ゲームソフトや，ダウンロード形式により販売される電子データは含まれない。また，再販商品であっても非再販商品をセットにして再販商品として定価で販売することも認められていない。

　著作物の範囲が問題となった事例としては，SCEおよびセガ・エンタープライゼズ（現セガ）が，ゲームソフトは著作物であり再販制度の対象と主張して小売店に定価販売を強制した事例があるが，この件では前者に関しては1998年に公取委が独禁法違反で勧告を行って裁判で争われた結果，2001年に違反が確定している。

　実質的にメーカーが販売していると認められるいわゆる委託取引の場合，一定の要件を満たしていれば再販行為を行っても，通常違法とはされない。これは，自らが在庫リスクおよび売れ残りのリスクを負担して取引を行っている以上，メーカーが直接消費者に商品を販売していることと同視できることから，契約自由の原則通りに価格決定の自由を認めても，自由競争を減殺する怖れがないためである。アパレル分野などの高級ブランドが，上記以外の商品分野においても価格統制を行うことができている理由は，この委託取引方式，もしくは直営店を通じた販売方式を採用しているからである。

　現在，書籍や雑誌については基本的に定価で販売されているが，再販制度の弾力的運用を図るため，一定の期間を区切った時限再販を導入したり，雑誌に関しては定期購読者割引などが行われている。ただし，新聞は特殊指定により差別定価や定価割引が原則として禁止されていることから全国一律価格で販売

されている。

6-6　チャネル設計

　製造業者や生産者は，そのマーケティング目的を達成するために自らの製品や商品のチャネルを設計する。その際に考慮されるのは，プロダクトの性質，ロット，それらがエンドユーザーに到達するまでの所要時間，提供側とユーザーサイドの空間的利便性，付帯サービスなどである。

　チャネル設計にはいくつかのパターンが存在する。最も広く採用されているのが開放的チャネル政策である。ここでは，流通業者の最大化による売上増大が目的とされるため流通業者の数は多いが，誰でも参加可能なため流通業者の特定の協力は期待できない。

　それに対して，専売的チャネル政策は流通業者を限定することによる売上や価格の安定を目的とする。ここでは，流通業者の数は少なく，仮に相応の売上が見込める製品の場合には彼らにメリットがあるため，供給サイドは流通業者の積極的な協力が期待できる。かつて資生堂はチェーンストア制度を構築して成長を遂げてきた。

　つぎに，政策的チャネル政策は流通業者限定による安定的売上確保や販売促進を目的として採用される。流通業者の数が少ないことと流通業者の協力を期待できる点では専売的チャネル政策と同じだが，それが特定の目的のために採用される点で異なっている。花王は，「ヘルシア緑茶」のチャネル設計にあたって政策的チャネル政策を採用した。

　ヘルシア緑茶は厚生労働省から許可を与えられた特定保健用食品で，体脂肪の低減効果があるとされる茶カテキンを通常の茶飲料の約3倍にあたる540mg含んだ製品で，2003年5月の発売から1年間で約200億円を売り上げ，2003年の「日経優秀製品・サービス賞」を受賞している。

　花王はカテキンの生産体制が不十分だったことから，当初は販路を関東甲信越のCVSに絞りこんだ。同社では，発売前に同地区のCVSの店舗経営指導

員であるスーパーバイザーに対して製品コンセプトを説明するなどして，CVSサイドへ協力を求めている。ローソンは，購買者は茶カテキンの効果を継続的に得るため毎日飲用する人が多いことに着目して，6本パック用の袋を用意するなどして販売促進を行った結果として，大きな売上実績を記録する。

また，サラリーマンの多い都心店舗では入口付近の一番目立つ棚6段全てにヘルシアを並べ，その効果を謳ったPOP（Point Of Purchase）広告が大きく掲げられた。さらに，通常は冷蔵ケースのみに陳列される茶飲料を，CVSサイドの協力で店頭にも大量陳列するなどされた結果，花王が開発した新しいカテゴリーの茶飲料は瞬く間にマーケットに認知されたのである。

開放的チャネル政策を採用したのではこうした販売店サイドの協力を仰ぐことは難しい。一方で全てのメーカーが政策的チャネル政策を採用できるわけではない。花王が初めて飲料に取り組んだのがヘルシア緑茶であり，同社はそれまで食品部門でCVSとの取引はなかった。仮に売れる商品であればどの流通業者もそれを手掛けたい。したがって，既存のチャネルをもつメーカーは，利害関係があることから特定の流通形態にのみチャネルを絞り込むことができないのである。

また，政策的チャネル政策は販売サイドにもメリットがなければ成り立たない。売り場面積が限られているCVSにとって売れ筋商品を独占的に入手するメリットは小さくないのである。また，350ミリリットルで180円という価格設定は他社製品と比べて販売単価が30％から40％高く，CVSサイドからは同じスペースからそれだけ高い利益をもたらしてくれるのである。

当初の目的を達成した花王は，翌2004年3月から政策的チャネル政策を開放的チャネル政策に切り替える。ただし，CVSとの競合を避けて，スーパーマーケットやドラッグストア向けには，新しい製品アイテムとして1リットル入りのペットボトルと340ミリリットル入り缶の6本パックを導入した。

ターゲットとするセグメントの属性から小売形態を絞り込む事例もある。カルビーの「Jagabee（ジャガビー）」はジャガイモを使ったカップ入りスナック菓子で，2006年4月から中部地方以西のCVSで発売したところ，予想をはる

かに上回る売れ行きで生産が追いつかない状態となった。その原型はジャガイモの本場北海道で土産品として新千歳空港や札幌市内の百貨店で，2002年9月から発売された「ピュアじゃが」である。その後2003年6月から，それまでの箱詰めから小袋入りにパッケージングを変更し，製品のネーミングも「じゃがポックル」に変更して販売したところその人気はジワジワと口コミで拡大して，品薄状態が常態化するようになった。

じゃがポックルのシーズを確認したカルビーは，全国展開するにあたってそのターゲットを20歳代から30歳代の女性に設定して内容量を40グラムに抑えて，カロリーを気にする女性も無理なく食べきれる小容量タイプとした。カルビーには同社が1995年から販売するスティック状のポテト菓子「じゃがりこ」がある。この製品はすりつぶしたジャガイモにチーズなどのフレーバーをつけて固めた年間200億円を売り上げるヒット商品で，ジャガビーはその中心購買層である女子高生のニーズとの差別化を図った。

実際に，日本経済新聞デジタルメディアが首都圏のCVSの売り上げデータを，レシート1枚単位で分析した日経CVSレシートデータでは，購入時間帯別ではじゃがりこは夕方の購入が多く，ジャガビーは夜が多いことが示されている。カルビーでは，じゃがりこはおやつとして購買され，一方でジャガビーは食事感覚で購買されると分析している。

ジャガビーのヒットを受けて，カルビーは2008年に約30億円を投じて新宇都宮工場にスナック菓子の2つの新ラインを新設し，北海道，岐阜，滋賀，広島の工場とあわせて生産しているが，供給が追いつかない状況が続いている。

6-7　化粧品の流通

ここではわが国の流通チャネルの実態を化粧品の流通を通して考察してみる。化粧品は，その流通形態から制度品，一般品，訪問販売品，通信販売品，業務品の5つに分類することができる。それぞれのシェアは，業務品を除いて制度品，一般品，そして訪問販売品と通信販売品で市場を3等分している。

制度品流通は，1923年にその後の化粧品流通のモデルとなった資生堂の「連鎖店制度」から始まる。このシステムは，化粧品メーカーが自社系列の販社を通して契約を結んだチェーン店に自社製品を卸す仕組みである。制度品流通は，高度経済成長を背景として1953年に始まる再販制度と結びついて化粧品業界の成長の牽引役となってきたが，バブル経済の崩壊を契機として，1990年代以降そのシェアを落としてきている。

資生堂は，再販売価格維持制度を活用してそのチェーンストアの販売価格をコントロールすることを通して，長い間同社製品のディスカウント販売を押さえてきた。1974年の独占禁止法の改正までは，再販売価格維持制度のもとで合法的に出荷停止を行うことができたため，資生堂は自社製品の定価販売を厳重に管理できた。1997年に1,000円以下の化粧品が再販売価格維持制度の除外品目から外れたことから，同社のチャネルマネジメントは新たな局面を迎えることになる。市場環境が激しく変化を繰り返すプロセスで，チェーンストアの中から資生堂化粧品を値引き販売する小売店が現れ，資生堂は自社製品の出荷停止によって対抗することになる。同社は，こうした小売店との間でいくつかの訴訟を抱えることになる。

こうした環境の変化に対応して，2001年，資生堂はチェーンストアとの間の新しい取引契約を導入する。これによって，同社はチェーンストアに自らの卸売と通信販売を禁止し，自社製品の横流しを防止した。また，新たにPOSレジを希望するチェーンストアに無償で提供することを通して，小売店の囲い込みに力を入れた。さらに，それまでのリベート体系を改め，仕入金額に応じて最高15％だった料率を13％に引き下げるかわりに，プラスアルファとしてPOSレジの導入で最高1％，店舗での売上目標達成に応じて最高2％，返品率に応じて最高2％のリベートを設定した。これによって，チェーンストアは最高18％のリベートを受けとることができるようになった。

制度品化粧品メーカーとしては，資生堂のほかにカネボウ（現カネボウ化粧品，2004年にカネボウから化粧品事業を継承，カネボウ化粧品は花王の100％子会社），コーセー，マックスファクターなどがある。制度品メーカーは，資生堂

の「花椿CLUB」，カネボウの「ベル会」，コーセーの「カトレア会」のように愛用者を組織化してきており，流通チャネルの系列化とあわせて，その顧客との間にタイトなつながりを構築してきた。

つぎに一般品とは，化粧品メーカーが卸売業者や代理店を通して小売店に化粧品を卸す仕組みである。メーカーと卸売業者，代理店の間に資本関係はなく，チェーンストアのようなメーカーと小売店の間の契約も存在しない。主にスーパーマーケットやドラッグストアなどの小売形態で販売され，その販売形式はセルフ販売方式である。一般品化粧品の代表的メーカーとして，キスミーコスメチックス，ウテナ，マンダム，ナリス化粧品，ジュジュ化粧品がある。

訪問販売品の流通は，販社を通してメーカーの訪問販売員が文字通り家庭を訪問して販売される。こうした仕組みを最初に創りだしたのはアメリカのエイボンプロダクツであり，日本では，1929年創業の日本ポーラ化粧品本舗である。訪問販売化粧品のメーカーとしては，ほかにミキモト化粧品，オッペン化粧品，日本メナード化粧品，シーボンなどがある。訪問販売品の化粧品は，制度品同様高度経済成長を背景に市場規模を拡大してきたが，こんにちそのシェアを落としている。その原因として，訪問販売という販売手法自体がライフスタイルにそぐわないものになっていることが挙げられる。

それとは対照的に市場規模を拡大してきたのが通信販売品である。通信販売のメリットは，購買行動に時間の制約を受けないこと，そして人との関わりをもたずに買物ができる点である。業務品の流通は，理容室，美容室，エステティックサロンなどが業務用に使用する製品を，メーカーが代理店を通して流通させる仕組みであり，ロレアル，ホーユー，ダリヤなどが知られている。

2000年代に入って，化粧品流通の中で大きなウエイトを占めるようになってきたのが，CVSでの化粧品販売である。流通形態からは制度品に該当するが，こんにちでは，「コンビニコスメ」という言葉が広く認知されるようになった。そのパイオニアとなったのが，ディーエイチシーである。同社は，小容量化した主力製品のセット商品である「DHCスキンケアミニセット」の販売を，1998年からセブン-イレブン全店で開始した。980円に価格設定されたこの商品

がヒットし，翌1999年からラインナップされた「DHC プチシリーズ」とあわせて，年間90億円を売り上げ，セブン-イレブンの売れ筋商品となった。

　ディーエイチシーとセブン-イレブンによって潜在市場が確認されると，制度品メーカーや一般品メーカーが，新たなマーケットを求めて参入してきた。1999年，資生堂はオービットを設立し，2000年からコンビニ専用化粧品ブランド「Ｃ／Ｏ」を発売するが，価格や製品コンセプトが CVS を利用する顧客層には受け容れられなかった。その後2001年，同社は「化粧惑星」という新しいブランドを構築し，順調な売上を上げている。化粧惑星は，セブン-イレブンを除く主要コンビニチェーンで販売されている。

　一方で，ディーエイチシーとのコラボレーションで化粧品の流通に新たなチャネルを構築したセブン-イレブンは，2004年から制度品メーカーのコーセーとの共同企画で，コーセーの新しい基礎化粧品コンビニコスメブランド「雪肌粋」の販売を，1万店を超える全国のチェーン店で開始している。

　雪肌粋は，「雪のような透明感のある肌を目指す」ことを基本コンセプトとして，コンビニで買物をするターゲットをして，化粧水やスキンケア商品のほかに油とり紙などのシートコスメやお泊りスキンケアセット11アイテムを，360円から1,200円の手頃な価格設定で提供した。雪肌粋は，コーセーの制度品のヒットブランドである「雪肌精」を始め，「清肌晶」，「純肌粋」などの和漢植物エキスを配合した「漢字ブランド」のブランド力を活かした販売促進を目指した。セブン-イレブンは，ほかにも，ケサランパサランが製造する「パラドゥ」ブランドを販売している。

　また，ファミリーマートは，カネボウ化粧品の「フレッシェルホワイトＣ」を販売している。フレッシェルホワイトＣは，カネボウ化粧品の一般品のコンビニ向け製品で，忙しくても綺麗でいたい30代から40代をターゲットとして，彼女らの悩みであるシミと乾燥に対応した製品を提供している。

6-8 流通革命

　流通革命の第1ステージは新たな小売形態の登場である。社会の発展とそれに伴う私たちの消費生活の向上，ライフスタイルの多様化によって，取引の形態は大きな変化を遂げてきた。1960年代初頭の自家用車の普及は消費者の行動半径を拡大させ，大型冷蔵庫の普及は生鮮食料品の長期保存を可能にした。小売形態においては，消費者の買物場所が家の近くにある肉屋，魚屋，八百屋といった個人商店である「パパママストア」から，食料品から日用雑貨まで総合的ニーズを満たすようにデザインされ，ワンストップショッピングができるスーパーマーケットへと移り変わってきた。

　スーパーマーケットは，小売形態にセルフ販売方式とチェーンオペレーションという2つの新技術を導入することによって大きな成長を遂げることになる。セルフ販売方式は都市生活者のニーズに適応した新しい買物スタイルを提案すると同時に，店頭の販売要員の削減によって店舗の効率化を実現し，チェーンオペレーションの導入は間接部門のウェイトを削減し，企業としての経営効率化を実現している。

　スーパーマーケット登場以前の小売店では対面販売が中心だったが，スーパーマーケットでは，セルフ販売方式とそれを可能にする商品項目ごとのアソートメント，買物のプロセスを考慮した商品配置を通して，大勢の顧客が短時間でたくさんの買物ができるようになった。

　こうしたスーパーマーケットの中から，スーパーマーケットよりも規模が大きく日常的に消費される食料品と非食料品を総合的に品揃えするスーパーストアが生まれ，さらに，取扱商品の総合化，高級化，PB商品を取り扱うゼネラルマーチャンダイズストア（General Merchandise Store：GMS）へとその形態を発展させてきた。特に成長力の高い企業は，ほかの小売チェーンを吸収しながら店舗を日本全国に展開する巨大なチェーン組織を構築してきた。

　流通革命の第2ステージは価格破壊である。1980年代に入ると，単身世帯の

増加,女性の社会進出,夜型生活スタイルの浸透といった人びとの生活慣習の変化に対応して,深夜,早朝営業と地域密着を特徴とした新たな小売形態としてCVSが急成長を遂げてくる。CVSはPOS (Point Of Sales) システムによる商品情報,顧客データ管理手法の導入,店舗作業のマニュアル化と,フランチャイズシステムのインフラストラクチャーを構築することを通して急速な店舗拡張に成功してきた。

　スーパーマーケットの登場以降の主要な小売形態の進化は,店舗の大規模化でありプロダクトミックスの幅と長さの変更であり,そこでは,定価販売が常態化していた日本の取引慣行の中で流通チャネル全体の効率化はあまり進展しなかった。ところが,1980年代も終わりに近づいて円高による内外価格差が顕在化し,日本の流通に関する各種の規制緩和を訴える外国の圧力が激しくなる中で登場したディスカウントストアは,既存の流通チャネルに縛られることなくより低コストの流通チャネルを開拓し,その差額を小売価格に反映させることを通して短期間で消費者の支持を獲得していった。

　こうした環境のもと,価格競争に直面した小売業者にとって,流通チャネルの効率化は避けては通ることのできない課題として浮かび上がる。時を同じくして,情報技術の発達はPOSシステム,EOS (Electronic Ordering System) に代表される新たな顧客情報管理システム,オンライン受発注管理システムが開発され,流通チャネルの効率化は流通チャネルの自動化,ネットワーク化の形態をとって一気に進展していくことになる。

6-9　規制緩和と日常生活

　ここ半世紀あまりの間に経営環境は大きな変化を遂げてきた。産業技術や情報通信技術の発展がそれまでの不可能を可能にし,あわせて私たちの生活の利便性は高まり,こうした環境が私たちの考え方やライフスタイルに新たな影響を与えて,それが私たちの生活環境に変化を生じさせるというスパイラルを形成してきた。こんにちの私たちの社会生活,家庭生活全ては半世紀前とは別世

界である。

　戦後，日本は経済の復興を目標として国家が主導してさまざまな産業振興や社会的インフラの整備を行ってきた。政府は幅広い領域で国レベルでの復興と成長を目指すことを目的として，事業や製品の安全基準，技術規格，事業範囲などの企業活動にガイドラインを提示し，それらを法律や条例，許認可の形で保護してきた。具体的には，金融，航空，電気通信事業，郵便事業，鉄道といった社会インフラから，道路運送，貨物自動車運送，酒類や医薬品の製造販売，大規模小売店舗の出店，営業時間や営業日数にいたるまで管理されてきた。

　こうした規制が誤りであったという意味ではなく，戦後日本の驚異的な経済復興とその後の成長の背景には，こうした国家の政策の恩恵が少なからず存在したことも事実である。1980年代以降，日本経済は規制緩和の流れの中にある。高度経済成長を経て成長を遂げた産業や事業に対する政府の規制を縮小し，市場本来がもつメカニズムを通して市場競争を促進し，経済を活性化させようという考えである。ここでは，こうした規制緩和を私たちの日常生活の変化に着目して考えてみる。

● 信書の送達

　これまでわが国では郵便法第165号の規定によって，信書の送達は国の独占とされてきた（郵政省郵務局監修，1985参照）。すなわち，運送業者がその運送手段によって他人の信書を送達しても，信書の送達を運送業者に依頼した人も，郵便法の規定によって罰せられるのである（最高裁判所判例（昭和1958年1月16日））。

　しかしながら，この法律は1947年に制定されたもので，その後のさまざまな情報通信手段の登場に伴って実態にそぐわない内容になってきた。上記法令によると，信書とは特定の人に対して自己の意思を表示し，あるいは事実を通知する文書とされる。具体的には書状のほかにも，表6-1に提示された請求書や納品書，願書や申込書，営業日報や月報などの報告書，会合や催事の案内状，ダイレクトメール（Direct Mail：DM），表彰状，クレジットカード，投票所入

場券などが信書に該当する。

　一方で該当しないものとしては，書籍や雑誌，新聞，商品目録，小切手や株券，絵画などがある。こうして見てみると，確かにクレジットカードは宅配便では配送されないが，書籍は宅配便で配送されてくる。ここで気になるのがDMである。このDMが信書に関わる問題を考える際にわかりやすい事例である。

　こんにちではDMが宅配便業者から「メール便」などで届けられるようになったが，それは郵便法の弾力的運用によって認められているものの，宅配便業者による配送が認められるまでには，宅配便業者と郵政省（現総務省）との間の確執が続いた。現在でも，総務省がDMを認めているわけではない。こうした状況が生じた背景には，郵便法が制定された時代には宅配便業者もDMも想定されていないことから生じている。

　総務省が宅配便業者に配送を認めているDMは，街頭における配布や新聞折り込みを前提として作成されるチラシのようなもの，あるいは店頭における配布を前提として作成されるパンフレットやリーフレットのようなものとして，文書自体に受取人が記載されている文書や商品の購入など利用関係，契約関係など特定の受取人に差し出す趣旨が明らかな文言が記載されている文書に関しては信書としての見解を示している（http://www.soumu.go.jp/yusei/）。これか

表6-1　信書の具体例

該当するもの
書状　納品書・受取書・請求書・見積書の類　願書・申込書の類　営業日報・月報等報告書の類　会合・催事の案内状　ダイレクトメール　認可証・認定証・表彰状の類　クレジットカード　地域振興券　投票所入場券　添状・送状
該当しないもの
書籍　雑誌　新聞　商品目録　小切手・株券　絵画

出典：総務省HP（http://www.soumu.go.jp/yusei/）

ら解釈すると，たとえその内容がいわゆるチラシであっても，差し込み印刷で受取人が文書に記載されていればそれは信書であって，宅配便業者が配送すると違法ということになる。

利用者の視点から両者の利便性を考えてみると，郵便の場合，国内郵便物は2008年現在，最大で縦23.5センチ横12センチまでの定形郵便物が25グラムまで80円，50グラムまで90円，定形外郵便物50グラムまで120円，75グラムまで140円，100グラムまで160円である。一方「クロネコメール便」の場合同じく，縦＋横＋厚さの合計が70センチ以内かつ最長辺40センチ以内，重量1キログラム以内であれば，厚さ1センチまでのA4サイズ80円，厚さ2センチまでのA4サイズ160円，厚さ1センチまでのB4サイズ160円，厚さ2センチまでのB4サイズ240円である。すなわち，宅配便ではA4サイズの配送が80円で可能だが，郵便の場合最低で120円かかることになる。したがって，利用者から見ると料金面ではメール便のほうが利便性が高いと考えられる。

また，郵政が民営化されたのにもかかわらず，郵便局の集配送車は駐車違反取り締まりの対象外になっている。2006年の道路交通法改正に伴う駐車違反取り締まりの民間委託によって，一般民間配送業者が2人体制で配送を行ったり，荷さばきのためにコイン駐車場を利用するなどのコスト増に対応している中で，現行法に対する不公平感も指摘されている。

● コメの流通

日本におけるコメの流通は，1942年に制定された食糧管理法のもとで，主食であるコメや麦などの食糧の価格や供給などを国が管理する「食糧管理制度」に基づいて行われてきた。これによってコメの集荷，卸売，小売の各事業ともに「許可制」が採用され，参入が制限されてきた結果，営業区域が制限されその取引先も固定化していた。コメの輸入や販売価格も政府によってコントロールされ，集荷を握る農協組織が，実質的にその流通量の7割以上を押さえていた。

GATTウルグアイラウンドの合意を受けた市場開放によってこうした環境

が一変する。1994年12月14日，主要食糧の需給及び価格の安定に関する法律が公布され，一部の条項を除いて翌1995年11月1日に施行され，これに伴って食糧管理法は廃止され，「食糧管理制度」も内容の変更に沿って「食糧制度」に改められた。この新食糧法の施行によって農家は自由にコメなどの作物を販売できるようになった。

　この規制緩和は少なからず私たちの生活に影響を与えた。それまで許可制だった卸売，小売の各事業が「登録制」へ変わり，卸売は販売量，小売は施設など一定の要件を満たせば基本的に当該事業へ参入することが可能になった。その結果，卸売業者は20％増加し小売業者は80％増加する。

　それまでは同じコンビニチェーンでもコメを扱っている店舗とそうでない店舗があったのは，米穀店から形態転換した小売店かそうでないかの違いがほとんどであった。大規模小売チェーンも，同様に多店舗展開する全ての店舗でコメを販売するためには，米穀店から営業権を購入したり米穀店をテナントに入れたりしなければならなず，チェーンストアとしてのスケールメリットを活かすことができなかった。

　1995年以降，私たちはそれまでよりも多くのチャネルを通してコメを購入することが可能になった。スーパーマーケットやCVSのほとんどの店舗でコメがアソートメントされ，ガソリンスタンドや自動販売機，さらにはインターネットを始めとする通信販売でもコメが販売されるようになったのである。スーパーマーケットは，コメを本部で一括大量購入することで価格交渉力を高め，私たちはその恩恵を受けることができるようになったのである。

　その後，食糧法を大幅に改正する主要食糧の需給及び価格の安定に関する法律等の一部を改正する法律（2003年法律第103号）が制定され，翌2004年4月1日に施行されたことを受けて，従来からの農業従事者に限らず誰でも自由にコメを販売したり流通させることができるようになっている。

　そしてこんにちではさらなる変化が生じてきている。流通チャネルにおける規制緩和は生産者サイドにも影響を与える。すなわち，それまで農家は自らが栽培したコメの流通を心配する必要がなかったため，コメの収穫量にのみその

関心が向かっていたが，すぐれた品質のコメを作らなければ売れなくなることから，コメの産地間でのブランド競争が生じてきたのである。

最近では多くのコメブランドを目にするようになった。例えば北海道のコメでは，「ほしのゆめ」，「ななつぼし」，「きらら397」，「ふっくりんこ」などがあるが，とくに「八十九（おぼろづき）」はコメに含まれるアミロースを含む割合が少なく，やわらかい食感と強い粘りが特徴で，日本穀物検定協会へ委託した食味試験ではコシヒカリと並ぶ高い評価を得ている（http://www.hokkaido-kome.gr.jp/）。コメの流通における規制緩和が私たちの食卓により美味しいコメをもたらしてくれたのである。

● 酒類の流通

酒類の販売も1953年に制定された酒税法によって長い間規制の対象とされてきた。酒税法は酒税の賦課徴収・酒類の製造及び販売業免許等を定めた法律で，既存の小売業者を保護し酒税の安定した賦課徴収を図ることを目的として，新規参入者に対しては酒税法に基づく厳格な制限が課されていた。規制緩和の流れの中で，1998年からアルコール業界においても酒販免許制度が段階的に緩和されてきた。2001年1月に販売店間に一定の距離を置く「距離基準」が廃止，2003年9月には地域ごとに人口当たりの免許枠を定めていた「人口基準」が廃止され，さらに2006年9月には既存業者を保護する「緊急調整地域」の指定もなくなり，酒類の販売は実質的に完全自由化となった。

酒類流通の規制緩和も私たちの日常生活に変化をもたらしている。コメの流通と同様に同じコンビニチェーンでも酒類を扱っている店舗とそうでない店舗があったのは，酒類販売店から形態転換した小売店かそうでないかの違いである場合が多かった。大規模小売チェーンも，同様に法令の基準を満たさなければ多店舗展開する全ての店舗で酒類を販売することができないが，コメの場合の小売免許の取得とは異なって条件をクリアすればよいことから，コメの小売事業への新規参入規制とは対応の仕方が若干異なっていた。

酒類流通の規制緩和によってビジネスチャンスを獲得したのは，デリバリー

ビジネスである。例えばピザの宅配チェーンは，それまでは一定地域内に多くの店舗を展開するドミナント出店の場合，共通メニューに酒類を載せて販売することは不可能であった。しかしながら，ピザという商品の性格上，軽食や食事，パーティーなどさまざまなニーズを満たし，コメとは違ってビールとの相性もいいことから，ピザチェーンのメニューにビールやカクテル，ワインがあれば，関連購買に結びつきやすいと考えられる。消費者サイドから見ると，それまでのピザと清涼飲料水という選択肢に，ピザとアルコールという選択肢が加わることになる。

ピザに限らず，デリバリーをサービスとして行っている企業にとって，酒類販売の規制緩和はビジネスチャンスであり，私たち消費者にとっては酒類を購入する新しい手段の獲得である。

● 医薬部外品の流通

医薬品もまたその流通に規制が設けられた製品領域である。コメや酒類流通と異なるのは，規制の目的が製品の安全性に基づく利用者保護にある点である。医薬品はその容量や用法を間違えると使用者に健康被害を生じさせる恐れがあるため，これまでは薬局または薬店でしか販売することが許されていなかった。

薬局には，薬剤師がいて処方せんにより調剤を行う調剤室があって，「医療用医薬品」と「一般用医薬品」の両方を扱うことができ，健康保険で調剤をしてくれる薬局を「保険薬局」と呼ぶ。また，薬剤師がいても「一般用医薬品」しか販売しないところを「一般販売業」と呼び，都道府県が行う薬種商試験に合格した人が薬種商販売業の許可を受けて「一般用医薬品」を販売しているところを「薬種商販売業」と呼んで，これらの店舗は「薬局」という名称を使うことは法律で禁止されているため，「薬店」などと呼ばれている。

薬局，薬店以外で販売が許されている製品は「医薬部外品」と呼ばれる。医薬部外品になると，製造工程では医薬品と同等の規制がかけられるが販売面での規制がはずれるが，これまでは生理用品や清浄綿などの衛生用紙綿類，にきび，肌荒れ，かぶれ，しもやけなどの防止剤，皮膚・口腔殺菌清浄剤，薬用化

粧品，薬用歯磨き粉，歯周炎予防剤，ひび，あかぎれ，あせも，うおのめ，たこなどの改善薬，染毛剤，脱色剤，パーマネント剤，浴用剤などに限られていた（新薬事法研究会監修，2005参照）。

表6-2　厚生労働大臣が指定する医薬部外品

以前から指定されている医薬部外品	
①衛生用紙綿類（生理用品，清浄綿類）　②にきび，肌あれ，かぶれ，しもやけ等の防止剤等，皮膚・口腔殺菌清浄剤，薬用化粧品，薬用歯磨き粉，歯周炎予防剤等 ③ひび・あかぎれ・あせも・うおのめ・たこ・手足のあれ・かさつき等の改善薬 ④染毛（脱色）剤　⑤パーマネント剤　⑥浴用剤	
1999年に指定された医薬部外品	2005年に指定された医薬部外品
①コンタクトレンズ用消毒剤 ②創傷面の消毒，保護剤 ③胃の不快感改善剤 ④ビタミン・カルシウム補給剤 ⑤滋養強壮・虚弱体質の改善，栄養補給剤	①いびき防止剤　②カルシウムを主成分とする保健薬　③うがい薬　④健胃薬 ⑤口腔咽頭薬　⑥コンタクトレンズ装着薬 ⑦殺菌消毒薬　⑧しもやけ・あかぎれ用薬 ⑨嚥下薬　⑩消化薬　⑪生薬を主成分とする保健薬　⑫整腸薬　⑬鼻づまり改善薬 ⑭ビタミンを含有する保健薬 ⑮健胃・消化・整腸薬

出典：新薬事法研究会監修（2005）

　こうした医薬品流通の規制も緩和の流れの中にある。まず1999年に薬局，薬店でなくても販売できる医薬部外品の範囲が広げられた。コンタクトレンズ用消毒剤やビタミン，カルシウム補給剤などがこのとき医薬部外品に指定されたが，これによって大きくマーケットが広がったのがドリンク剤と呼ばれる滋養強壮・虚弱体質の改善，栄養補給剤である。こんにちでは当たり前のようにCVSで販売されているが，ドリンク剤をCVSで見るようになったのは1999年以降のことである。24時間営業しているCVSでドリンク剤が購買できるようになったことは，消費者にとっても大きなメリットがあったことは，初年度のCVSおよび自動販売機でのドリンク剤市場規模が500億円であったことからも裏づけられる。

さらに，2004年からは従来のドリンク剤に加えて一部の大衆薬が扱えるようになり，1999年と2004年に新たに医薬部外品に指定されたドリンク剤や一部大衆薬は，24時間営業を行うCVSの売れ筋商品となっている。
　そして，2009年施行の改正薬事法では大きな改革が加えられることになる。この改正薬事法では，2007年4月に厚生労働省が定めた一般医薬品の3分類に基づいて一般医薬品が第一類医薬品，第二類医薬品，第三類医薬品の3つのカテゴリーに分類された。
　これは，一般用医薬品が含有する成分を「副作用」，「ほかの薬との相互作用」，「効能・効果」などの項目で評価したもので，一般用医薬品としての使用経験が少ないなど安全性の面から特に注意を要する11成分を含むものを第一類医薬品とした。これに該当するのがH2ブロッカー含有剤や一部の毛髪用剤などである。
　第二類医薬品は，まれに入院相当以上の健康被害が生じる可能性がある200成分を含むもので，主なかぜ薬，解熱鎮痛剤，胃腸鎮痛鎮痙剤などがこれに該当する。そして，第三類医薬品は，日常生活に支障をきたす程度ではないが，身体の変調，不調が起こる恐れがある274成分を含むもので，これにはビタミンB・C含有保健薬，主な整腸剤，消化剤などがある。
　また，情報提供の必要性にも差が設けられ，第一類医薬品の販売に際しては買い手が求めなくても薬剤師は情報提供することが義務となり，第二類医薬品と第三類医薬品に関しては情報提供をするように努めるか，もしくはしなくてもよいと決定された。
　いままで私たちは，薬剤師を始めとする医薬品を取り扱う資格のある人がいる薬局や薬店で，薬剤師なのかパートやアルバイトなのかわからないまま購入し，説明もほとんど受けることはなかった。しかしながら，2009年からはリスクの高いものは薬剤師に，それ以外は薬剤師，もしくは一般用医薬品に関する知識をもった登録販売者に対応してもらって購入するようになる。このような内容を考えると，医薬品流通のチャネルは広がるが，これまでのほうが販売の理念と実態に乖離が生じていたのかもしれない。

現在では薬剤師の勤務時間の関係上営業時間に実質的な制約が生じているが，2009年施行の改正薬事法の施行は，ドラッグストアの営業時間の変化に止まらず，多くの小売形態を巻き込んだ生き残りをかけた競争へと進行する可能性を秘めている。

薬事法の改正に関連して私たちの日常生活に変化をもたらしたものに化粧品の全成分表示がある。2001年までは化粧品を輸入販売するためには配合成分の届出の義務があったため，正規輸入者以外がこうした化粧品を輸入することは現実的に不可能であった。また，日本市場への並行輸入を防止する目的で日本では許可されていない成分を配合する例も存在していた。こうした背景から，これまで輸入化粧品の流通チャネルは製造業者のコントロール下に置かれ，製品のディスカウント販売が行われることはほとんどなかったため，輸入化粧品は価格が高い高級品というイメージが定着していた。

これが，薬事法の改正によって従来の化粧品の品目ごとの承認や許可が不要になり，その代わりに製品の全成分の表示が義務づけられたのである。こうした措置に伴って，輸入化粧品は製造業者の価格コントロールの影響が及ばなかったため，こんにち私たちは輸入化粧品を，それまでよりも低価格で購入することができるようになっている。

6-10 ロジスティクスとサプライチェーンマネジメント

● サプライチェーンマネジメント

1990年代後半になって，流通プロセスの効率化の動きの中から消費者の視点から供給連鎖（サプライチェーン）全体の最適化を図ろうとするサプライチェーンマネジメント（Supply Chain Management：SCM）と呼ばれる考え方が登場する。SCMとは，顧客に価値をもたらす製品，サービス，情報を提供するビジネスにおいて，原材料の供給から最終需要者にいたる全過程の業務プロセスを，トータルで1つの業務プロセスとしてとらえ直し，企業や組織の壁を超

えてビジネスプロセスの全体最適化を継続的に行い，製品，サービスの顧客付加価値を高めて企業に高収益をもたらす戦略的な経営管理手法である。

また，富士通ロジスティクスソリューションチームLST編（1999）によれば，「サプライチェーンマネジメントとは，原材料の調達から生産，流通へと商品が最終的に消費者にいたるまでの供給連鎖全体を，最適な状態にマネジメントしていくこと」(p. 11) と定義される。後述するロジスティクスが，あくまでも物流という経営機能をベースとしているのに対して，SCMは企業経営全体から考えられるマネジメントである。

サプライチェーン（Supply Chain）とは，原材料の調達から生産，販売，物流を経て最終需要者にいたる，製品やサービスの提供のために行われるビジネス諸活動の一連の流れを意味し，業種によってプロセスは異なるが製造業であれば設計開発，資材調達，生産，物流，販売などの企業が行う供給，提供活動の連鎖構造である。

例えば，綿素材の衣類のサプライチェーンは，綿花栽培から始まって，綿を紡ぎ，紡いだ綿糸を織って綿布にした後，染色，裁断，縫製して衣服が製造される。その後，流通チャネルを通して消費者によって購買されるまでのプロセスである。

SCMは，企業の経営戦略に則ってビジネスプロセス全体を最適にマネジメントしようとする考え方であり，ロジスティクスはその重要な構成要素である。衣料品分野で使われるQR (Quick Response)，食品雑貨で使われるECR (Efficient Consumer Response) は，SCMの概念をそれぞれの領域で活用したものである。

SCMでは，それまでのメーカー主導のプッシュ型流通から消費者主導のプル型流通への取引のパワーシフトが行われる。消費者の購買行動を出発点とし，物流チャネルを構成する各行為主体間で販売情報や需要予測情報を共有化することを通して品切れや在庫を削減し，最適な生産，配送，販売活動が可能となるのである。

SCMのもとで導入された新たな物流システムとして，ジャストインタイム

物流システムがある。これは SCM の運用手段として開発されたシステムであり，生産，在庫，配送，販売などのパターンを迅速に計算することによって，必要なものを必要なときに必要な量だけ最小限のコストで流通させる配送システムである。

◉ ロジスティクス

ロジスティクス（logistics）とは，それまでの物流（distribution）とは一線を画する概念である。物流とは，経済，経営の機能，領域を示すものであり，ロジスティクスは企業経営における機能としての物流全体に対してのマネジメントの思想，方法である。こうしたことを可能にしたのが情報通信システムである。

情報通信システムは，当初，受注処理，在庫管理，荷役機器の制御に活用されていた。それが物流を構成する各活動を結びつけ，生産，販売，物流の分散している拠点間を結びつけるようになる。そして，コンピュータと通信技術の発達が，機能統合，拠点統合を可能とするのである。こうした背景からロジスティクスがビジネス領域に応用される土壌ができあがっていく。

ロジスティクスとは，経営戦略を取引活動の中心に位置づけ，原材料調達，生産から流通，在庫，販売にいたるまでをトータルにマネジメントする考え方である。ロジスティクスは，流通プロセスを効率化すると同時にビジネスのスピード化をもたらし，こんにち競争上の優位性を獲得する有力な手段となってきた。

アメリカのサプライチェーンマネジメントプロフェッショナル協議会（旧ロジスティクスマネジメント協議会）は，ロジスティクスを「顧客の要求を満たすために，産地と消費地間の財，サービス，そして関連する情報の効果的かつ効率的な，川上から川下へ，あるいはその逆のフローとストックを計画，実行，管理するサプライチェーンプロセスの一部である。」（Council of Logistics Management, 2001, http://cscmp.org/default.asp）と定義している。

日本ロジスティクスシステム協会の定義では，ロジスティクスとは「需要に

対して調達，生産，販売，物流などの供給活動を同期化させるためのマネジメントであり，そのねらいは顧客満足の充足，無駄な在庫の削減や移動の極少化，供給コストの低減などを実現することにより企業の競争力を強化し，企業価値を高めることにある。」(http://www.logistics.or.jp/) とされる。

経営学におけるロジスティクスという概念は，戦争において前線に軍備や食料を補給する活動，機能を意味する兵站に由来している。軍事において兵站は極めて重要な活動である。日本の戦国時代であれば自国の領地や城から遠征して戦を行う場合，敵軍と対峙する最前線に武器や食料が届かなければ戦争を継続することができない。敵軍の兵站を絶つことが戦術の常套手段として確立していることからも，その重要性が認識されていることがわかる。

20世紀に入って人類が経験した2回の世界大戦は文字通り世界規模の戦争であり，その後も科学技術の進歩がもたらした新たな輸送手段や軍事兵器は，戦争自体をグローバルで大規模なものとしてきた。こうした環境で，その善し悪しは別としてそれまでの兵站に科学がもちこまれ，軍事物資の調達，輸送，保管活動のトータルなマネジメント体系が確立してきたのである。

ロジスティクスとは，こうした背景で軍事の領域で発展してきた考え方がビジネスにもちこまれたものである。科学技術の発展は戦争同様にビジネスもグローバル化させ，企業は原材料の調達や販売先を全世界に広げていった。天然資源を求めてアマゾンやアフリカの奥地にわけいり，安い人件費を求めて東南アジアに生産拠点を拡大している企業にとっては，世界の国や地域間で物資をいかに効率的に輸送するかが重要な経営課題となる。

ビジネスがドメスティックな環境で行われていたときには，物流という概念しか存在しなかった。物流とは原材料と最終商品の生産地点から使用地点までの物理的流れを計画，実行，コントロールすることであり，具体的には，それらの包装，荷役，輸送，保管を考えていればよかった。

物流はビジネスの機能でロジスティクスはマネジメントの概念と整理することができる。ロジスティクスとはトータルな最適在庫を考え，プロセス全体のリードタイムを短縮することを意味している。その手段としてロジスティクス

のプロセスを改善したり，ネットワークを改編することが行われる。

　ロジスティクスとSCMの考え方，ジャストインタイム物流システムが誕生してきた背景には，さきに触れた価格破壊に対応した流通チャネルの効率化という観点もさることながら，消費者のライフスタイルの変化に伴う消費ニーズの多様化，個性化への対応という側面も大きな要因となって存在している。そうした変化に対応して売上を伸ばすためには，それぞれの消費者が望む多様な製品アイテムを，競争優位性のある価格で提供しなければならない。そのためには店頭在庫を極力抑えることが必要となる。

　また，製品ライフサイクルが短くなる中，競合他社との競争に勝ち抜いていくためには顧客の欲求に迅速に応えなければならない。そのためには顧客の欲求を競合他社に先駆けてとらえることが必要となり，顧客情報データに基づいた売れ筋商品の販売予測と，そうした商品の迅速な配送システムの構築が不可欠となってきたのである。こうした要請に対応するために多品種小口配送システムが構築されることになる。

　この多品種小口配送システムは，ジャストインタイム物流システムを支援するシステムとしてとらえることができる。多品種の商品を高頻度で配送するプロセスでは，受発注の多品種化，多頻度化が業務を煩雑にし，人為的なミス，配送頻度の増加に伴う流通コストの増加といった問題が生じてくる。こうした問題を解決するために，企業は情報システムの活用による事務のコンピュータ化，配送の効率化を推し進めてきた。

　個別に配送されていたメーカーごとの商品を共同配送センターを設置することによって一括配送する共同配送，配送エリアや配送時間によって配送ルートを設けるルート配送，ダイアグラム配送が構築された。これらの新たな配送システムは，配送コストを削減するほか，スーパーマーケットの行う生鮮食料品の時間限定セール，コンビニエンスストアの惣菜類のアソートメントに活用されている。ジャストインタイム物流システム，多品種小口配送システムを実現させたのがエレクトロニックコマースの技術である。

7 流通業者

7-1 流通業者の分類

　代表的な流通業者としては，卸売業者，小売業者，運輸業者が挙げられる。流通の段階からとらえた場合，卸売（wholesaling）とは，製造業者や生産者または卸売業者から，ほかの製造業者や生産者，卸売業者，そして小売業者へ商品を移転させる販売活動であり，これに対して，小売（retailing）とは，買い手がその商品の最終消費者となる販売活動を指すことになる。

　買い手の使用目的の側面からは，卸売とは商品を再販売，あるいはビジネスで使用することを目的とする買い手に販売する活動であり，小売とは最終消費者の個人的，非営利的使用のために商品を直接販売する活動ととらえることができる。

　卸売業者は，その取り扱う商品の所有権の有無によってマーチャントホールセラーとブローカー，エージェントに分けることができる。マーチャントホールセラーは独立の卸売業者であり，流通経路で商品の所有権を獲得し取引を行う。それに対して，ブローカー，エージェントは，取扱商品の所有権を取得することなしに流通経路において取引を仲介することによって手数料を得る。

　ブローカーの主要な機能は，売り手と買い手を結びつけ商談を支援することである。彼らは在庫を保有せず，流通金融機能，危険負担機能は負わない。通常，製品ラインや顧客のタイプによって専門化されており，例えば食品ブローカー，不動産ブローカー，保険ブローカーなどがある。ブローカーに対して，エージェントは，売り手あるいは買い手の取引を長期的な契約に基づいて支援する。

　具体的には，アメリカメジャーリーグへの日本人移籍で話題になった選手に

代わって，球団サイドとの交渉にあたるのはこのエージェントである。ジャイアンツからニューヨークヤンキースに移籍した松井秀喜の代理人としてヤンキースと交渉にあたったアーン・テレムは，松井の所有権を保有しているわけではなく，彼との契約に基づいて年俸を始めとする条件をとりまとめ，その報酬としてコミッションを得ているのである。

また，オフィス用品通信販売のアスクルのビジネスモデルにおける文具店は，アスクルとオフィス間のオフィス用品流通の仲介を行うが，そうした商品の所有権はもたない。文具店はアスクルとその顧客の間に入って注文と決済の仲介を行うが，商品の物理的な移動は取引を行う両者間で行われる。

図 7-1　アスクルのビジネスモデル

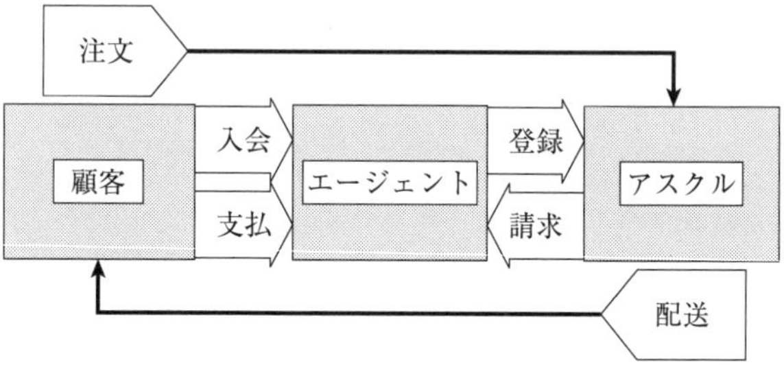

エンドユーザーを取引対象とする小売業者には，スーパーマーケット，スーパーストア，百貨店，専門店，CVS，ホームセンターから，通信販売，自動販売機販売，インターネットショッピングにいたるまで実に多くの形態が存在する。こうした小売形態は，店舗の有無から有店舗小売業者と無店舗小売業者，経営方式から独立小売業者とチェーン小売業者，販売方式から対面販売小売業者とセルフ販売小売業者，立地から単独店舗とショッピングセンターなどの集合店舗に分類される。

いわゆるパパママストアに代表される家族経営の独立小売業者は，小売業の中では最も典型的な形態である。この形態は，一般的に小資本で家族単位によって経営され，その商圏は一定地域に限定される。これらの小売業の多くは，

商圏の拡大，CVS の躍進といった時代の変化に対応できずに，経営不振に陥っている。これに対して，仕入，品揃え，商品価格，陳列，販売促進活動，収益などを本部で管理し，効率的な多店舗経営を行う小売形態として，レギュラーチェーン（Reguler Chain：RC），フランチャイズチェーン（Franchise Chain：FC），ボランタリーチェーン（Voluntary Chain：VC）などのチェーン経営が時代の趨勢になっている。

7-2 卸売業者

　卸売業者は，流通経路において遂行される機能によって，総合機能卸売業者と限定機能卸売業者に分けられる。総合機能卸売業者は，配送，在庫，販売，金融，経営支援などの物流の基本的機能と副次的機能の全てを兼ね備えた卸売業態である。そして，その商品の主要な販売対象から，小売業者に商品を販売する消費財流通業者と製造業者に商品を販売する産業財流通業者に分類される。

　消費財流通業者は，取り扱う商品の幅と深さから，さらに食料品，呉服類，医薬品，化粧品，農畜産物，水産物，家具，建具，什器などの多様な商品を取り扱う総合卸売業者，1つないしは2つの製品ラインの品揃えに特化した品種別卸売業者，取り扱う商品をそのアイテムレベルにまで絞り込んだ専門卸売業者の3つに分類される。

　総合卸売商の典型は総合商社であり，食料品卸売業者，呉服卸売業者，医薬品卸売業者，化粧品卸売業者などは品種別卸売業者としての呼称であり，製品アイテムを取り扱う専門卸売業者は，その製品アイテムによってワイン卸売業者，真珠卸売業者などさまざまである。

　こうした総合機能卸売商に対して，限定機能卸売業者は限られた領域に特化した卸売機能を提供する。初めに，現金持ち帰り卸売業者は現金問屋とも呼ばれ，高回転商品のみを取り扱い，小規模小売業者に対して現金で商品を販売する。原則として配送は行わず，流通金融機能も担わないことを通してコストを削減し，その分だけ卸売価格を低く設定する。

トラック卸売業者は商品をトラックに積み込んで巡回販売する。生鮮食品などの腐敗しやすい商品を取り扱い，スーパーマーケット，食料品店，病院，レストラン，工場の食堂やホテルなどを回って現金で販売する卸売形態で，現金持ち帰り卸売業者と同様に流通金融機能はもたない。

配送卸売業者は，アメリカの石炭，木材，資材業界で見られる流通業者である。初めに顧客からの注文を受け，彼らが受注条件を満たし得る製造業者を選択し，製造業者から顧客へ直接商品を配送するが取り扱う商品の所有権は取得する。彼らは配送，在庫，保管機能はもたない。

ラックジョバーは，食料品店とドラッグストアを対象に，主に非食料品の製品アイテムを供給する。小売店との委託仕入契約に基づいて取扱商品を陳列棚に陳列し，価格づけ，商品在庫管理を行い，顧客に購買された商品代金を小売業者から回収する。

農業協同組合は農業従事者が事業の安定化，効率化を目的として資金を出しあうことによって設立される卸売形態であり，上部組織に都道府県単位で組織される経済農業協同組合連合会（経済連），全国組織の全国農業協同組合連合会（全農）がある。全国農業協同組合中央会が組織する農協グループ（総合農協）をJA（Japan Agricultural Cooperatives）と呼ぶ。農業協同組合は農作物を集荷し地方市場に販売する卸売機能のほかに保険などの共済事業や貯金，貸付などの金融事業も行う。

最後に，通信販売卸売業者は宝石，化粧品，健康食品などの製品アイテムの分野で見られる卸売形態であり，小売業者や会員顧客に商品カタログを送り，郵便，宅配便などで商品を配送する。

卸売業者は，このほかにも対象とする商圏によって全国卸売業者，地域卸売業者，地方卸売業者，産地卸売業者，集散地卸売業者，消費地卸売業者などに分類することができる。

7-3 小売業者

　小売業者は大きく有店舗小売形態と無店舗小売形態の2つに分けることができる。初めに有店舗小売形態を整理する。有店舗小売形態とは文字通り店舗を構えて消費者に商品を販売する小売形態である。

● 有店舗小売形態

◆ スーパーマーケット

　スーパーマーケットと呼ばれる小売形態は，1916年にアメリカのピッグリー・ウィッグリーが考案したビジネスモデルだとされる。それまでの小売店では顧客と店員が対面して取引が行われていた。ウィッグリーはセルフサービス方式を導入することを通して，店員の削減や顧客1人当たりの対応時間の短縮などの大幅な合理化を実現し，こうした合理化の成果は価格として消費者に還元された。

　スーパーマーケットという名称が日本に初めて登場したのは，1952年に大阪の旧京橋駅に展開した「京阪スーパーマーケット」が最初であるといわれている。そしてスーパーマーケットを日本に広めたのがダイエーの創業者中内 功である。1957年彼が神戸市長田区に設立した大栄薬品工業は1959年に主婦の店に社名変更され，主婦の店ダイエーとしてチェーン展開していった。

　セルフ販売による商品の大量陳列と値引きによる薄利多売を可能にした小売形態は，高度経済成長の中を生きるわが国の消費者の圧倒的な支持を獲得するようになる。高度経済成長最中の1950年代に白黒テレビ，洗濯機，冷蔵庫の家電3品目が「三種の神器」として家計に普及し，1960年代半ばにはカラーテレビ，カー，クーラーが新三種の神器として家計に急速に浸透していった。

　こうした環境変化の中で家庭の主婦は毎日の食材の買物から解放され，自家用車でスーパーマーケットにでかけてワンストップショッピングをするという新しいライフスタイルが定着するようになった。それまでは個人商店をはしご

して必要な商品を揃えていたのが，スーパーにいけばそこで必要なもの全てが手に入るようになったのである。

　時代のニーズを満たしたスーパーはチェーンオペレーションを通して全国に店舗数を拡大し，各店舗の仕入を一括して行うチェーン本部は，大量仕入を背景としてより価格交渉力を強め流通チャネルにおける影響力を拡大させ，それまでメーカーや卸売業者が握っていた価格決定権にも強い発言力をもつ存在へと成長を遂げてきた。

　スーパーマーケットは，食料品から日用雑貨まで総合的なニーズを満たすようにデザインされた比較的大規模な小売店舗であり，レギュラーチェーン形態を採用しているケースが多い。多くの場合広い駐車スペースをもち，ワンストップショッピングやまとめ買いを可能にしている。

　その特徴はチェーン本部による大量仕入，商品を買い取って販売する買取仕入，薄利多売による低価格販売，セルフ販売方式，パート従業員の採用などによる経営コストの削減である。こんにちではセルフ販売方式は当たり前になっているが，スーパーマーケットの登場以前は，家庭の主婦の日課は買物かごをもって，肉や野菜，生活雑貨などの目的に応じて，それらを専門に扱う個人商店を訪れることだった。

　スーパーマーケットよりも規模が大きく，日常的に消費される食料品と非食料品を総合的に品揃えする小売業者をスーパーストアと呼び，この中には取扱商品の総合化，高級化，PB商品を取扱うゼネラルマーチャンダイズストア（General Merchandising Store：GMS），さらに大規模化を推し進めたハイパーマーケットが含まれる。ジャスコ，イトーヨーカ堂などはこの小売形態に属する。また，専門的サービスを伴う人的販売機能を併せもったスーパーストアをコンビネーションストアという。コンビネーションストアでは，生鮮食料品部門のほかに専用レジと専門販売員を配置したドラッグ部門やコスメティック部門をもち，顧客の相談に対応しながら商品を販売するケースが多い。

◆ 百 貨 店

　19世紀半ばの欧米において百貨店が出現した原因は，18世紀のイギリスに生起した産業革命が大量の製品製造を可能にしたことである。こうした製品を流通させるために商品市場が形成され，それらを消費者に販売するためにさまざまな専門店が生まれた。19世紀の半ばになると，それらの商品を一括に扱う小売店として，大きな建築物に多種多様な商品を陳列した百貨店が生まれた。世界で最初の百貨店は1852年のパリに出現した「ボン・マルシェ」だと考えられている。日本では1904年三越百貨店ができたのが始まりで，その後大手私鉄がそのターミナル駅に系列の百貨店をもつようになった。

　スーパーマーケットが登場するまでワンストップショッピングができるのは百貨店だった。こんにちのように複合商業施設やファミリーレストランがなかった1970年代まで，家族で外食を楽しむことができるのはデパートの食堂だった。

　百貨店は，衣料品，ホームファニシング，日用雑貨，家電，食料品などのほとんど全ての製品ラインを取り扱い，それぞれの製品ラインは専門のスタッフやバイヤーによって管理，運営される。商品仕入は売れ残った商品の返品が可能な委託仕入と，百貨店が所有権を所有せず売れた分だけを仕入に計上する消化仕入が中心である。

　商品販売はスーパーマーケットとは対照的に対面販売形式をとり，基本的に定価販売を行い行き届いたサービスと高級イメージを演出している。NB商品や高級ファッションブランドを取り扱う一方でその存在自体がブランドとなっており，わが国においては中元，歳暮といったギフト市場において大きなシェアをもっている。最近ではグルメブームの流れの中で高級料亭の弁当，総菜などの中食や全国のスイーツ，酒類を扱う地下食料品売り場，いわゆる「デパ地下」の充実を図る百貨店も少なくない。

　また百貨店は外商部門をもち，法人や多額の購入をする個人を対象に店舗外で直接顧客宅を訪問して商品を販売しているほか，インターネット販売にも進出している。外商部門の販売品目は，一般法人に対してはギフト品，販売促進用のノベルティ，店舗やホテルの食器や制服などの備品や客室などの内装デザ

インを取扱い，個人に対してはギフト品，高級ブランド品，高級食材，オーダーメイド商品などである。さらに各売場で商品展示を積極的に行うことでウィンドーショッピングなどの場として活用され，催事場で美術品，工芸品，名産品の展示会や販売会などをすることを通して集客を図ってきた。

しかしながらバブル経済の崩壊以降消費者の高級品に対する購買意欲は低下し，またスーパーマーケットの品揃えとサービスの充実，さらにはコストコやトイザらすなどの日本国外資本の進出に顧客を奪われ，勢力を伸ばしてきた家電量販店に売場面積の多くを賃貸したり，合併，業務提携を通した生き残りの模索が進んでいる。

また最近では通信販売を積極的に行う百貨店も増えてきた。これまでもギフト商品の通信販売はあったが，百貨店による本格的な通信販売事業への進出は行き届いたサービスと高級イメージというコンセプトとの両立が課題となる。

◆ 専門店

百貨店が取扱商品の豊富さを特徴にしているのに対して，狭い製品ラインと深いアソートメントを特徴とする小売業態が専門店である。具体的にはスポーツ用品，ホームファニシング，ペットショップ，フラワーショップ，カーディーラー，音楽ショップ，書店など文字通り特定の商品領域のみを取扱う。

専門店はその取扱う製品ラインの特徴からさらに細かく分類される。衣料品専門店を例にすると，衣料品専門店は単一ラインストア，紳士服専門店は限定ラインストア，ワイシャツ専門店はスーパースペシャルティストアとなる。同様に婦人服専門店は限定ラインストア，マタニティドレス専門店はスーパースペシャルティストアである。

◆ 家電量販店

家電量販店は家電製品という特定製品領域を取扱っているという観点からは専門店に位置づけられるが，その取扱商品の多様さや事業展開の特徴から独自のカテゴリーと考えてもよい。家電量販店は秋葉原や大阪日本橋を発祥とする

電器店やオーディオショップ，さらには新宿や池袋周辺に本店を置くカメラ専門店が巨大化し，家電を始め AV 機器とデジタルコンテンツ，パソコンとその周辺機器，携帯電話，カメラ，テレビゲームとゲームソフトなど電気を何らかの形で使用するほとんど全ての製品を取扱っている．最近ではオフィス用品から玩具，ファッションブランド商品，時計，書籍や酒類まで品揃えする小売店も少なくない．

　家電量販店にはターミナル駅周辺に店舗を構える大型量販店と，都市郊外に広い駐車スペースをもつチェーンストアがある．彼らは家電メーカーから大量に製品を仕入れることによって価格交渉力を強め，こうして仕入れた商品を少ないマージンで販売することで成長してきた．スーパーマーケットが人件費削減のためパート従業員を多用しているのに対して，同じ薄利多売を行っていても単価が高額な商品を扱う家電量販店の場合，その販売員は正社員で豊富な商品知識をもっているケースが多い．

　顧客獲得競争は激しくヨドバシカメラは顧客囲い込み手法の１つであるポイントカードを採り入れたパイオニア企業でもある．またインターネットプロバイダの各種サービス契約の勧誘を通して得られるインセンティブによって収益をカバーする戦略が採用されている．さらにパソコンの初期設定などの有償のサービスで利益を確保するなど，百貨店を除くほかの小売業態ではサービスを簡素化することで人件費を浮かしていることとは対照的である．

◆　ホームセンター

　ホームセンターは快適な家庭生活を自らの手で演出するための商品を総合的に品揃えする小売形態であり，日本では1969年，ジュンテンドーが島根県益田市にハウジングランド順天堂駅前店を開店したのが始まりである．そのための品揃えは建築資材，金物，工具，作業着，電気製品，ガス器具，インテリアならびにエクステリア用品，自動車用品，ホームファニシング，生活雑貨，日用品，玩具，園芸用品，農業資材，レジャー用品，ペット用品など DIY (Do It Yourself) に関連するあらゆる商品をアソートメントしている．取扱う商品の

性質上，郊外に広い売場面積と大型駐車場を備えた店舗形態である。

DIY 機能に加え，1990年代には家庭の設備機器などを使用者が購入し専門業者に取付けを頼む BIY（Buy It Yourself），そして2000年代に入って家庭の設備機器や専門業者の選定方法などをアドバイスする SIY（Supervise It Yourself）をサポートする役割を果たすようになった。

◆　ドラッグストア

ドラッグストアは大衆薬，化粧品，日用品を品揃えの柱として，ほかに健康食品や菓子類など生鮮を除く食品類，ベビー用品，介護用品などを取扱う小売形態である。薬事法の関係では処方箋による調剤を行う薬局，または薬剤師が常駐する店舗でないと扱えない大衆薬を販売する一般販売業，そして都道府県が行う薬種商試験に合格したひとが薬種商販売業の許可を受けて営業しているものが多い。

日本では一般販売業においても，営業時間内は店舗に薬剤師を配置することが薬事法および「薬局及び一般販売業の薬剤師の員数を定める省令」によって義務づけられている。1999年ならびに2004年の医薬部外品の範囲拡大に伴いドリンク剤や一部大衆薬が24時間営業を行う CVS でも取扱い可能となり彼らの売れ筋商品となっている。

現在では薬剤師の勤務時間の関係上営業時間に実質的な制約が生じているが，2009年施行の改正薬事法では登録販売者制度が創設され，登録販売者免許を取得すれば薬剤師でなくても一部を除いて医薬品が扱えるようになる。こうした規制緩和はドラッグストアの営業時間の変化に止まらず，多くの小売形態を巻き込んだ生き残りをかけた競争へと進行する可能性を秘めている。

CVS の大衆薬販売について考察すると，CVS とドラッグストアの相違はその豊富な品揃えと商品価格の安さである。値引きしない CVS と違いドラッグストアでは積極的に安売りする傾向も強く，特にサプリメント類やドリンク剤などの日常的に利用される健康増進を目的とした商品はまとめ買いを好む消費者に利用されている。またアルバイトを採用して人件費を抑えている CVS に

とって，有資格者の採用による大衆薬の販売は人材の確保の側面から困難であり，収益性の観点からもメリットは少ない。

最近ではホームセンターを始めとするほかの小売形態が同業種へと参入しようとする動きが活発で，こうした競争の激化に伴いドラッグストアチェーンのグループ化が進展し，共同仕入によるコスト削減や利益率の高いプライベートブランド商品（PB 商品）の開発が積極的に行われている。

◆ コンビニエンスストア

コンビニエンスストア（Convenience Store：CVS）は長時間営業，高回転の最寄品の品揃えを特徴とする30㎡から大きくても250㎡の小規模小売店である。1974年5月セブン-イレブン1号店が東京都台東区にオープンして以来，生活の24時間化，一人暮らし人口の増加，女性の社会進出を背景として急成長を遂げてきた。CVS の名称の由来は日用に供する商品＝コンビニエンス商品を扱う店という意味であったが，日本では利便性＝コンビニエンスの店とされている。

地域ごとにベンダーと呼ばれる配送センターを設置してその周辺に円を描くように多くの店舗を出店することにより配送コストを削減している。配送センターでメーカーや各流通業者からの商品を店舗のオーダーごとに仕分けして配送することで，商品の多頻度小口配送を実現している。多頻度小口配送を通して在庫を極力削減すると同時に限られた店舗スペースを有効に活用するために，バックヤード側から商品補充が可能なリーチインクーラーを設置するなどのさまざまな工夫がなされている。各店舗は1日5回程度の商品配達を受けている。

商品は必要な数量を随時発注することを通して不要な在庫をもたないことから，商品をストックしておくバックヤードを狭く設計でき，限られた店舗スペースを有効に活用できる。またバックヤード側から商品補充できるため，顧客側の商品ほど冷やされる仕組みのリーチインクーラーが設置されている。

商品価格は基本的にメーカー希望小売価格で販売され，食品については賞味期限が迫っても値引き販売されることはなく売れ残りは廃棄される。発注は電

子的に行われ1日に複数回納品されるもの，毎日納品されるもの，週3回程度納品されるものなどに分類される。

CVSではその限られた売場スペースに売れ筋商品を売れる数量だけ陳列することが求められるため，POSシステムを利用した商品情報の管理，分析が行われている。POSレジには購買者の属性を知るために男女と年代を入力するキーがあり，精算時に商品のバーコードをスキャニングしたあとこのキーを押さなければ完了できない仕組みになっている。

POSデータによる分析から長くても1ヶ月程度で売れ筋商品か死に筋商品かが判断され商品入れ替えが行われ，清涼飲料水の場合売れ筋商品上位3銘柄で当該カテゴリの売上の80％以上を占めるといわれている。

さきにふれた流通プロセスの要請からCVSはフランチャイズチェーンによる事業展開が一般的である。加盟店であるフランチャイジーから本部であるフランチャイザーにはロイヤリティが支払われる。ロイヤリティは原則的には売上額からその仕入原価を差し引いた粗利に一定の率を掛けた金額である。

ロイヤリティの料率はチェーンによって違いがあり店舗物件の所有形態，導入機器の違いなどによって大きく異なる。店舗経営者が店舗や内装を所有する場合料率は低いが，それでも大手チェーンの場合で粗利の35〜45％であり，特別に低い条件でも30％程度である。自己資金が少なく店舗を所有していない場合のロイヤリティの料率はさらに高くなる。

自己資金数百万円から開業可能であるがロイヤリティの大きさや，1年365日24時間の営業を考えるとその経営にかかる労力は小さくない。店舗運営はパートやアルバイトを前提としており，市中のCVSの数の多さ，頻繁に目にする開店と閉店の光景からもこのビジネスの厳しさを窺い知ることができる。

取扱商品は食料品と嗜好品，調味料，タバコ，生活用品，化粧品，下着，日用品，衛生用品，事務用品，文房具，官製はがき，切手，収入印紙，娯楽用品，音楽CD，DVD，ゲームソフト，イベントチケット，テーマパークのチケット，スポーツ振興くじ，新聞，雑誌，書籍，医薬部外品など幅広い商品をアソートメントする。

さらに，宅配便やゆうパックの取次，各種イベント，予約，発券，支払い，コピー，ファックス，各種料金，税金，社会保険料の収納代行サービスまで取り扱う。とくに，ATMの設置は利用者の利便性の向上につながる一方で詐欺の温床となり社会問題化している。

2007年5月2日の読売新聞によれば，セブン-イレブンとファミリーマートで2008年2月期に料金収納代行サービスの取扱高が物品販売の売上高を上回る見通しであると報じている。CVSは私たちのライフスタイルにとって欠かせない存在となっていることが窺えるニュースである。

セブンアンドワイの通信販売で書籍やDVDを購入した場合，利用者は商品の受けとりと代金の支払いを最寄りのセブン-イレブンで行うことができるだけではなく，セブン-イレブンの流通チャネルを使うため送料を負担しなくて済む。同様に，利用者がインターネットショッピングで購入した商品の代金決済をセブン-イレブンで行う場合は，商品を注文する際に支払い方法としてセブン-イレブンでの支払いを選択し，店舗でバーコードがついた払込票をマルチ端末からプリントアウトして支払うことが可能である。

1974年5月に1号店がオープンしたセブン-イレブンは，2000年7月には仮想商店にまで進化を遂げた。こんにち「セブン-イレブンネット」を運営するセブンドリーム・ドットコムは，業態，業界を超えたビジネスネットワークを駆使して，私たちの生活にセブン-イレブン店舗を中核とした新たなビジネスプラットフォームを構築してきたのである。

日本経済新聞社の行っている2007年度コンビニエンスストア調査によると，CVSトップのセブン-イレブンは全国で12,034店舗を展開し売上高2兆5,743億円，第2位のローソンは8,587店舗で売上高1兆4,151億円，3位のファミリーマートは6,691店舗で売上高1兆1,218億円である。日本におけるCVS総数は4万4,542店舗で売上高の合計は8兆円を上回ることが示されている。

CVSは2008年現在47都道府県で約4万5,000店舗展開し，中でも24時間365日営業しているCVSはわが国における新たな社会的インフラストラクチャーとしての役割が期待されている。

◆ 100円ショップ

1990年代に入って新たに登場してきた小売形態で，日本における資産価格のデフレーションを背景に急速に成長してきた。文字通り店舗内の商品を1アイテム100円で販売する小売形態で，広島県東広島市に本社を構え「ザ・ダイソー」を展開する大創産業創業者の矢野博丈がパイオニアである。

製品原価を1銭単位で引き下げるために製品を海外メーカーへ数百万単位での一括製造委託し，コストを限界まで抑えるために船舶を用いた輸送に依存している場合が多い。100円の辞書や漫画本はコンテナ単位で納入され全国のチェーンへ配送される。

大創産業の取扱商品にはNB商品も多数存在している。製造業者サイドは同様の製品の容量を調整するなどしてほかの流通チャネルへ出荷する製品との差別化を図っている。

大創産業がチェーン展開するダイソーが市場を開拓すると，その後キャンドゥ，セリア，ワッツといった企業が参入してこの小売形態は全国に拡大していった。

規模の経済を最大限活用した製造と調達の仕組みは情報システムには馴染まず，POSシステムの導入は遅れている。CVSがPOSシステムを活用して売れ筋商品を売れる数量だけ仕入れるのとは対照的に，チェーン本部が大量製造大量発注した商品を大きなロットで仕入れて販売するのが特徴である。

◆ オフプライス小売業

オフプライス小売業はディスカウントストアがグレードアップするようになって登場してきた新たな小売形態であり，通常の卸売価格よりも安く商品を仕入れ一般の小売業者よりも安く販売する。その仕組みは売れ残った商品，販売中止商品，生産過剰商品，規格外商品を製造業者あるいはほかの流通業者から仕入れることで成立する。

ファクトリーアウトレットはメーカーが所有し経営している店舗で，自社の生産過剰品，規格外商品を販売する。これに対して，独立オフプライス小売業

は小規模の独立小売店あるいは大規模小売チェーンの子会社として運営される。ファクトリーアウトレット，オフプライス小売業の集積をアウトレットモールという。

◆ カタログショールーム

あまり見慣れない小売業態であるが，カタログショールームは高マークアップ率，高回転率のNB商品を低価格で販売する。商品のディスプレイはなく顧客はショールーム内でカタログを見て商品を注文し，商品はショールーム内の保管場所から取りだされる。陳列を省き商品説明サービスを行わないことによってコストを削減し，低価格での商品提供を可能にしている。

◆ 消費生活協同組合

消費生活協同組合は消費者が資金を出しあうことによって設立された小売組織である。一般家庭の主婦を主体とした地域生協と学校や職場を主体とした職域生協があり，事業としては商品全般の共同仕入から小売までを手掛け生活物資の共同購買活動が中心である。日本生活協同組合連合会（日本生協連）や全国生活協同組合連合会（全国生協連），都道府県単位の生活協同組合連合会，全国大学生活協同組合連合会などの団体が存在するが，それぞれの生協の独立性は比較的高い。

かつては近所の主婦による共同購入に特徴があったが，こんにちでは生協ショップ（CO-OP）での店舗販売が中心となっていた。最近になって会員（出資者）向け通信販売サービスの利用者が増加してきている。

◆ サービスビジネス

サービスビジネスは製品ラインが無形のサービスであるビジネス形態をいう。具体的にはファミリーレストラン，ホテル，銀行，航空会社，大学，病院，映画館，テニスクラブ，理容店，美容室，クリーニング，動物園，水族館，遊園地，エステ，ネイル，マッサージなど多様である。

提供する商品は純粋なサービスから純粋な有形財まで程度の差がある。ホテルは宿泊というサービスを提供するためにベッドルーム，テレビ，シャワー，空調設備などの有形財を使い，航空会社は移動というサービスを提供するために航空機という有形財を使用する。ファミリーレストランは食事や飲み物といった有形財を提供するが，座席への案内，飲料水の提供，オーダーから配膳までのサービス，そして家族や友人と過ごす空間を提供してくれるサービスビジネスである。サービスの割合が相対的に高いビジネスとしては理容，美容，マッサージなどが挙げられる。

◆ 製造小売業

製造小売業（Specialty Store Retailer of Private Label Apparel：SPA）とは，アパレル業界で製造業者自らが直接消費者に販売する小売店をもつ業態である。SPAではサプライチェーンの全てのプロセスを自社グループ内で行っている。すなわち，この業態では製品の企画から製造，流通，販売までを自社で手掛けることから，マーケットニーズに対応した迅速な製品開発，適時適量生産，流通コストの削減による低価格設定が可能である。アメリカのGAP，わが国のファーストリテイリングがこの方式で急成長した。

かつては，ファーストリテイリングがカジュアル衣料品ブランドの「ユニクロ」を展開していたが，2005年11月に衣料品の製造，小売に関する営業を会社分割により完全子会社のユニクロに承継し，ファーストリテイリングは事業持株会社になっている。

アパレル業界でSPAが発展した理由としては，ファッション性が高いことからPLCが短く，デザインや価格などによって売れ行きが大きく変わるため，製品の売上予測がたてにくいことが挙げられる。また，商品の発注から店頭に並ぶまでに時間を要するため，売れ筋商品は欠品しやすい一方で売れない商品は在庫過剰に陥ってしまう。アパレル業界は百貨店を中心として委託販売が主流であり，多めに仕入れて売れ残りは返品するというスタイルであったが，売れ残りのリスクは最終的に消費者価格に上乗せされることから相対的に高い価

格設定になっていた。SPAは，業界が抱えるこうした問題点を打開する仕組みとして成長してきたのである。

図 7-2　SPA（Specialty Store Retailer of Private Label Apparel）の仕組み

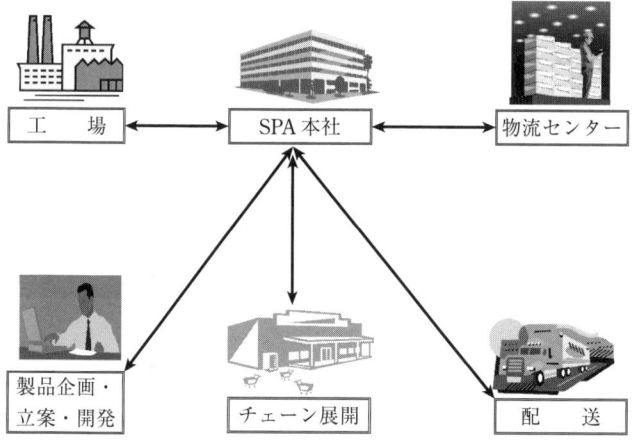

工　場　←→　SPA本社　←→　物流センター
製品企画・立案・開発　／　チェーン展開　／　配　送

● 無店舗小売形態

小売形態には，店舗を構えて消費者に商品やサービスを提供する有店舗小売形態のほかに，店舗を構えることなしに商品やサービスを販売する無店舗小売形態がある。

◆ 通信販売

通信販売は，消費者に対してカタログ，雑誌，新聞，テレビ，ラジオ，電話，ファックス，ホームページなどの告知媒体を通して商品情報を提供し，消費者が注文した商品を直接彼らに配送する販売方式をとる小売形態である。その告知媒体ごとにターゲットとなる顧客と情報の伝達速度に違いが現れる。例えば，テレビ，ラジオは，幅広いターゲットに向けて毎日，リアルタイムで情報が発信可能であるのに対して，カタログは，そのターゲットを自由に設定できるが，

情報伝達のスピードは上記媒体には及ばない。

　最近では，現代人のライフスタイルの変化，取扱商品の多様化，そして情報通信インフラの整備，PCの普及，宅配便サービスの充実，決済手段の多様化とも相まって，通信販売を専門に行う小売業者のほかにも，大手百貨店，スーパーマーケットのインターネット通信販売への参入が一般的になっている。

◆　ダイレクトセリング

　ダイレクトセリングには，訪問販売，職域販売，パーティー販売の3つの形態があるが，いずれも小売業者が消費者のところに赴いて商品を直接販売する小売形態である。訪問販売と職域販売の違いは販売員が自宅を訪問するか職場を訪れるかの違いである。ダスキンやヤクルト，生命保険会社などは，訪問販売と職域販売の両方が行われている。パーティー販売では，販売員が知人，友人，近所のひとびとを集めたホスト役のひとの家に赴き，商品の説明，販売が行われる。

　ダイレクトセリングの販売方式では販売員の報酬が価格に転嫁されることから，商品の価格は相対的に高くなる。同じ無店舗小売形態でも，ダイレクトセリングは通信販売とは反対に，現代人のライフスタイルと現代人のマインドにあわないことから縮小傾向にある。現代人は自宅や職場に来られること嫌う傾向がある。

◆　自動販売機販売

　私たちの身近な存在である自動販売機販売は無店舗小売形態の1つである。自動販売機で取り扱われる商品は，酒，タバコ，清涼飲料水から，アイスクリーム，コメ，保険証券にいたるまでバラエティーに富んだ品揃えが可能である。その運営にあたっては，設置商品販売業者と自動販売機専門販売業者からの委託を受けて，自動販売機運営業者が設備，補充，保守，点検，代金回収を行う。

　自動販売機販売の特徴は，駅，道路から，店舗前，オフィスのロビー，工場，ガソリンスタンド，電車内までさまざまな場所で24時間の販売が行える点にあ

る。しかしながら，その運営コストから商品は相対的に高く設定され，機械の故障や品切れ，返品ができないといった側面もあわせもっている。

7-4　百貨店とスーパーマーケットの比較

　百貨店とスーパーマーケットの違いについて考えてみる。初めに店舗運営は，百貨店が主に公共交通機関の主要駅に隣接して，巨大な売場面積をもった高層ビル型であるのに対して，スーパーマーケットはチェーンオペレーションによる多店舗展開による売上の拡大を行ってきた。商品の仕入形態は，スーパーマーケットは百貨店のように委託仕入や消化仕入は行わず，大量買取仕入を行うことを通してコストの削減を目指している。

　そして大きな違いはその販売形態である。百貨店は店員が応対する対面販売なのに対して，スーパーマーケットではセルフ販売方式が採用されている。取扱商品と販売価格は，基本的に百貨店がNB商品を中心に定価販売を行うのに対して，スーパーマーケットはNB商品のほかにPB商品も取り扱い，恒常的にディスカウント販売が行われている。

　アソートメントは，百貨店は文字通りありとあらゆるものが揃っており，例えばデパ地下では全国各地の珍しい食材を買い揃えることができる。それに対

表7-1　百貨店とスーパーマーケットの比較

	百貨店	スーパーマーケット
店舗運営	売場面積の大規模化	多店舗展開
仕入形態	委託仕入・消化仕入	買取
商品	NB商品中心	NB商品・PB商品
販売形態	対面販売	セルフ販売
価格	定価販売	低価格
アソートメント	百貨	総合・専門
イメージ	高度サービス・高級感	価格訴求

してスーパーマーケットは，総合化と専門化の2極化が進んでいる。総合化したスーパーマーケットも規模は大きいが，1店舗当たりの売場面積では百貨店にはかなわないため，売れ筋の商品を中心とした品揃えとなる。一方で特定の商品領域に特化したスーパーマーケットも存在する。そのほとんどは食品スーパーで，この形態は価格訴求を前面に打ち出した事業展開を行っている。

7-5 小売業者のポジショニング

小売形態は取り扱う製品ラインの数で表される「製品ラインの幅」と，特定製品ラインの製品アイテム数で表される「製品ラインの深さ」，そして提供する「付加価値」から，マーケットにおけるポジショニングが異なっていることがわかる。

百貨店はPMの幅が広くてその深さも深い。その対極にあるのが個人商店である。専門店はPMの幅は狭いが，特定製品ラインの品揃えはほかの小売形態と比較して充実している。また，CVSは売れ筋商品を中心に広く浅いアソートメントを行っている。

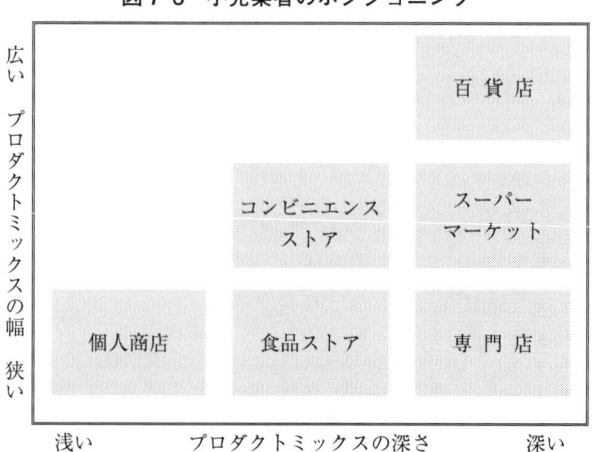

図7-3 小売業者のポジショニング

	プロダクトミックスの深さ	
浅い		深い
		百貨店
	コンビニエンスストア	スーパーマーケット
個人商店	食品ストア	専門店

(縦軸：プロダクトミックスの幅　広い⇔狭い)

7-6　チェーンオペレーション

　チェーン経営の特徴は，特定地域への集中的出店が可能にする店舗運営のコスト削減と大量販売を実現するドミナント効果，返品なしの大量仕入によるバイイングパワーの発現，物流センターの設置によるジャストインタイム物流体制が挙げられる。RC は同一企業の多店舗展開であり，チェーン本部が品揃え，売場レイアウト，店舗管理システムを標準化，マニュアル化して販売店の経営を統括してマネジメントしていく。

　VC は経営的に独立した小売業者のグループであり，商品の仕入，共同広告などのプロモーションで連携し，グループとしてある程度の経済の共通性と統一性を保ちながら全体の成長と発展を目指している。

　つぎに FC は，資本と経営ノウハウをもったチェーン本部であるフランチャイザーと，独立小売店であるフランチャイジーとの間のフランチャイズ契約に基づいて展開されるチェーン形態である。フランチャイザーは，自身の商標お

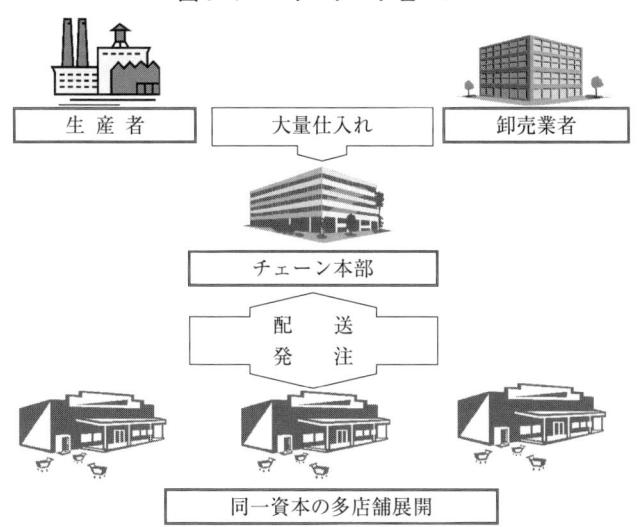

図7-4　レギュラーチェーン

よび経営のノウハウを用いて同一のイメージのもとに商品販売そのほかの事業を行う権利を与え，フランチャイジーはその見返りとして一定のロイヤリティ

図7-5　ボランタリーチェーン

図7-6　フランチャイズチェーン

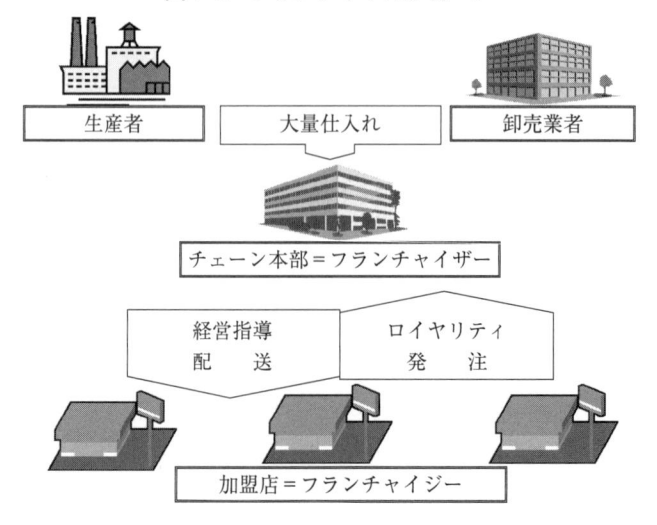

を支払うことを前提に，事業に必要な資金を投下してフランチャイザーの指導のもとに事業を行う小売形態であり，CVS，ファストフード店にこの形態が多く見られる。こうした FC と，RC，VC などのほかの契約型システムとの相違点は，フランチャイジーが，フランチャイザーの開発した独自商品やサービス，事業方式，商標名，特許を基礎としている点にある。

7-7　小売業態の変遷

● 小売業態の変遷

　こんにち，消費者はさまざまな形態の店舗で商品やサービスを購買することができる。かつては存在しなかった小売形態が誕生する一方で，その姿を消していくものもある。Davidson＝Bates＝Bass (1976) によれば，小売業態は誕生から成長，成熟，そして衰退の小売のライフサイクルを描くとされる。これまでの業態は成熟するまでに多くの年月を要したが，こんにち誕生する新たな業態は，それが私たちのライフスタイルに合致すれば成熟までのスピードは速い。百貨店は成熟までに80年を要したが，CVS やバーチャルショップを見れば，その成長スピードが著しく速まっていることがわかる。Hollander (1960) によれば，新しい小売形態が既存のそれらを脅かす論拠は小売の輪の仮説で説明される。

　成熟期に入って競争相手がいなくなった小売業態は，やがてサービスを高めて価格を上げることでコストをまかなうようになる。こうして高くなったコストが，少ないサービスで低価格の商品を提供する新しい小売業態が誕生する土壌を養成することになる。新しい小売業態は，提供サービスを抑え，設備も簡素化するなど革新的なローコスト経営を実現して既存の小売業者よりも低価格を訴求する形で市場に登場する。こうしたマーケットに現れた革新的な小売業者は，価格競争を通して既存の小売業者の顧客を奪って成長し，やがて市場での地位を確立するのである。

新たな可能性をもったマーケットには，同様の仕組みで低価格を実現した多くの追随業者が参入し，競争が激化していくことになる。彼らは価格面では勝負できないため，サービスやアソートメント，そして設備の向上などによる差別化を通して競争上の優位性を模索するようになる。その結果，彼らがマーケットに登場したときのローコスト経営はやがて忘れ去られ，つぎなる革新的企業が誕生する土壌を形成していくという考えである。このように，「輪」が一回りするごとに新たな革新的業者が登場し，小売業の革新が進んでいくというのが小売の輪の理論である。

1957年に中内 㓛が神戸市長田区に設立した大栄薬品工業は，価格破壊を謳って主婦の店ダイエーとして全国にチェーン展開していき，1970年代に百貨店の三越の売上を抜き去るが，その後の成熟過程でGMSは百貨店と同じような業態となり，そこへマーケット機会を見いだした家電量販店やドラッグストアなどのカテゴリーに特化して低価格を訴求する革新的業者が登場してきた。

小売業態に関する考え方としては小売の輪の理論のほかに，Gregor＝Eileen（1982）が，製品や商品に付随するサービスレベルやサービスそのものに関する消費者の選好に対応する形で新たな小売業態が登場するとして，小売業のポジショニングマップを提示している。

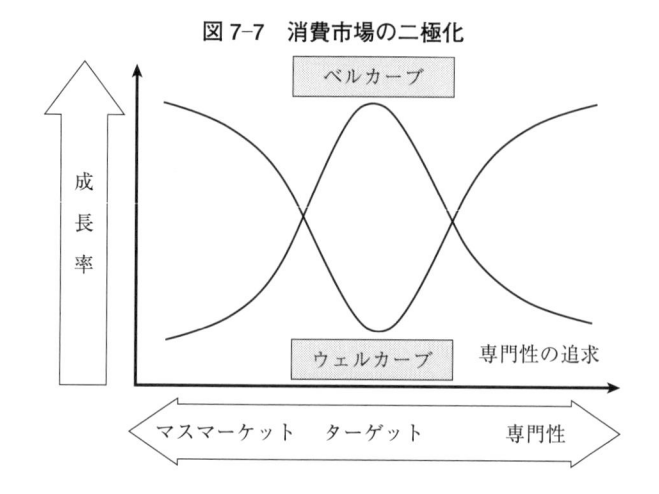

図7-7 消費市場の二極化

また，小売業態の盛衰を考える際にはマクロ環境を考慮に入れる必要がある。こんにちのわが国のマーケットにおける消費動向は二極化し，ウェルカーブを描いている。すなわち，ウェルカーブを描くマーケットで有効な総花的なアソートメントを行っても，消費者のニーズを満たすことができないのである。

● 小売業者の集積

　小売業者は基本的には単独で事業を行っているが，小売業者同士が集積して集客力を高め売上における相乗効果を目指すことも珍しくない。小売業者の集積は大きく物理的集積と資本的集積の2つに分けることができる。そして物理的集積は，その形成プロセスから自然的集積と人工的集積の2つに分類される。

　自然発生的な物理的集積は商店街である。主要交通機関の駅前を中心にして，その乗降客をターゲットに個人経営の小売店や，銀行やコーヒーショップ，ファストフードのチェーン店が集積しているのが特徴である。これに対して，ショッピングセンターはデベロッパーによって作為的に創られ，GMSやホームセンターなどのキーテナントを中心として一般テナントが集積し，商品販売の相乗効果を狙う商業集積である。特に，特定の商品カテゴリーにおいて圧倒的な商品力と価格訴求力を有したハイパーマーケットやホームセンターなどがキーテナントとなる場合，パワーセンターと呼ばれることもある。

　こうした小売形態の地理的集積に対して，1つの資本のもとに複数の小売形態を統合し，いくつかの流通およびマネジメント機能を共有した企業体をマーチャンダイジングコングロマリットという。

　イオンは，国内外に155のグループ企業を擁するマーチャンダイジングコングロマリットである。傘下にある企業には私たちの身の回りにある企業も多い。イオングループには，GMSのジャスコ，マイカル，スーパーマーケットのマックスバリュ，ジョイ，専門店のタカキュー，オリジン東秀，CVSのミニストップ，ドラッグストアのウエルシア関東，ホームセンターのサンデー，ホーマック，サービスビジネスのイオンクレジット，イオンファンタジーなどがある。また，イオンはデベロッパーのイオンモールを使って，全国に大型ショッ

ピングモールを展開している。

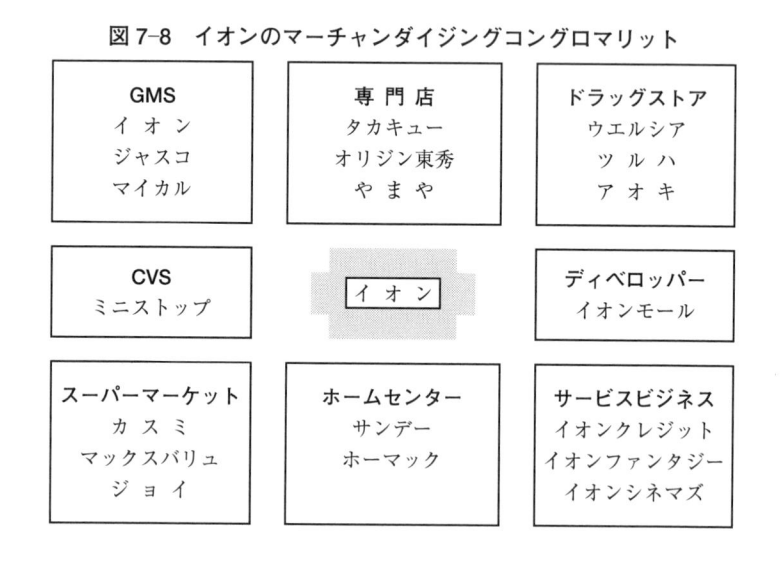

図7-8 イオンのマーチャンダイジングコングロマリット

GMS イオン ジャスコ マイカル	専門店 タカキュー オリジン東秀 やまや	ドラッグストア ウエルシア ツルハ アオキ
CVS ミニストップ	イオン	ディベロッパー イオンモール
スーパーマーケット カスミ マックスバリュ ジョイ	ホームセンター サンデー ホーマック	サービスビジネス イオンクレジット イオンファンタジー イオンシネマズ

7-8 配送業者

　全国をカバレッジとする社会的インフラとして宅配便ビジネスがある。宅配便ビジネスにも，1999年に入って変革の大きなうねりが起こっている。そのトリガーとなったのがインターネットショッピングである。インターネットがどんなに発展しようとも回線の中を商品が行き来することはできない。そこで現実に商品を仲介してくれるパートナーとして，宅配便マーケットが急成長を遂げているのである。

　こんにち宅配便がない生活は考えられない。また，宅配便産業が存在しなければ，「楽天」を始めとする仮想商店街は存立し得ないのである。

　宅配便ビジネスのパイオニアであるヤマト運輸がこの事業を始めるまで，小荷物の配送は郵便小包が一手に執り行っていた。1976年にヤマト運輸が「宅急便」を始めて以降，宅配便市場は急成長を遂げ，その後日本通運の「ペリカン

便」，西濃運輸の「カンガルー便」，フットワークエクスプレスの「フットワーク便」，佐川急便の「佐川急便」などが参入している。

国土交通省（http://www.mlit.go.jp/）によれば，2006年の宅配便取扱個数は前年比0.4％増の29億3,919万個であり，「宅急便」，「佐川急便」および「ペリカン便」の上位3社で全体の87％を占めている。そのうちトラック運送は29億794万個，航空等利用運送3,125万個であり，便名ごとのシェアを見ると，トラック運送については上位10便が全体の99.8％を占めており，さらに「宅急便」，「佐川急便」および「ペリカン便」の上位3便で87％を占めている。また，メール便取扱冊数は23億1,011万冊である。

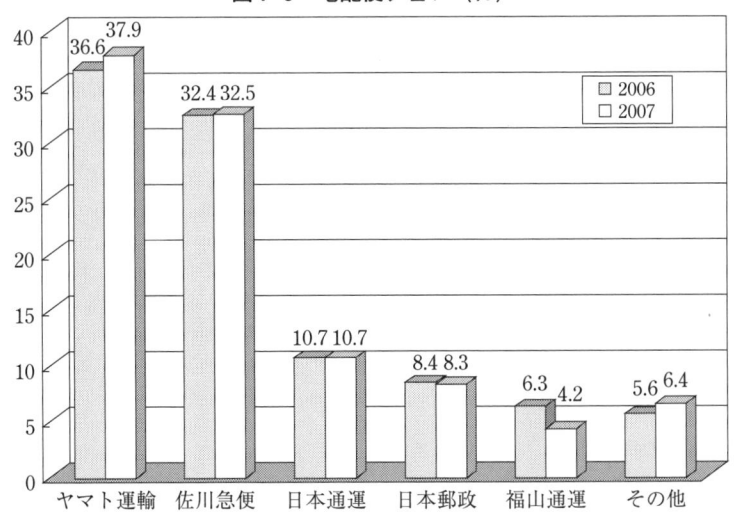

図7-9 宅配便シェア（％）

	2006	2007
ヤマト運輸	36.6	37.9
佐川急便	32.4	32.5
日本通運	10.7	10.7
日本郵政	8.4	8.3
福山通運	6.3	4.2
その他	5.6	6.4

ヤマト運輸は宅配便ビジネスのパイオニアであるばかりでなく，多くの新サービスを開発してきた。1983年に「スキー宅急便」，翌1984年には「ゴルフ宅急便」サービスを開始し，1987年には生鮮食料品の輸送を可能にした「クール宅急便」，そして1998年には「時間帯お届けサービス」を導入する。こんにち離島を含め同一のサービスを提供できるのはヤマト運輸だけであるが，最近に

なって2位の佐川急便がシェアを伸ばしてきている。

ただし，短時間での輸送を実現した「スーパーペリカン便」，「飛脚航空便」および「宅急便タイムサービス」などの航空利用運送については，日本通運が最も早く商品を開発している。その背景には，同社が航空輸送におけるインフラストラクチャーが最も充実した会社であることがある。

ヤマト運輸は，1919年に設立された日本におけるトラック輸送のパイオニア企業である。東京─横浜間に日本初の小型貨物輸送の定期便を設けたのを皮切りに，1936年までに関東全域に貨物定期便網を整備する。そして，戦後になって海運や航空貨物へも進出して，関東を基盤として総合物流会社へと成長を遂げる。しかしながら，1970年代になると輸送業者間の顧客獲得競争が激化し，1973年の石油ショックを契機に同社の業績不振は深刻になる。

こうした環境下，1976年に「宅急便」という商品名で宅配便事業を開始した。創業者である小倉康臣氏の後を継いだ小倉昌男氏は，三越と松下電器産業（現パナソニック）という二大取引先との取引を停止し宅急便という1つの製品ラインに特化したのである。

宅配便ビジネスの成功の鍵は全国を網羅するネットワークの構築にかかっていた。ヤマト運輸の宅急便の成長は，当時の運輸省が管轄する許認可との戦いでもあった。1989年までトラック運送事業は「道路運送法」の規制を受けていたため，同社が宅配便の全国ネットワークを構築するためには全国的に免許を取得する必要があった。しかしながら，当時この免許を取ることは困難を極めた。申請地域の同業者の反対があれば容易に免許は交付されず，申請から結論までの手続き自体にも数年の年月を要していた。日本各地の免許申請でこうした事態が相次いだが，結局ヤマト運輸の信念と社会の要請を受けてこんにちのネットワークの構築を達成した。

もう1つの壁は現在も横たわっている。それが信書問題である。総務省は，郵便法第5条（事業の独占）を根拠に宅配便業者による企業のDMなどの取り扱いの禁止を主張している。郵便法第5条は，特定の人に対し自己の意思を表示しあるいは事実を通知する文書（信書）の配達は法律で国の独占とされてい

ることを謳っている。現在のところ，キャッシュカードやクレジットカードの配送は郵政省が一手に行っているが，この信書の解釈をめぐって現在も論議が続いている。

　宅急便は小型集配車を使って一般家庭からだされる荷物を集荷し，セールスドライバーがポータブルポス端末で伝票のバーコードを読み取った後，それらをセンターを経由してベースに集める。その間仕分けが行われた荷物は方面別に全国各地のベースへ輸送され，そこで各配送センターごとに仕分けされる。配送センターに届けられた荷物は小型集配車に積み替えられ，目的地である各家庭へ配送される仕組みである。

　こんにちでは商品の配送に止まらず，自らをｅ-通販ソリューションカンパニーと位置づけて，受注から配送，決済，追跡，商品管理まで通信販売業務における全てをヤマトグループで提供している。

8　プロモーション

　アメリカ最大のスポーツイベントで毎年2月の第1日曜日に開催されるNFLスーパーボールのテレビ放映時間に流されるCM料金は，30秒間で2億円を超える。これまでのテレビ平均視聴率が40％を超え，1億4,000万人が視聴するテレビ放映権利金は2,500億円であり，これはブータンの1年間のGNPに匹敵する。

　FIFAワールドカップは，テレビの視聴者数ではオリンピックを凌ぐ世界最大のスポーツイベントである。4年に1回開催される同大会の世界での視聴者は延べ360億人を超えるとされ，決勝戦にいたっては10億人が観戦するといわれている。また，グラウンドで観戦する観衆だけでも，延べ300万人を超える。それは，オフィシャルパートナー，オフィシャルサプライヤーを始めとする協賛企業が全世界にその存在をアピールする場でもある。

　FIFAと契約を結んだオフィシャルパートナーは世界規模での広告活動の権利を獲得し，オフィシャルサプライヤーは1業種1社で国内での広告展開の権利をもつ。公式スポンサー企業は，大会の公式マークなどを使用したコミュニケーション活動を通じて，自社あるいは自社製品に対するグローバルかつ一流なイメージを世界中の消費者に発信していくことができる。

　ワールドカップのグラウンドのピッチを取り囲むように並んだ看板の中に，「TOSHIBA」と「FUJIFILM」があった。この名前を全世界の人びとが目にする効果は計り知れない。

　マンハッタン島の42丁目とブロードウェイの交差点を中心にした繁華街，Times Squareの広告ボードで，1971年9月に発売され200億食を販売してきたメジャーブランド，カップヌードルは10年間湯気をあげ続けてきた。そのコストは1ヶ月約3,000万円である。

　プロモーションは私たちの生活のいたるところに関わっている。朝目覚めて

テレビをつけると無意識のうちに広告に触れる。通勤通学の途上には無数の企業広告が建ち並び，公共交通機関の社内には中吊り広告がある。中には電車やバス，タクシー全体が広告でペイントされている。このように，意識するとせざるにかかわらず私たちは企業のマーケティングの中に置かれているのである。

8-1　プロモーションミックス

　マーケティングとは，自社のプロダクトを，反復的に，継続的に，購買してもらうための活動であった。そのためには，ニーズを満たす製品を製造し，意味のある価格を設定して，利便性のあるチャネルを構築するだけでは不十分である。企業は，マーケットや利害関係者との間でコミュニケーションを果たして，自らの製品のプロモーションを行っていく必要がある。

　プロモーションの役割は，消費者に製品や商品，サービスに関する認知を与えると同時に，彼らの注意喚起から購買行動への移行プロセスを短縮することにある。消費者にプロダクトを購買してもらうためには，まず第1にそのプロダクトを認知してもらわなければならない。当たり前ではあるが消費者は知らないプロダクトを買ってくれない。消費者は知っていることで安心するのである。ただし，知っていることとそのプロダクトの品質や機能を理解していることとは別である。したがって，つぎに企業は自らのプロダクトを理解してもらうようにマーケットに働きかける。消費者がプロダクトを理解した時点でそれは消費者の購買の選択肢に入ることになる。

　しかしながら，マーケットには同様の消費者の特定のニーズを満たしてくれる代替品が多数存在する。それらの多くの選択肢の中から自社のプロダクトを選択してもらうためには，プロダクトの好感度を高めて彼らに選好してもらわなければならないのである。仮に消費者の好意を得て，自らのニーズを満たすものとして自社のプロダクトを選好してくれたとしても，彼らは必ずしもそれらを購買してくれるわけではない。そこで，彼らにその購買行動が正しいと確信させ，実際に購買行動をとらせるように働きかけなければならないのである。

こうした消費者の認知から購買にいたる態度変容プロセスを示す概念としては，AIDMA モデルがある。

　プロモーション主体は，消費者に自社製品を購買してもらうためにメディアを通してメッセージを発信する。ここで注意しなければならないことは，メッセージが必ずしも発信者の意図した通りに，しかも正確に伝わるわけではないということである。例えば，私たちがテレビ CM を見ていたとしてもその中で記憶に残っているものはほとんどないし，仮に何らかの CM が印象に残ったとしても，私たちは獲得したメッセージを自分の思考の枠組みの中で解釈する。さらには，解釈されたメッセージでさえ，それが記憶に残るとは限らない。そして人びとは，こうしたプロモーション主体が複数のメディアを通して発信するさまざまなメッセージを，マーケットの評判やクチコミ，さらには競合他社のプロモーションが氾濫する環境の中で受けとっているのである。

　企業は，こうしたプロセスを理解した上で，ターゲットマーケットに対して，メッセージを，効果的，効率的に届けるための努力を行うことになる。そのための視点として，ミクロの視点とマクロの視点を考慮しなければならない。

図 8-1　消費者の購買プロセス

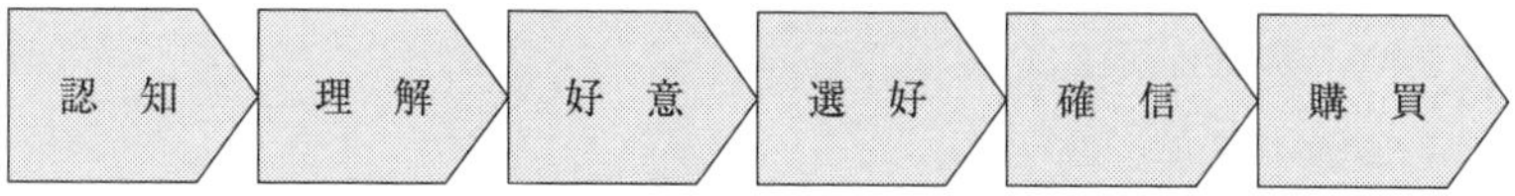

認知　＞　理解　＞　好意　＞　選好　＞　確信　＞　購買

図 8-2　AIDMA モデル

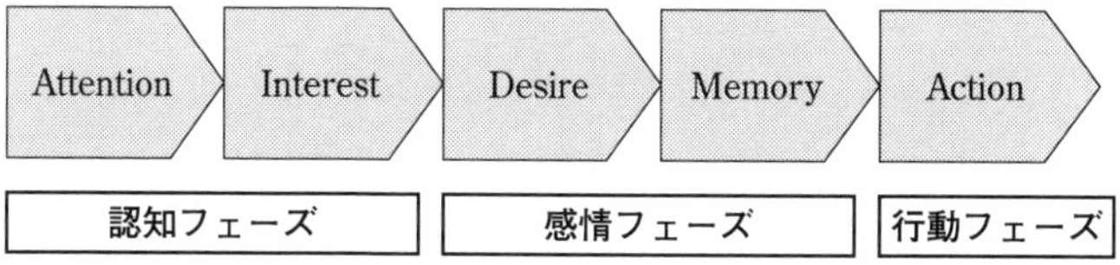

Attention　＞　Interest　＞　Desire　＞　Memory　＞　Action

認知フェーズ　｜　感情フェーズ　｜　行動フェーズ

図8-3 プロモーションプロセス

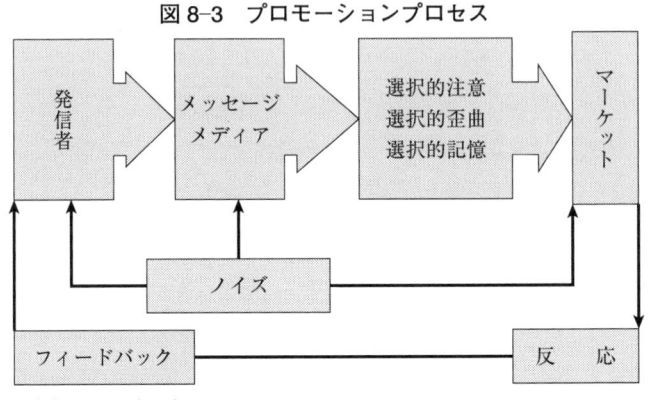

発信者 → メッセージ メディア → 選択的注意 選択的歪曲 選択的記憶 → マーケット

ノイズ

フィードバック　　反応

出典：Kotler（1999）

　日経広告研究所（2007）によると，2006年度の有力企業の広告宣伝費総額は前年度比1.59％増の3兆5,742億6,200万円。上場企業に限った場合の広告宣伝費は同1.35％増の3兆1,820億1,000万円であり，2005年度との比較では，有力企業，上場企業とも伸びは鈍化したもののどちらも3年連続の増加となっている。

　個別企業の広告宣伝費を見ると，1位はトヨタ自動車で前年度比2.35％増の1,054億1,200万円で，2006年度に引き続き1,000億円を上回る広告費を計上している。3位の本田技研工業も同8.50％増の815億8,000万円，7位の日産自動車は同1.71％増の480億6,900万円となり，いずれも国内販売が低迷したことなども影響して広告宣伝費はあまり伸びなかった。

　一方，2位の松下電器産業（現パナソニック）は同4.83％増の831億300万円，9位のシャープは薄型の大型テレビやDVDプレーヤーなどデジタル家電市場が活況で競争も激しいことから，積極的な広告宣伝活動を展開したことが広告費の増加につながっている。こうした状況は，2006年10月から事業者を代えても番号は変らないモバイルナンバーポータビリティー制度の導入に伴い，過半数を超えるシェアを握るNTTドコモからシェアを奪おうとするKDDIやソフトバンクモバイルが広告宣伝攻勢を積極的に展開したことによるものと考えられる。

小売業ではイトーヨーカ堂やイオンが上位に入っている。20位には入らないが，家電量販店のヤマダ電機は全国的な店舗展開に伴い広告宣伝活動も積極的に行ったことから，同20.42％増と高い伸びを示して22位にランクを上げた。

上場企業の広告宣伝費を業種別に見ると，全36業種のうち小売業，食品，電気機器，自動車など18業種が前年度を上回り，その他金融，化学，医薬品，保険など18業種がマイナスとなった。広告宣伝費額が大きな上位10業種では，増加した業種が小売業0.76％増，電気機器2.50％増，自動車1.09％増，サービス2.74％増，通信17.41％増となる一方，減少業種は化学7.30％減，不動産1.77％減，医薬品0.29％減，その他金融12.18％減だった。

企業はプロモーションに配分された経営資源を，プロダクトを導入する市場に応じて広告，販売促進，パブリックリレーションズ，人的販売，ダイレクトマーケティングといった各種のプロモーションスキルに分配することを通して，自社製品の拡販を図っていく。この組み合わせをプロモーションミックス，あるいはマーケティングコミュニケーションミックスという。その際，企業は需要の景気変動，季節変動に対応してどのように予算の配分を行うのかというマクロの視点と，プロモーション効果最大化を図るためにはどのように予算の配分を行うのかというミクロの視点を考慮しなければならない。

プロモーションの予算算出の手段にはいくつかの方法がある。代表的なものをいくつか紹介する。売上高百分率法とは売上高の一定比率を広告予算に配分する手法である。したがって，売上高が増加すれば広告予算も増えるが，逆に売上高が減少すれば，広告予算もそれに伴って削減される。同様に利益百分率法とは，利益の一定割合を広告予算に配分する手法である。つぎに，販売単位法とは，製品やサービスの1単位に対して一定金額を広告予算に配分する手法である。例えば，新型洗濯機1台に対して1,000円の広告費を設定した場合，この製品の販売目標を当該年度10万台とした場合の広告予算は，1億円である。任意増減法とは，あえて科学的な論拠をもたず自らの経験や勘に基づいて広告予算を決定する手法である。

そして支出可能額法とは，企業が置かれている経営環境の中で支出可能な広

告予算を設定する手法である。例えば，今後成長が予想されるマーケットにおいて単年度での採算を度外視してマーケットにおける自社の地位を確立したい場合などに用いられる。競争者対抗法とは，市場における自社製品の競合他社の広告コストを参考にして，自社の広告予算を策定する手法である。この手法を採用することを通して，企業は現状の市場でのパワー構造を維持することができる反面，企業目標や製品の販売目標とは一線を画することになる。最後にタスク法とは，設定された目標を達成するために必要な広告予算を策定する手法である。

表 8-1　2006年度広告宣伝費

順位	会社名	広告宣伝費（百万円）	前年度比（％）
1	トヨタ自動車	105,412	2.35
2	松下電器産業	83,103	4.83
3	本田技研工業	81,580	8.50
4	ソフトバンクモバイル	62,692	18.24
5	花　　王	56,021	▲0.92
6	イトーヨーカ堂	50,602	―
7	日産自動車	48,069	1.71
8	KDDI	44,995	39.84
9	シャープ	42,111	1.51
10	サントリー	37,791	9.41

出典：日経広告研究所（2007）

8-2　広　　告

Kotler（1999）によれば，広告とは「提供企業名を明らかにした有料媒体を通して行われる，アイデア，商品，サービスの非人格的なプレゼンテーションであり，プロモーションである。」（p. 578）と定義される。広告にはいくつかの特徴がある。

第1に，企業から発信された広告は不特定多数の人びとに一斉に到達することから公共性をもち，彼らに製品が正規のものであるというイメージを与える。

第2に，企業はメッセージを繰り返して流すことができることから普及性を有している。ワールドカップやオリンピックでの大規模な広告は，受け手に送り手のパワーを印象づけることができる。

第3に，広告は音や色を駆使して企業や製品を演出することが可能であるという表現の増幅性をもっている。表現の増幅性が与えるインパクトに関して注目すべき広告が，永谷園の「お茶づけ海苔」のテレビCMである。この広告を手掛けた東急エージェンシーの若手社員が，扇風機を前に大粒の汗をかきながら音を立ててただひたすらにお茶づけ海苔を掻き込んでいるCMだが，このテレビCMは視聴者に強烈なインパクトをもたらした。このテレビCMが放映された1999年度の永谷園のお茶づけ類の売上は，前年度比17％増の150億円を記録して発売以来最高の売上を達成している。

そして第4に，こうした特徴をもつ広告は常に送り手サイドから一方的に発

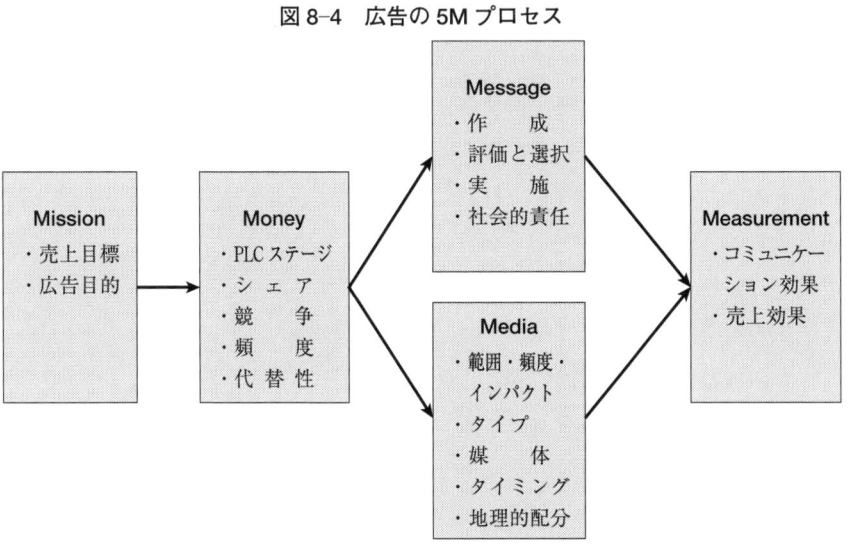

図8-4 広告の5Mプロセス

Mission
・売上目標
・広告目的

Money
・PLCステージ
・シェア
・競争
・頻度
・代替性

Message
・作成
・評価と選択
・実施
・社会的責任

Media
・範囲・頻度・インパクト
・タイプ
・媒体
・タイミング
・地理的配分

Measurement
・コミュニケーション効果
・売上効果

出典：Kotker（1999）

信されるという特徴がある。

　広告を行う企業は最初に標的市場を選定する。つぎに5つのMと呼ばれる主要な意思決定を行う (cf., Kotler 1999, pp. 578-597)。5つのMは，広告のミッション (Mission)，広告の予算 (Money)，広告で伝えるもの (Message)，広告の媒体 (Media)，広告の評価手段 (Measurement) であり，この広告戦略のプロセスは図8-4で示される。

　第1ステップのミッションでは，広告の対象とする製品，広告の目的が決定される。広告の目的は，多くの場合ターゲット顧客に広告主の提供する製品を認知させることによる当該製品のマーケットシェアの獲得，売上高の増大である。

　第2ステップでは広告の予算配分が決められるが，広告の予算は発信するメッセージや使用するメディアによっても異なってくる。そこで，予算配分にあたってはメッセージやメディアなどの選定も考慮に入れた意思決定が求められる。そのためには，広告対象となる製品のPLCにおけるステージ，マーケットシェアと顧客基盤，競合他社の動向やそのほかの干渉要因，広告頻度，製品代替性の検討が行われなければならない。

　新製品の広告を行う際には，消費者の認知と試用を促進するためインパクトのある広告を高い露出頻度で行うことが多い。露出頻度を高めるためには，1つのメディアで広告回数を多くするほかに多数のメディアを併用するという選択肢もある。いずれにしても，新製品の広告には通常多額の広告費が必要である。

　新製品の場合と同様に，自社のブランドロイヤリティを確立する場合にも多くの広告費をかけなければならない。とくに，タバコ，ビール，ソフトドリンクなどの代替性のある製品の場合，自他の相違を明確にして自社ブランドのユニークな便益や機能を消費者に認知させることを通して，他社ブランドから自社ブランドへのブランドスイッチングを促進することが重要である。

　「John Players Special」を吸っていた人が，1ヶ月後には「ピースライト」を吸っていることはほとんどなく，ビールを買う人は毎回同じ銘柄を購入する。

このように，一度ブランドロイヤリティが確立されてしまうとその顧客は長期ユーザーとなるため，初期に多額の広告費をかけたとしてもその費用を回収してあまりある利益を得ることができる。

第3ステップでは顧客に向けたメッセージを作成する。通常は広告代理店がいくつかの代替案を作成し，さきに述べたミッション，予算配分における勘案事項を考慮の上で，メッセージが選択される。ただし，メッセージ選定にあたっては，社会規範や法律をないがしろにしないような社会通念上の検討もなされなければならない。例えば，動物の毛皮製品の広告などの場合，それ自体が動物愛護団体の抗議の対象となり得る。

メッセージにはいくつかの代表的なスタイルがある。最も一般的なスタイルは広告の中で製品を使用しているシーンを演出するものである。プロクターアンドギャンブル（P&G）の「ボールド」のテレビCMでは，俳優の玉山鉄二のまじめな働きぶりとさわやかな笑顔が女性の心をつかんでいる。「洗濯は女性がするもの」という古い固定観念をとりはらった新しいCMは，シリーズ全編を通して，「真っ白な洗いあがり」と「驚きのやわらかさ」をアピールして，柔軟剤入りの洗剤というボールドの「今までになかった新しさ」を強く印象づけたといわれている。同じくP&Gの「ファブリーズ」のテレビCMでは，家族の生活の中で焼肉やたばこのにおいも残さず消臭するシーンが演じられる。

つぎに，製品のアピールしたいイメージを発信するスタイルがある。花王の「アジエンス」では，「美しさ」，「愛」，「静けさ」といった製品のもつムードやイメージを長い黒髪に輝く素肌をもつ東洋の女性になぞらえ，その美しさは外側から磨かれたものだけでなく，内面から美しくなることであるとして，東洋美容と現代科学を融合させ，伝統的な天然素材を抽出，処方した同製品が，東洋の美のエッセンスである内面からの力強い美しさを引きだすことをアピールしている。

かつて日清食品は，同社が開発した容器入り即席麺「カップヌードル」を，ベルリンの壁崩壊，ゴルバチョフ書記長就任，C.ルイス，王 貞治といった20

世紀の歴史的事実，歴史的人物と結びつけることによって，同製品が20世紀の代表的発明品というイメージを発信した。広告の構成は，20世紀の終焉と21世紀の来迎にあたって，メディアを通して「カップヌードル」が私たちの食文化に果たした役割を問いかける内容である。

「ベルリンの壁篇」の映像は，1989年11月，民主化を求める東ドイツ市民がドイツを東西に分断していたベルリンの壁を歓喜の渦の中で破壊し，西ドイツ市民に熱狂的に歓迎されているシーンであり，東西冷戦終結を全世界に印象づける歴史的出来事であった。「カール・ルイス篇」の映像は，1991年8月25日，20世紀を代表するアスリートであるカール・ルイスが，東京国立競技場で行われた第3回陸上選手権男子100メートル決勝で，リロイ・バレルらのライバルをかわし，9秒86の世界新記録で優勝したときの映像である。

「ゴルバチョフ篇」の映像は，旧ソビエト連邦共産党書記長に就任後，ペレストロイカによって市場経済を導入し，グラスノスチによって，政治，文化，歴史の再評価をうながすなどの改革を断行したゴルバチョフ書記長全盛時の映像である。「王貞治篇」の映像は，1977年9月3日，王貞治が，後楽園球場でヤクルトスワローズの鈴木康二郎から，メジャーリーグのハンク・アーロンのもつホームラン世界記録を破る756号を打ったときの映像である。これらの映像には，ドイツの代表的音楽家ワーグナーが英雄伝説をモチーフに作曲した「ワルキューレの騎行」が流れ，「カップヌードル」をもった俳優の永瀬正敏が合成されている。

また，地球環境に関する関心が世界的に高まる中で，社会規範を率先して行っていることを広告のメッセージにしている企業も現れてきた。アサヒビールは，環境保護に対する消費者の意識の向上を受けて，環境基本方針を策定し，「地球をより健全な状態で子孫に残すことを責務とする。」という基本理念のもと，8ヶ条からなる行動指針を定めている。同社はこの環境基本方針に基づいて，1998年11月全工場での工業廃棄物再資源化100％を達成している。同社は，2008年には蒸留煮沸時のCO_2を30％削減したことをメッセージとして発信している。また，イオンは「ふるさとの森づくり」を謳って全国での植樹活動を

アピールしている。

　顧客に製品を通じた新たなライフスタイル，生活場面を提案するスタイルもある。アサヒビールの「スーパードライスタイニー」の発売当初のテレビCMでは，カジュアルでファッショナブルなプライベートシーンを演出した。少し古くなるが，1994年9月から放送された日本コカ・コーラの「ジョージア」のテレビCMでは，ターゲットとなるサラリーマンに向かって，飯島直子が語りかけるというスタイルで，仕事に疲れたとき「ジョージア」を飲んで一息入れて気分転換するという生活場面を演出した。

　技術的専門性や科学的根拠を示して顧客の信頼に基づく購買を促進するスタイルもある。かつて日産自動車は，自動車事故対策センターが実施する安全性能試験で最も高い安全性レベルである「AAA」を3年連続で獲得していることをテレビCMのメッセージにしていた。また，花王のように洗剤の洗浄力をほかの製品と比較検討してその品質の高さをアピールするものもあった。さらに，自動車レースの最高峰であるF1（Formura 1）での，本田技研工業，トヨタ自動車，ブリヂストンのパフォーマンスは，3社の技術力を全世界に印象づけている。

　最後に，有名人と製品を結びつけてその製品を推奨するスタイルも少なくない。ボストンレッドソックスの松坂大輔が，かつてミズノの「SUPER STAR」のトレーニングウェアを着て登場したり，キリンビバレッジのスポーツドリンク「SPEED」の製品開発に関与し，そのプロセスをテレビCMにしていた例もある。

　メッセージが決定されると，第4ステップではそれを発信するメディアが選択される。これは，ターゲットとなる視聴者に対して，コストパフォーマンスで最も望ましい広告露出回数を伝達するメディアを選択するプロセスである。このプロセスで考慮されるポイントは，企業がターゲットとする顧客への到達範囲，頻度，インパクト，タイミングである。そして，広告媒体として利用されるテレビ，ラジオ，新聞，雑誌，屋外広告などのメディアは，それぞれ伝達できる到達範囲，頻度，インパクトなどが異なっており，企業の狙いとするタ

ーゲット，配分できるコスト，伝えたいメッセージに応じて利用するメディアが選択される。

表8-2　メッセージのスタイル

スタイル	企業事例
生活シーン	P&G「ボールド」「ファブリーズ」
イメージ	花王「アジエンス」
社会的使命	イオングループの植樹　ボルビック「1ℓ for 10ℓ」
ライフスタイル	アサヒビール「スーパードライスタイニー」
ファンタジー	サンリオ「ピューロランド」
科学的根拠	花王「アタック」
推　奨	大和証券「蛯原友里」

　広告メディアはテレビ，ラジオから，新聞，一般雑誌，専門誌，DM，ニューズレター，バナー広告，電話，パンフレット，パッケージ，チラシ，映画，ポスター，シンボルマーク，ロゴ，野外広告，ディスプレイ広告まで多種多様であり，それぞれの媒体によってメリット，デメリットがある。テレビはリアルタイムで多くの視聴者にメッセージを発信することが可能だが，そのコストは高い。バナー広告はコストに対する効果がわかりやすいが，インターネットを利用しないターゲットにはメッセージが届かない。

　広告主は，ターゲットセグメントに最も効率的，かつ効果的にメッセージが伝わるメディアを選択しなければならない。例えば，野球用品メーカーは，テレビ野球中継のスポンサーになって，野球中継時間にテレビCMを放送することによって，製品のターゲットとなる野球を自らもプレイするターゲットに対して効果的にメッセージを発信することができる。この場合，テレビドラマの放映時間に放送する10回のCMよりも，野球中継時間に放送される1回のCMのほうが，その広告効果が期待できる。このように，単純に広告頻度を高めればその成果が向上するわけではなく，企業のターゲットとする顧客層に対して，的確なタイミングでメッセージを発信することを通して，より効果的な

プロモーション活動が可能になる。

　PLCによっても設定される広告の到達範囲，頻度，インパクト，タイミングは異なってくる。2000年，サッポロビールは「グランドビア」を市場投入するにあたって，発売日までに国民1人当たり平均30回の視聴頻度を想定し，発売日の20日前からテレビCMを放送した。この事前CMでは，「ブレイクするうまさ。ググッときて，スッとひく」というキャッチコピーとシンボルマークのみをメッセージ通して訴えかけ，視聴者に「グランドビア」の味覚イメージを徹底的に植え付ける内容であった。これは，発売当日までに「グランドビア」の製品名と味覚イメージを消費者に浸透させることを狙った広告戦略だった。

　広告プロセスの最後の第5ステップは広告効果の評価である。広告効果の評価手法は，コミュニケーション効果分析と売上効果分析の2つに分けられる。コミュニケーション効果分析はコピーテストとも呼ばれ，広告が効果的に伝達されているかを測定する手法である。この手法には，消費者パネルに広告を評価してもらう直接点数評価法，広告のサンプルがどれだけ印象に留まるかを測定するポートフォリオテスト，広告を見ている被験者の血圧，心拍数，発汗，瞳孔の広がりといった生理現象から，広告の心理的効果を測定しようとする実験テストがある。

　一方，売上効果分析は，文字通り広告の前後での売上高の比較から広告の効果を測定しようとする手法であるが，企業の売上高には広告以外にも製品機能，価格，競争条件など多様な要因が影響するため，純粋な広告効果を測定するには限界があることも事実である。

8-3　インターネット広告

　財団法人インターネット協会監修（2007）によれば，2007年3月におけるわが国のインターネット推計利用者数は8,226万人で人口対比66.1％である。また，10歳代後半から30歳代では90％以上の高い利用率で，年齢が上がるにつれて利

用率は徐々に低下していくが，60歳代でも男性で53.5%，女性で35.4%がインターネットを利用している。

郵政省（1999，現総務省）によれば，インターネットの世帯普及率は1993年の商業利用開始以来5年間で10%を越えている。この数字はPCの3年，携帯電話，自動車電話の15年，ファクシミリの19年と比較して，インターネットが急速に普及していることを示している。インターネットの急速な普及は，インターネットを媒体とした新たな広告を生み出している。

インターネットの普及はインターネットのメディアとしての価値を高め，インターネット広告市場も急成長を遂げてきた。さらにインターネット広告は，それまでの広告とは異なって，例えば利用者の属性を把握できる会員制のサイトであればターゲットをある程度選別できるため，費用対効果を高めることが可能である。さらに広告のタイミングはフレキシビリティが高く，その内容は広告主が自由に編集可能である。

また，インターネット広告ではインターネットから製品の詳細な情報を収集し，そこからそのまま購買手続きに進むこともできる。そして，広告が何回表示され何回クリックされ何回購買されたかの測定が可能で，広告主にとっては広告の効果がわかりやすい。

PCにおけるインターネット広告には，大きく分けて「バナー広告」，「メールニュース広告」，「検索連動広告」がある。バナー広告とは，ホームページ（Home Page：HP）画面に小さな短冊型の旗（banner）が表示され，そのバナーをクリックするとその広告主のHPへリンクする広告システムである。同様に，メールニュース広告はメールニュースの文中にテキスト形式で広告を挿入する仕組みである。また，バナー広告と検索連動型広告はWebページにユーザー側がアクセスする「プル型」で，メールニュースはユーザーに送られてくる「プッシュ」に分類することが可能である。

バナー広告には「プレゼンス効果」と「クリック効果」の2つの効果がある。プレゼンス効果は，バナー広告がサイトに露出されターゲットの目に留まる効果であり，画面上に浮かび上がる繁華街のネオンサインやイベント会場の屋外

広告のようなもので，プレゼンス効果を狙った場合は企業名や製品名を印象づける工夫がなされる。それに対してクリック効果は，実際にバナーをクリックしてもらい自社のサイトまで来てくれた人びとに企業，あるいは製品の詳しい情報を見てもらうことによる効果である。クリック効果を狙うためには，懸賞や利用者の関心を引くバナー表現などの工夫が必要になる。

つぎに検索連動広告とは，グーグル，ヤフー，MSNなどの検索サイトやポータルサイトで検索を行ったときに，検索キーワードに連動して表示される広告である。検索連動型広告の課金の仕組みでは，検索結果に表示された広告をネットユーザーがクリックして実際にその広告を見た場合，すなわち広告主のサイトにユーザーがアクセスした場合に課金される。これは，従来の広告が広告媒体への広告の掲載に対して広告主が広告料を支払うという仕組みとは根本的に異なっている。

インターネットの広告効果の測定指標には，ページビュー（Page View：PV），クリック数，CTR（Click Through Rate），CPC（Cost Per Click）などが使われる。PVは露出したバナーの延べ回数であり，クリック数は実際にクリックされたバナーの延べ回数である。そして，CTRはクリック数をPVで除した数値でバナーの露出に対するクリック数の比率を表し，CPCは1クリックにかかったコストを表す指標である。

これらの測定指標はインターネット広告のコストと密接に関わっている。広告メディアとしてインターネット広告を選択する企業は，広告効果が期待できる，すなわちアクセス数の多い特定のサイトに自社の広告を掲載しようとするため，インターネット広告サービスを提供する企業は，広告主の獲得のために多くの人たちがアクセスしてくれるような魅力のあるWebコンテンツを用意しなければならない。

また，検索連動型広告では，CPC×CTRの合計値のスコアの上位順に検索結果を露出する方式が一般的であるため，収益は向上するものの広告主の広告費用負担も増大することになる。

8-4　販売促進

Kotler（1999）によれば，販売促進とは「短期的な消費者と取引業者間の需要刺激を喚起するために行われる，多様なインセンティブツール。」(p. 597)であり，消費者に購買への誘因を提供する。

企業は，購買見込み者へサンプル，クーポン，プレミアム，ノベルティ，報償，賞品などを提供したり，現金払い戻し，値引き，無料試用などの手法を活用して彼らの購買意欲を刺激し，自社製品の購買をうながす。例えば，化粧品や健康食品の場合，製品の試用のためのサンプルを提供することによってトライアルユースを促進する。品質が優れた製品であれば，一度使用してもらうことが製品購買のきっかけになる。

クーポンは，それを使用することによって通常料金の値引きが適用されたり，無料で製品や商品，サービスが提供されるチケットである。また，プレミアムとは，プリペイドカードなどを購入した際に額面＋αの使用ができる付加価値である。そして，特定のプロダクトを購買したときに無料で提供されるグッズをノベルティという。「コカ・コーラ」や「ペプシコーラ」の500ミリリットルペットボトルのボトルキャップもノベルティである。クーポン，プレミアム，ノベルティのいずれも消費者の購買意欲を刺激し，購買喚起をうながすために用いられる。

8-5　パブリックリレーションズ

パブリックリレーションズ（Public Relations：PR）は，企業が関係するさまざまな集団との間に良好な関係を構築し，維持していくことを意味している。その特徴としては，PRに対しては購買者が高い信頼性を抱くこと，同様に無警戒となること，劇的であることが挙げられる。PRツールには，プレスリリース，セミナー，屋外イベント，冠イベント，トレードショー，コンテストな

どのイベントや，年次報告書，パンフレット，ニューズレターなどの刊行物による広報活動，ニュース，スピーチ，社会貢献活動などのパブリシティ，そしてロゴ，看板，名刺，制服などのアイデンティティ媒体がある。

　企業名を冠したイベントは冠イベントと呼ばれる。「TOYOTA EUROPEAN / SOUTH AMERICAN CUP（トヨタカップ）」は，東京で，ヨーロッパチャンピオンズリーグ優勝チームと，南米のリベルタドーレス杯優勝チームが対戦する世界のサッカークラブ王座決定戦である。ヨーロッパのクラブナンバーワンと，南米のチャンピオンクラブの対決は，インターコンチネンタルカップとして1960年から行われていた。しかし，ホームアンドアウェイで行われる対戦中，激しいプレーとサポーター同士のトラブルを生み，ヨーロッパ代表チームの出場辞退が相次いだことからその意義を失っていた。その状況を打開したのがトヨタ自動車のバックアップによる第三国での開催であり，トヨタカップは1980年から東京の国立競技場で開催されている。

　トヨタカップは，4年に1度のワールドカップと並ぶサッカーのスーパーマッチとして，150ヶ国にテレビ放送されている。優勝チームには「TOYOTA EUROPEAN / SOUTH AMERICAN CUP」が，MVPの選手にはトヨタの乗用車が，それぞれトヨタ自動車から贈られる。世界各国へのテレビ中継にはトヨタ自動車のCMが流され，トヨタカップはかかるコストも大きいが，同社に計り知れない宣伝効果をもたらしている。

　その後トヨタカップは，世界各国各地域のレベル向上と選手の流動化によるクラブチームの国際色を背景として，2005年から「クラブ世界一」を冠する大会の門戸を広げ，「FIFAクラブワールドチャンピオンシップ トヨタカップ ジャパン2005」に再編成されている。

　つぎにパブリシティとは，企業が自社や自社製品に関しての情報を報道機関に記事として取り上げてもらうことによるPR活動である。これには，記者会見，プレスリリース，テレビ番組や新聞紙面での新製品紹介がある。

8-6 人的販売

　人的販売は，2人以上の人間の直接的かつ相互作用的関係を含んでおり，インタラクティブマーケティングの基本ともいえる。仮に，企業と顧客の間に信頼関係に基づいた学習関係が構築されたならば，人的販売は企業にとってマーケットが求めている真実の価値に近づくための，最も大きな可能性を有したプロモーションツールとなり得る。人的販売の特徴としては，対面であることからコミュニケーション性を有していること，そして，相互作用から生じる関係育成性が挙げられる。

　売り手と買い手のコミュニケーションは，「真実の瞬間」という言葉で説明される。消費とは感情に満ちた経験であるため，顧客は企業の社員とのやりとりの中で独自のフィルターをかけ，感覚的に情報を得てその瞬間ごとに感情を変えていく。企業は顧客との接点の中で，彼らの心をつかむことによって信頼を勝ちとることができる。それは，売り手サイドが顧客に対して独特な人間味を感じさせことができるかどうかにかかっている。そして，こうして獲得した信頼は容易に模倣することができない。何故ならば，形のある「モノ」は真似ができるが，形のない「モノ」を真似るのは非常に困難なためである。

　仮に，1人の従業員がある顧客の要求にフレキシブルに対応しその顧客と長期的な信頼関係を構築できたとする。それは，従業員の個別対応を通して相互間にリレーションシップが生まれた成果である。そして，2人の関係が太ければ太いほど顧客の生涯購買量に対する自社製品の割合で表される，カスタマーシェアが高まる可能性が高い。

　もし，企業サイドが顧客の属性，趣味，趣向，家族のライフスタイルをとらえており，彼らのニーズや好みを把握した上で，個々人に合った製品やサービスを提供する「学習関係」が構築できれば，企業は永遠にその顧客との取引関係を維持できるようになる。人的販売は，そうした関係を構築する可能性を内包したプロモーションスキルである。

こうした信頼関係の構築は属人的な要素が与える影響が大きいが，販売という仕事の種類によってもそうした顧客関係性の構築の可能性が異なってくる。McMurry (1961) は，研究の中で販売員を仕事内容の創造性の観点から6つのカテゴリーに分類している。デリバラーは，新聞，牛乳，灯油などを決められた配達先に届けるのがそのタスクであり，そこからは何の付加価値も生まれない。つぎにオーダーテイカーは，過去に構築された付加価値を生み出す販売タスクをそのプロセス通りにこなしていくルーティンワークがある。ルーティンワークを堅実にこなすことができる販売員も組織運営にとっては重要ではあるが，やはりそこから新たな付加価値は生まれない。

ミッショナリーは顧客と良好な関係をもった販売員で，彼らと顧客との接点の中から新しい価値が創りだされる可能性を含んでいる。そして，テクニシャンは高いレベルの専門知識を有する販売員であり，彼らと顧客とのインタラクションは相互間の良好な関係性を築いていくより高い可能性がある。

さらにデマンドクリエイターは，創造的な方法を駆使して自社製品を売り込む販売員であり，ソリューションベンダーは最も優れた能力を有した販売員で，自社製品を通して顧客の抱える問題を解決することで，彼らの信頼を獲得してそのカスタマーシェアを高めていく役割を担っている。

8-7　ダイレクトマーケティング

ダイレクトマーケティングには，DM，テレマーケティング，インターネットマーケティングなどがあり，特定の個々人に対して彼らにアピールできる特別のメッセージを迅速に準備することが可能で，相互コミュニケーションも行うことができる。具体的な手法としては，訪問販売，カタログ，DM，テレマーケティング，ファックス，テレビショッピング，インターネットショッピング，メールマガジンなどがある。

ダイレクトマーケティングの特徴は，メッセージのカスタマイズ可能性，双方向性，即時性が挙げられるが，一方でほかのプロモーションスキルと比較す

ると公共性が少ない。

インターネット利用人口の躍進に伴って急増してきたオンラインマーケティングのメリットは，その利便性にある。この手法を採用することによって，プロモーション主体は時空間の制約からある程度解放され，その煩わしさを軽減することができ，かつ従来よりも低いコストで迅速にメッセージを発信することができる。その一方で，オンラインマーケティングでは，メッセージを発信できるターゲットがデモグラフィックおよびサイコグラフィックに偏ってしまい，特定の顧客層には利用できないこと，さらにはインターネット環境がもたらす無秩序とクラッター，セキュリティ，倫理上の問題といった課題を抱えている。

8-8 プロダクトライフサイクルとプロモーション

認知，理解，好意，選好，確信，購買という購買プロセスのステージによって，効果的なプロモーションツールは異なる。そこで，プロモーション主体には，それぞれにあわせてプロモーションミックスを修正していくことが求められる。

マーケットに導入されたばかりの新製品を広く知ってもらうためには，公共

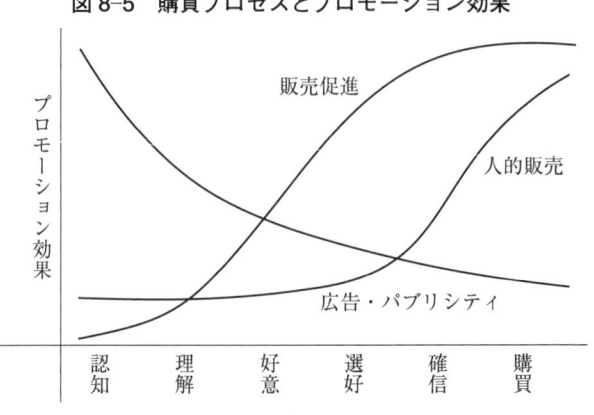

図8-5　購買プロセスとプロモーション効果

性，増幅性という特徴を有した広告が大きな効果を果たす。つぎに，製品を理解し，好意をもってくれた顧客を，その選好に結びつけるプロセスで効果を発揮するのが販売促進である。そして最後に，購買対象として製品を選択してくれた顧客に，その意思決定への確信を与え，購買行動に踏み切らせるのが，コミュニケーション性を有した人的販売である。

　ただし，それぞれのステージで最も効果的なプロモーションツールにのみプローモーションコストを配分するのではなく，全てのツールの最適な組み合わせが最大の効果をもたらすのである。

9 エレクトロニックコマース

9-1 エレクトロニックコマース

 かつてSchumpeter（1926）は，経済発展とは消費者の間でまだ知られていない新しい品質の財貨の生産，新しい生産方法，新しい販路の開拓，原材料の新しい供給源の獲得，新しい組織の実現といった生産要素の新結合＝革新の遂行から生起するものであると述べ，これをイノベーションと呼んだ。21世紀を迎えて私たちを取り巻く環境は大きな変貌を遂げている。特に情報通信技術領域での技術革新は日進月歩で進展し，これまでは不可能だったことを可能にしている。

 情報通信技術の進展は，生活環境における「時間」と「空間」の制約から私たちを解き放ってくれた。ビジネスマンは手のひらサイズのモバイル端末を携帯して，24時間どこにいても電子メール交換，データベースへのアクセス，データ入力が可能になった。既にこうした技術を採り入れてフレキシブルな勤務体制を導入している企業も少なくない。情報通信ネットワークによって統合されたビジネス環境の中では，リアルタイムの情報交換が行われ，日付変更線を跨いだ日本，ヨーロッパ，アメリカ各国を電子ネットワークで結んだバーチャルエンタープライズによるコンカレントな製品開発も可能となっている。

 ビジネス以外にも私たちの生活環境で大きな変化が生じている。総務省東海総合通信局（http://www.tokai-bt.soumu.go.jp/）の調査では，2007年6月末現在，携帯電話とPHSを合わせた契約者数は1億人を超えている。そしてこんにち，携帯電話端末はもはや単なる通信通話の手段ではなくPCの機能を有している。

 インターネットの普及とマルチメディア技術の飛躍的な発展がエレクトロニ

ックコマース（Electronic Commerce：EC）を実現して，現在もその可能性を広げ続けている。ECとは電子的ネットワークを活用して行われる交換を意味する。NTT出版編（1996）によれば，ECとは「インターネットなどのオープンネットワークを市場としてとらえたネットワーク上の商活動」(p. 4)と定義される。ECを行うためには組織の外に開かれたオープンコンピュータネットワークが構築され，かつつぎの2つの条件が整備されている必要がある。1つは情報を電子データ化することと，もう1つはその情報を標準化，規格化することである。

製造業者，流通業者，卸売業者，小売業者，運輸業者といった異なった企業間で電子データ情報を共有するためには，彼らの間で認識可能な共通のフォーマットが存在しなければならない。ECによるリアルタイムの情報共有によって，必要なものを必要なときに必要なだけ調達できるようになった。かつてトヨタ自動車のいわゆる看板が工場内で可能にした在庫の削減を，これらの技術が世界規模で実現しているのである。

また，こうした環境はニュービジネスを生みだすビジネスチャンスを創出する。インターネット環境は緩やかなネットワークによって細分化された分業構造をもたらし，創業に必要な初期投資の規模を縮小させ創業コストを削減する機能をもつ。面白いアイデアと創業の意思があれば，企業は全ての経営資源を自社内に抱える必要がなくなり，全てのビジネスプロセスを自社で手掛けなくても，ネットワークを活用した新たなビジネスシステムを構築することが可能なのである。

エレクトロニックコマースの進展に伴って，もはや従来のような業態という概念も消滅しつつある。ホームセキュリティをサービスにして10万軒を超える顧客ネットワークを構築してきたセコムは，流通業者，金融機関，医療機関と提携して，ホームショッピング，ホームバンキング，医療相談サービスを付加した新たなサービスを展開している。

9-2　POSシステム

　1982年，セブン-イレブン・ジャパンによって初めて導入されたPOS（Point of Sales:販売時点情報管理システム）は，それまでの流通システムの常識を覆す画期的なシステムであった。POSシステムでは，あらかじめ商品につけられたバーコードを読み取ることによって，単品ごとの売上データ，時間帯ごとの商品販売状況を把握できる。こうしたデータは，オンラインでフランチャイズチェーン本部のホストコンピュータに伝送され，本部はこうして送られたデータの分析を通して，売れ筋商品，死に筋商品を見極め，需要予測や販売機会ロスの削減に役立てることができるようになった。店舗面積が限られているCVSの利益にとって，売れる商品を並べることと品切れによる販売機会の喪失を招かないことは極めて重要であり，POSシステムはこうした要請に応えてくれる仕組みであった。

　POSシステムを稼働させるためには，商品情報を電子化して識別するための標準規格の確立が必要である。これまで日本では，POSシステムを運用するための商品識別のための標準規格としてJAN（Japan Article Number）コードと，ITF（Integrated Two of Five）コードが採用されてきた。JANは個々の製品アイテムのための識別コードであり，ITFはJANをベースとした物流のための識別コードである。

　JANは国コード2桁，メーカーコード5桁または4桁，製品アイテムコード5桁または1桁，チェックデジット1桁からなり，標準タイプは13桁，短縮タイプは8桁から構成される。通常は商品の製造段階で直接個々の商品に印刷，貼付される。ITFは物流識別コード1桁または2桁，国コード2桁，メーカーコード5桁または4桁，製品アイテムコード5桁または4桁，チェックデジット1桁と，JANコードの頭に1桁または2桁の物流識別コードを加えた16桁または14桁から構成される。こちらは集合梱包単位で印刷，貼付され，梱包状態でも読み取りやすい仕組みが施されている。

そもそもセブン‐イレブンがPOSシステムを導入した理由は，CVS導入の責任者だった鈴木敏文が，多くの在庫を抱える店舗の品切れの多さに着目したからだといわれている。1970年代当時セブン‐イレブンの1店舗当たりの平均在庫1,000万円に対して1日当たり平均売上高は30万円程度だった。在庫の回転率が悪いことは売れない商品である死に筋商品を抱えていることを意味していた。こうした不良在庫を抱え込むことによって売れ筋商品を仕入れることができないという悪循環に陥ってしまっていたのである。

　発注は専用端末を使用して電子的に行われる。POSシステムを通して全国店舗で販売された商品，日時，購買顧客年齢層のデータ，季節，天候，地域性，イベント，流行などがチェーン本部で分析され，売れ筋商品，死に筋商品が的確に把握される。例えば小学校や幼稚園の運動会がある際には，POSシステムから前年の販売データを参照して品揃えに役立てられる。

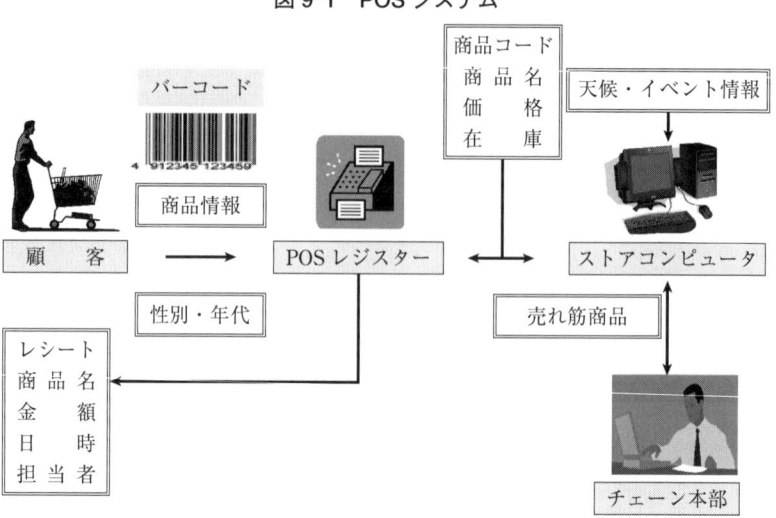

図9-1　POSシステム

図 9-2　バーコードの例

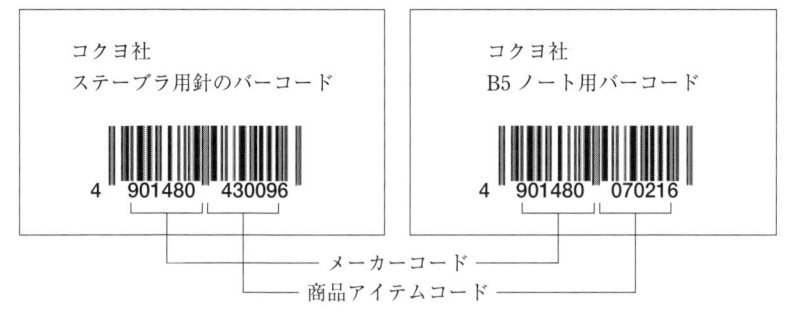

コクヨ社　ステープラ用針のバーコード
4 901480 430096

コクヨ社　B5ノート用バーコード
4 901480 070216

メーカーコード
商品アイテムコード

出典：キーエンスHP（http://www.keyence.co.jp/）

図 9-3　POSレジ年齢入力キー

男	女
12	12
19	19
29	29
49	49
50	50
登録	

9-3　EDIシステム

　POSシステムによる情報を，流通チャネル内の異なる企業間のコンピュータを通して共有することができたならば，ECRやQRと呼ばれる効率的消費者対応が実現する。POSシステムの目的は売れ筋商品の選定や販売機会ロスの削減であり，それはそのまま消費者ニーズへの迅速な対応を意味している。ECRの実現のためには，小売店だけではなく流通チャネル内の全ての企業がPOS情報をリアルタイムで共有できる仕組みが必要である。マーケットが求める商品を，流通チャネルを構成する全ての企業がリアルタイムに把握することができたならば，よりスピーディーにその要求に応えていくことができるよ

うになる。

　異なる企業間での電子データを交換するためには，企業間で異なるデータ形式を通信相手の認識可能な形式に変換しなければならない。ECRのパイオニア的企業は花王とジャスコである。両社は商品の受発注などの取引情報を共有化することによって取引の効率化を図り，消費者ニーズへの的確かつ迅速な対応を実現してきた。

　これまで，異なった企業間の電子データによる情報伝達や国際間の企業同士が電子データによる情報伝達を行いやすいように，情報の伝達規約，情報の表現規約，情報の運用規約，そして取引基本規約を全世界で標準化しようとする試みが進んできている。これは電子データ交換（Electronic Data Interchange：EDI）と呼ばれ，バインス株式会社（1996）によると，「異なる組織間で各種商取引のための構造化されたデータを広く合意された規約で，通信回線を介してコンピュータ間で交換／変換すること。」（p. 80）と定義されている。

　そして，エレクトロニックコマースを利用した企業間の情報共有が進んでくると，電子データ交換で連結された企業ネットワークが，1つの統合されたデータベースのもとであたかも1つの企業体であるかのような活動を行うことができるようになる。こうした企業体は，バーチャルコーポレーション（Virtual Corporation：VC）と呼ばれる。製造業者，流通業者，卸売業者，小売業者が，エレクトロニックコマースで連結されたネットワークを形成し，それぞれがもつ生産情報，在庫情報，販売情報，配送情報などが全ての取引主体によって共有されたとき，ネットワーク構成企業は，あたかも自社の中に製造，卸売，小売，在庫，運輸の全ての機能をもった組織であるかのごとくビジネス活動を展開することができるのである。

　VC内で共有される情報は，これまでの流通チャネルにおける受発注データといった文書情報だけではなく，CADデータ，設計，製図データ，図形のラスターデータといったさまざまなデータが含まれる。そこで，VC実現のためには地球規模での情報通信技術の標準化が要請されることになる。CALS（Commerce at Light Speed）とは，こうした各種の情報テクノロジーを標準化

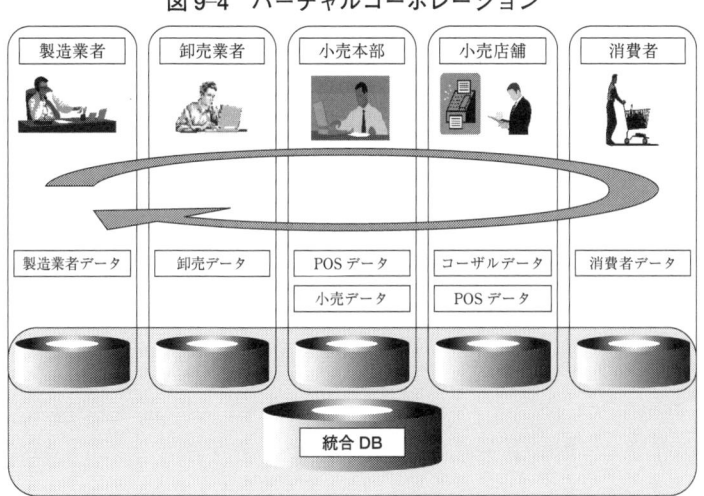

図9-4 バーチャルコーポレーション

するシステムを意味し，情報ごとに特定のCALS規格が定められている。さきに述べたEDIは，CALSにおけるオンライン取引データの標準規格であり，同様に電子文書情報の標準規格としてXML（eXtensible Markup Language），CADデータの標準規格としてSTEP（Standard for the Exchange of Product Model Data）が定められている。

　CALSによって統合されたビジネス環境の中ではリアルタイムの情報交換が行われ，日付変更線を跨いだ日本，アメリカ，ヨーロッパ各国を電子ネットワークで結んだVCによるコンカレントな製品開発が可能となった。このように，エレクトロニックコマース技術の進展によって企業間のネットワーク化が促進され，製造プロセスにおいては企業間のアライアンスが進展し，また，流通チャネルにおいてはジャストインタイム物流，多品種小口配送システムが行われている。

9-4 EOSシステム

　ECとSCMシステムを活用することを通して，製造業者は最善の生産，在庫，配送パターンを計算し，そのデータを流通業者間でリアルタイムに共有できるようになり，それに基づいて配送業者による多頻度小口配送が実現する。また，コンピュータ端末を使ったデータ入力を行うことによって，それまで人間の手によって伝票に記載されていた伝票の記載，授受といった受発注オーダーの事務作業を削減することが可能となった。

　EOS (Electronic Ordering System) とは，EDIを利用して，製造業者，卸売業者，小売業者，配送業者が，POS情報を始めとするさまざまな情報を共有して，物流を効率的に行っていく仕組みである。チェーンオペレーションを考えた場合，顧客によって購買された商品に取り付けられたJANコードが，レジに設置された光学自動読取器でスキャニングされると，その情報がリアルタイムでチェーン本部のホストコンピュータへ伝送される。伝送されたデータはチェーン本部のデータベースに蓄積され，単品管理されると同時に，その商品の店舗補充のために商品発注情報がEDIを通して流通チャネルを構成するほかの企業に伝送される。また，発注業務も携帯端末を通して行われ，こうしたデータは流通チャネルを構成する全ての行為主体で共有される。

　EDIを通してこうした受発注が行われるために時間をロスすることがないばかりか，製造業者もPOS情報にアクセスできることから，彼らはマーケットの需要に応じて生産調整を行うことができる。このように，EDIによって接続され情報共有がなされている企業は，その情報をもとに自らの行動スケジュールをあらかじめ計画することが可能になるのである。製造業者がある商品が売れていることを知ることができれば，その製品の製造を急ぐことができ，小売業者サイドでは品切れによる販売機会ロスを回避することができる。また配送業者にとっても，商品の受発注情報をリアルタイムにキャッチすることを通して，車両の手配，配送ルートの効率的設定を行うことが可能になるのであ

る。

　このように，ECは物流の効率化を実現するために必要不可欠となったジャストインタイム物流システム，多頻度小口配送システムの運用の重要なツールとなっている。

9-5　サイバービジネス

　サイバービジネスとは，インターネットに代表されるコンピュータネットワークで形成される仮想空間を利用して行われるビジネス活動を意味する。こんにちECは，B to B (Business to Business) から B to C (Business to Customer) へと広がりを見せている。コンピュータネットワーク上には業種を超えたさまざまな企業が集積し，パソコン画面にはコンピュータグラフィックス技術によって現実を模擬した空間が演出され，社会生活，娯楽施設，ショッピングセンターなどが広がっている。

　消費者はパソコンの画面を通して購買活動を行うようになり，同時にこうした顧客をターゲットとする新たなビジネスが多数誕生してきた。インターネットを利用したビジネスでは，バーチャルな店舗を構えるため設備資金が不要であり，PCと通信回線があれば容易に参入できるため，こうしたビジネス環境をいち早く認識したベンチャー企業がその市場を開拓してきた。インターネットを利用したサイバービジネスでは，ネット上でバーチャルモールと呼ばれる仮想ショッピングセンターを運営して，全国の小売業者に商品販売の場を提供する企業もある。

　このように，ベンチャー企業によって先鞭がつけられたサイバービジネスには，その後の市場規模の拡大を待って既存の大企業が参入してくるようになり，その市場規模はさらに急速な成長を示すようになる。経済産業省 (http://www.meti.go.jp/) がまとめた2007年の電子商取引調査によると，インターネット通販など消費者向け取引の市場規模は前年比21.7%増の5兆3,400億円だった。市場規模が大きいのは音楽や動画配信を含む「情報通信業」の1兆4,880

億円で,「総合小売」が1兆2,190億円で続いている。

インターネットショッピングの利用者は,バーチャルショップのサイトで気にいった商品が見つかると,電子メール機能を使って商品申込み情報を伝送する。ショップサイドは,商品を宅配便業者を使って配送する。商品代金は,代金引換,銀行振込,ぱるる振替,CVS決済,クレジットカード,電子マネーなどで決済され,顧客は24時間365日,自宅に居ながらにしてショッピングを楽しむことができる。

このようなインターネットショッピングと通信販売との大きな違いは,情報伝達の双方向性にある。バーチャルサイトでは,出店者は自社商品に関してインターネットを通じて消費者とのコミュニケーションを図りながら商品を販売することが可能である。

ECを活用した取引は,製品や商品の取引に限らずサービスの取引にも応用されるようになっている。インターネットバンキングでは,金融機関によって提供される振込,口座振替,残高照会,入出金明細照会から,総合口座での定期預金預け入れ,投資信託の購入から,宝くじの購入まで広範なサービスが受けられる。サービス時間も一般店舗の午前9時から午後3時ではなく24時間利用可能である。

銀行がインターネットバンキングに進出したように,証券会社ではインターネットを利用して顧客が自ら取引を行うオンライントレーディングサービスが導入され,こんにち急速に普及している。このサービスでは,証券会社から提供される株式や転換社債のリアルタイム取引価格,各種チャート,ランキング,出来高,国内外主要指標情報を参考にして,利用者自らが,株式,転換社債,株式ミニ投資,MMF,投資信託などの取引を行うことができる。

9-6 電子マネー

電子マネーとは,現金の電子的取引のためにそれを現金と同等の価値を有した電子データに変換したものである。現金を電子データに変換することを通し

て，それをインターネットなどのネットワークの中で流通させることが可能となる。現金を電子マネーに変換して保存することをチャージといい，私たちは電子マネーをICカードや携帯電話などにチャージして利用することができる。

わが国における最初の電子マネーは日本電信電話によって開発された「電子現金」で，利用者は指定の金融機関に口座をもち，インターネットを使って口座の預金データを引き出して手元のICカードに蓄積することによってECの決済手段として利用することができた。ICカード（Integrated Circuit Card）は，IC（集積回路）が埋め込まれたカードで，従来の磁気カードと大きさ厚さに大きな違いはないが，磁気カードの100倍以上の記憶容量をもっており，機密保持の面でも磁気カードよりも偽造が困難であるという特徴をもっている。

その後，技術革新が進んで非接触型ICチップが開発され，ビットワレットの「Edy（エディ）」，JR東日本の「Suica（スイカ）」，JR西日本の「ICOCA（イコカ）」が，広くマーケットに浸透するようになってきた。

電子マネーが普及するためには，社会的インフラストラクチャー，システムインフラ，ネットワークインフラの3つが整備されている必要がある。社会的インフラの整備は法制度や電子マネーが利用できる店舗，施設の整備，拡張を意味している。システムインフラの整備は文字通り電子マネーの利用を可能にするシステム構築であり，ネットワークインフラの整備は電子マネーの流通を可能にする通信網などのネットワークの構築，運営環境を整えることである。

こうした電子マネーはいくつかの視点から分類することができる。第1に，電子マネーはその保存媒体の違いからカード型電子マネーとネットワーク型電子マネーに分類される。カード型電子マネーはICカードに電子マネーをチャージして利用するもので，使用されるICチップの違いから，さらに接触型ICカードと非接触型ICカードに分けられる。接触型ICカードを利用する場合にはカードリーダーにカードを挿入して使用するが，非接触型カードの場合には改札機などの設備やカードリーダーにカードをタッチしたり，かざしたりすることで利用できる（図9-5，図9-6）。

接触型ICカードでは，ICチップとリーダーとの通信を行う際にIC表面の

端子とリーダーを物理的に接触させることによって電源の供給を受けて動作を行う。それに対して非接触型ICカードでは，内蔵されたICチップのコイル状のアンテナが無線通信を行うためリーダーに挿入する必要がない。接触型と非接触型では読み書き可能な情報量は圧倒的に接触型ICカードのほうが大きいが，端子を接続させることが必要なことからカード以外に搭載することが難しく利用環境が限られてしまう。一方で非接触型ICカードは，搭載媒体の制限がほとんどなく携帯電話を媒体とした電子マネーが普及している。

「FeliCa（フェリカ）」は，ソニーが開発した非接触型ICカードの技術方式であり，英語で「至福」を意味する'Felicity'と'Card'を組み合わせてネーミングされた。SuicaはFeliCaの技術を用いたカードである。Suicaの語源は'Super Urban Intelligent Card'の略称のほか，スイスイ行けるICカードの意味合いももたせているほか，果物の西瓜と語呂合わせをして親しみやすくしており，ロゴマークもJR東日本のイメージカラーである緑と線路で西瓜を表現している。Suicaは，一部を除く自動券売機での乗車券などの購入や自動精算機での精算機能に加えて，チャージすることで繰り返し使用できる機能，定期券機能，キオスクなどでの商品代金の支払いにも利用できる電子マネー機能などさまざまな機能が盛り込まれている。

つぎにネットワーク型電子マネーは，電子マネーをその発行会社のサーバーや個人のPCの中の，ウォレットと呼ばれる電子マネーを蓄積できる機能を有したソフトに保存して利用される。ウォレットがサーバーにあるタイプをサーバウォレット型，PCにあるタイプをクライアントウォレット型と呼び，インターネットにおける決済手段として利用される。

第2に，電子マネーの流通プロセスの違いから1度しか利用できないクローズドループ型と，反復利用が可能なオープンループ型に分類される。現在普及している電子マネーの主流はクローズドループ型が主流である。今後オープンループ型の普及のためには，インフラストラクチャーのさらなる充実を待たなければならない。

第3に，電子マネーは発行主体あるいは主に利用される環境によって，マル

チ系電子マネー，交通系電子マネー，流通系電子マネーに分類される。マルチ系電子マネーで最も大きなシェアをもっているのが Edy で，交通系電子マネーには Suica，ICOCA，PASMO などがあり，流通系電子マネーにはセブン＆アイ・ホールディングスの「nanaco（ナナコ）」，イオンの「WAON（ワ

図 9-5　バーチャルショップ IC カード型電子マネー決済の仕組み

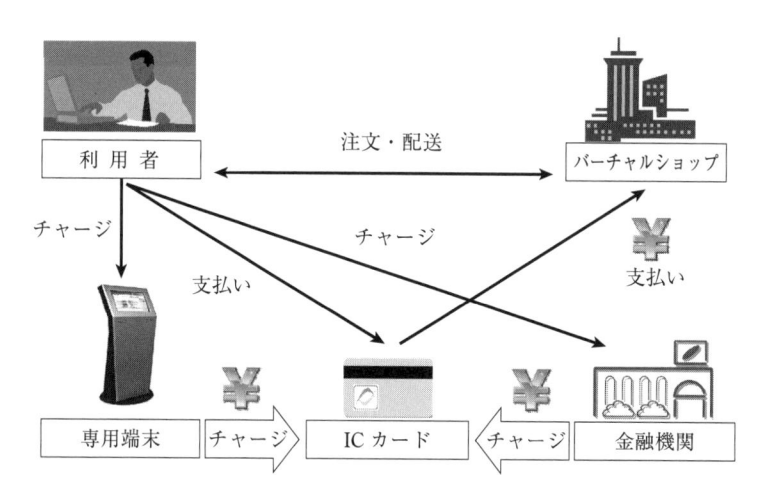

図 9-6　バーチャルショップネットワーク型電子マネー決済の仕組み

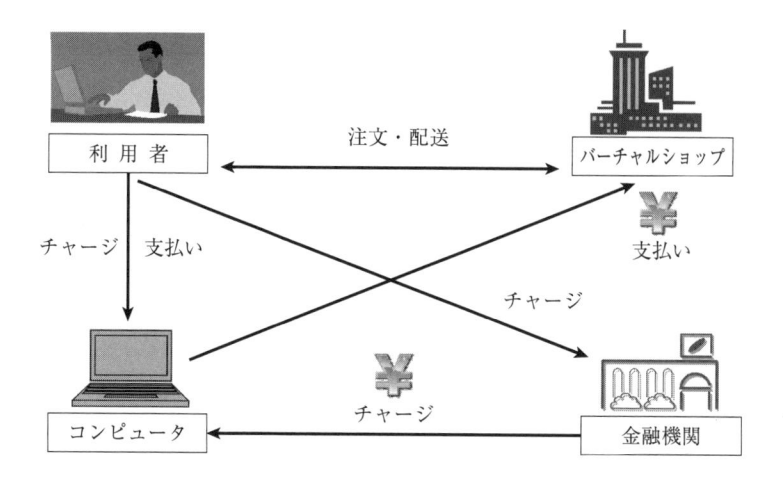

オン)」などがある。

9-7 セキュリティ

サイバービジネスが普及するに伴って,情報通信プロセスにおけるセキュリティの問題がクローズアップされるようになってきた。ネットワーク化されたコンピュータを利用して電子化されたデータを交換する際には,大きく3つの問題点がある。

第1に,電子化された情報が取引行為当事者間を移動するプロセスでデータを第三者に盗み見られること,さらにはそのデータが改竄される危険性を有している点である。具体的には,代金決済に使われるクレジットカード番号を悪用されたり,注文していない商品が第三者によって注文される可能性がある。第2に,第三者が本人になりすましてデータを発信する危険性が挙げられる。そして第3に,サービス利用者が発信したデータを否認したり,その逆にサービス提供者が取引を否認する可能性が考えられる。

これらの危険性に対応するために,ECではそのプロセスにおける機密性(confidentiality),完全性(integrity)の保持と,相互認証(authentication),取引事実が立証できる否認防止(non repudiation)のシステムが構築される必要がある。このようなセキュリティシステムとして開発されてきたのが,暗号(cryptography)と証明機関による証明である。

暗号とは,データ(平文)をアルゴリズムとそのパラメータの鍵を用いて暗号化されたデータ(暗号文)であり,取引情報の機密性と完全性を確立するために用いられる。アルゴリズムとは平文を暗号化する際に用いられる変換のための関数であり,パラメータとは変換のための補助変数をいう。暗号をビジネスに応用する際にはCALSの考え方と同様に暗号の標準規格が必要になる。こうした標準規格としてアメリカ商務省によって定められたDES(Data Encryption Standard)がある。DESでは,データを送受信する両当事者が同じ秘密鍵を共有して暗号化と復号化が行われる。

秘密鍵に対して，公開鍵を使用する暗号技術に RSA（Rivest＝Shamir＝Adleman）がある。RSA では暗号化に使う鍵と復号化に使う鍵が異なり，暗号化に使う鍵は公開されて復号化に使う鍵のみが秘密にされる。こうした秘密鍵を使用する暗号技術，公開鍵を使用する暗号技術を統合して，安全性と通信速度などの利便性に配慮して開発された暗号通信方式に，ネットスケープ・コミュニケーションズによって提唱された SSL（Secure Sockets Layer）がある。SSLは，WWW ブラウザソフトの Netscape Navigator に標準搭載されていることからこんにち広く使用されるようになっている。SSL が組み込まれているとき，インターネットアドレス（URL）は，標準の http プロトコルの代わりに https プロトコルが使用される。

電子取引の秘匿性が確立されても，相互認証と否認防止のシステムがなければセキュリティは完全とはいえない。そのためには，電子取引を行う行為主体が間違いなくその本人であることが第三者によって認証されなければならない。こうした認証を行うのが証明機関（認証機関）であり，電子取引を行おうとする者はあらかじめ証明機関に本人であることを登録しておき，その証拠を示すことによって本人であることを確認する。具体的には，登録機関で特定の登録条件のもとに登録が行われ，それに基づいて証明機関が証明書を発行する。

証明書を取得したい取引行為主体は証明機関に証明書の発行を申請して，申請を受けた証明機関は特定の審査を経て，問題がなければ電子的な証明書を発行する。証明書を取得した取引行為主体は，取引相手の要求に応じて証明書をオンラインで送信することによって相互認証が行われる。

このようなセキュリティを確立する技術開発の中で，インターネット上でのクレジットカード決済のデファクトスタンダードとなっているのが，MASTER CARD インターナショナルと VISA インターナショナルが共同開発し，マイクロソフト，ネットスケープ・コミュニケーションズ，IBM などと共同で標準化された規格，SET（Secure Electronic Transaction）である。SET では暗号化には DES または RSA が，デジタル署名には RSA が採用されており，デジタル署名を利用することによって取引行為者の本人認証と送られてきたデ

ータの機密性，完全性の認証ができる．

しかしこの場合でも，公開鍵が取引行為者本人によって登録されたものであるかを確認するための証明機関による認証が必要である．SETは，インターネット上でのクレジット決済などを安全に行うために，クレジットの会員顧客，加盟店，決済金融機関の3者が認証局に証明書を発行してもらって行う取引のプロセスを定めている．ここでは，顧客がインターネット上のバーチャルショップに送る発注関連情報と，クレジットカード会社などの金融機関に送る決済関連の情報を完全に分離する点が特徴であり，これによって注文を受けるショップサイドでも顧客のクレジットカード番号を知ることができなくなり，決済の安全性を高めている．また，ショップにとってもクレジットカード利用者を確実に認証できるようになるため，不正購入などを抑止することができるというメリットがある．

9-8　アマゾン・ドット・コム

アマゾン・ドット・コム（Amazon.com, Inc.）は，1994年にジェフ・ベゾスによって設立された通販サイトの運営を手掛ける企業であり，2007年末売上高は148億円を超えるEC成功企業の1つである．アメリカ最大規模の書店が20万点の書籍を扱っているのに対し，インターネット書店であればその何倍ものアイテムを扱うことが可能とベゾスは考えていた．

2008年現在，アマゾン・ドット・コムがアメリカ以外に進出している国は，日本を始めとしてイングランド，フランス，ドイツ，カナダ，中国の6ヶ国である．日本国内では現地法人であるアマゾンジャパンが日本版サイト「Amazon.co.jp」を運営している．

アマゾン・ドット・コムの最大の特徴はレコメンデーション機能にある．同社のレコメンデーション機能は，過去の購入履歴などから顧客一人一人の趣味や読書傾向を探り出して，それに合致すると推定される商品をメールやホームページ上で重点的に推奨する機能である．例えば，Amazon.co.jpの「トップ

ページ」や「おすすめ商品」にはそのユーザーが過去に購入したり閲覧した商品と似た属性をもつ商品のリストが自動的に提示される。

　また，同社はアフィリエイトサービスと呼ばれる店子を開設するサービスを提供している。そのサービスはSOAPプロトコルによる高度なサービスを始めとして，単なるXSLTテンプレートファイルを置くだけで店子を開設することのできるXSLTエンジンまで用意されており，店子は売上に応じて同社から報酬を受けとることができる仕組みである。また，マーケットプレイスを開設してユーズド商品を取引する場も提供している。

　アマゾン・ドット・コムはロングテール商品のアソートメントの事例に採り上げられることが多い。一般的にある特定分野における売上は上位の20％が全体の80％を占めるというパレートの法則に従っているとされている。現実世界に店舗を構える小売店では到底全ての製品を扱うことができないため，上位20％に当たる商品を中心としたアソートメントが行われるが，バーチャル店舗の場合こうした制限から解放されるため，これまでは取り扱われてこなかった残り80％をアソートメントすることが可能となり，そこからの利益も期待できるとする考え方である。

　パレートの法則は80/20の法則（the 80/20 principle）とも呼ばれ，イタリアの経済学者Paretoの1897年の研究成果にまでさかのぼる（cf., Pareto, 1988）。彼は19世紀のイギリスにおける所得と資産の分布を調査し，20％の所得人口に所得総額の80％が集中しているという調査結果を示した。そしてこんにち80/20の法則と呼ばれているのは，彼がこの調査結果から導きだしたある所得水準とその所得水準以上の階層に位置する人数間の数理的関係である。そして，この関係は時代や国を問わず近似的に成立することがわかっている。Paretoが導出したモデルは図9-7の通りである。

　そして1980年代以降，Dubinsky=Hansen（1982），Hise=Kratchman（1987），Schmittlein, D. C.（1992）らの研究者によって，Paretoの提示した法則が企業の売上や利益といったマーケティング現象においても当てはまることが実証されている。現実に，Peppers=Rogers（1993），Newell（2000），

Koch（1999）らの研究者は，データベースマーケティングのツールであるデシル分析を使って，上位20％の顧客が企業収益の80％をもたらしているという調査結果を明らかにしている。

　図に示される上位20％部分がヘッドであり残り80％がテールである。テールがビジネスの収益に貢献すると考えられるようになった背景には，インターネットの普及と検索エンジン技術の発達があるが，実際にテールが企業収益に貢献しているかについては，これまでの研究成果からは明確に言及できない。

図9-7　Pareto（1988）のモデル

$\log N = \log A + m \log X$
ただし，X は特定の所得水準，N は X よりも高い所得水準の人数，A と m は定数

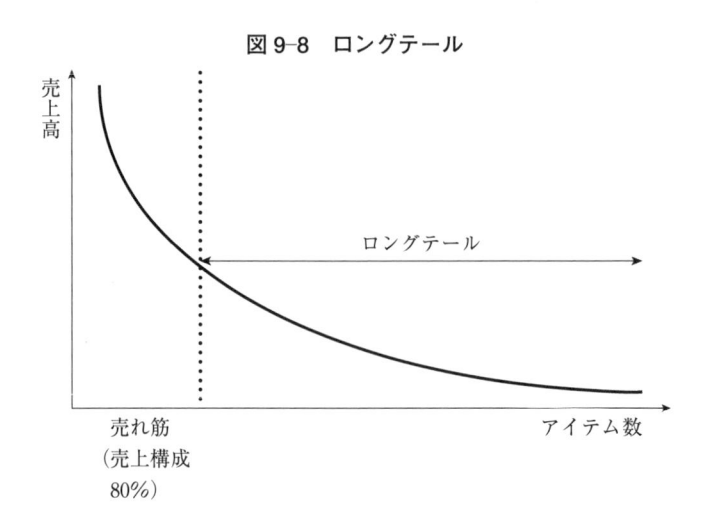

図9-8　ロングテール

9-9 楽　天

　わが国における EC ビジネスの成功事例として楽天を採り上げる。同社は，国内最大級のインターネットショッピングモール「楽天市場」や，ポータルサイト「インフォシーク」の運営を始めとしたインターネット総合サービスを提供している企業である。

　1997年に楽天が運営を開始した「楽天市場」は，2年あまりの間に店舗数1,200店，取扱商品数10万3,000点，月間取引金額5億5,000万円を超え，そして2008年には6万社を超える企業が2,000万点を上回る商品を出品し，圧倒的な知名度と購買実績をもつまでに成長している。

　楽天のビジネスは，インターネットを通して購買意欲の高い消費者と安くて質の良い商品を探す消費者との仲介である。消費者が購買するのは楽天市場に出店している企業であり，同社は取引のための開かれた場を提供しているのである。楽天は多くの企業に出店してもらうために，仮想店舗を立ち上げる方法を教えるなどの仕組みを構築している。同社の収益は出店者からの出店料である。

　仮想ショッピングモールの運営ビジネスとしては楽天は後発企業だった。1997年に同業他社から遅れて参入した楽天は，当時仮想商店街への出店料が50万円前後だったときにそれを一律5万円として，ほかの企業が採用していた売上にかかるマージンを徴収しないビジネスモデルを提案した。また，仮想商店運営のためのサーバーも楽天サイドが用意したため，出店者は PC 1 台と月額5万円の出店料さえ支払えば仮想ショッピングモールへの出店が可能となったのである。

　魅力のある製品や商品を取り扱っていてもこれまではその販路がなかった企業にとって，同社の提示したビジネスモデルは魅力的だった。これまでのように物理的な販路を構築することなしに，一挙に全国展開が可能となったのである。楽天のこうしたビジネスモデルを可能にしたのがほかならぬ宅配便業者で

ある。ショッピングモールに出店した企業は，自ら流通チャネルを構築することなしに，その商品の販路を構築できたのである。

9-10　小売業者の取り組み

　こんにちのECマーケットの進展に拍車をかけているのが大手小売グループの取り組みである。2000年，セブン-イレブン・ジャパンは，日本電機，野村総合研究所，ソニー，ソニーマーケティング，三井物産，日本交通公社，キノトロープとともに，セブンドリーム・ドットコムを設立して，バーチャルショップ「セブンドリーム・ドットコム」の運営を開始した。コンソーシアムを組む各企業の出資比率は，セブン-イレブン・ジャパン51％，日本電機13％，野村総合研究所13％，ソニー6.5％，ソニーマーケティング6.5％，三井物産6％，日本交通公社2％，キノトロープ2％である。セブン-イレブン・ジャパンが店舗とネットワークが連携したプラットホームを形成し，日本電機はインターネットサイトの構築，運営とマルチメディア端末の設計，開発や，BIGLOBEの運営で培ったノウハウを提供するなど，参加各社はそれぞれの専門能力に応じた技術やノウハウを提供する。

　同社はセブン-イレブン店舗へマルチメディア端末を導入して，旅行，音楽，写真，物販，ギフト，チケット，イー・ショッピング・ブックスとの協力による書籍，自動車販売仲介サービス，車検，教習所，レンタカーの受付，エンターテインメント情報提供，資格試験などの取り次ぎサービスを行ってきた。そして2008年には，サイト名称を「セブン-イレブンネット」と変更してリニューアルオープンしている。

　セブンアンドワイもまた，セブン-イレブン・ジャパン（現セブン&アイ・ホールディングス）とヤフーが共同提携で行うインターネットによる書籍，CD，DVDの通販サイトである。1999年に，ソフトバンク，セブン-イレブン・ジャパン，トーハン，ヤフーの合弁会社としてイー・ショッピング・ブックスが設立され，書籍のネットショッピングサイト「esBooks」としてスタートした。

図9-9 セブンアンドワイのビジネスモデル

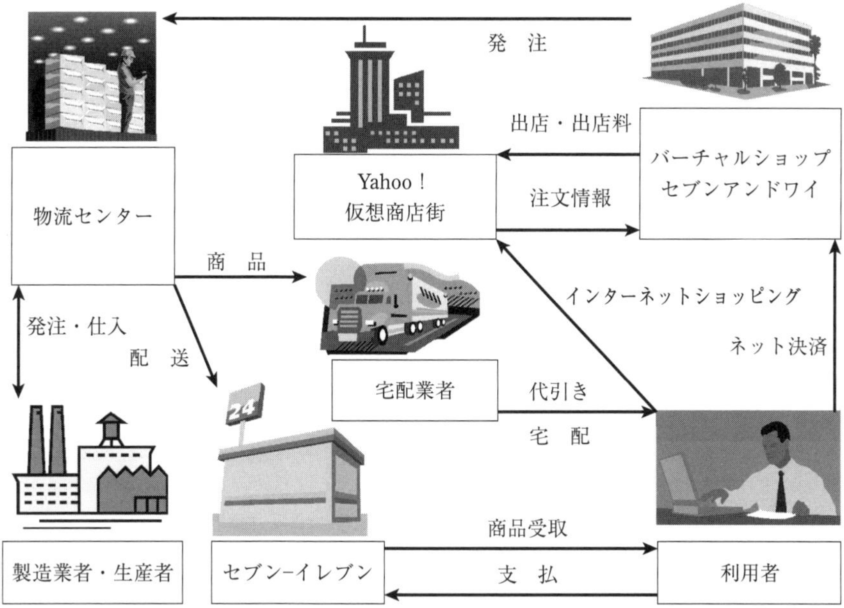

　その後2004年に，CDやDVDの販売まで取り扱いサービス拡大して，サービスの名称を現在の「セブンアンドワイ」としている。これらのサイトで購入した商品の代金決済や受取は最寄りのセブン-イレブン店舗で行うことができ，商品をセブン-イレブン店舗で受領した場合には送料は無料である。
　そしてセブン＆アイ・ホールディングスは，2001年4月に世界にも例を見ないATMをメインとするセブン銀行を設立した。2007年10月現在，イトーヨーカドーやセブン-イレブンなどのグループ各店に設置しているATMは，ゆうちょ銀行を除く民間としては日本最多の1万2,000台を超える。セブン銀行のキャッシュカードは，原則24時間365日使用することができ，平日はもちろん土，日，祝日でも7時から19時まで引き出し手数料が無料で利用することができる。
　イオングループもこれまでのイオンクレジットサービスという金融サービス業の枠を超えて，自ら銀行免許を取得して金融事業に進出してきた。ジャスコ，

サティ，カルフール，イオン，マックスバリュ，ポスフールなどの小売店を展開するイオングループも，2007年10月から約460台のATMの稼働を開始し，今後既存のイオングループ店舗にインストアブランチを開設し，多機能ATMの台数を順次拡大していく方針である。

三菱UFJフィナンシャルグループ（FG），みずほフィナンシャルグループ（FG），三井住友フィナンシャルグループ（FG）の三大メガバンクが有する有人店舗とATM拠点の数が1,000から2,000であることを考えると，セブン銀行やイオン銀行はグループ企業の店舗を活用することによって，大きな投資を行うことなしに日本最大級の店舗網をもつ新銀行を誕生させることが可能となった。こうした小売グループが銀行業務を行うことには大きな意味がある。それは買い物に伴う売買代金の決済機能を小売業者自らが担うことによってもたらされる。

大手小売グループがもつこうした巨大な店舗インフラストラクチャーとATMインフラストラクチャーは，今後のECマーケットにおいて大きな影響力を行使していくと考えられる。既存の金融機関がATMを併設した無人店舗を出店するために数億円のコストがかかるのに対して，小売グループはこうしたコストがかからない分だけコストを削減できる。それを消費者にATM利用手数料の無料化という形で還元することを通して，顧客口座の獲得が容易になると同時に，こうした口座にはクレジットカードによる買い物代金決済のための流動資金が滞留するのである。

さらに，これまではクレジットカード会社を通して間接的に知ることができた顧客の属性，購買履歴などの情報を直接獲得し，そうした情報に基づいたデータベースマーケティングを展開することを通して，小売企業グループは，物販業と金融ビジネスの相乗効果を得ることができるようになる。

彼らは，キャッシュカード，クレジットカード，デビットカード，電子マネー，ポイントカードなどの機能を併せもったICカードを発行し，買物代金の即時引き落とし，利用実績の蓄積によるポイントカード機能などのプロモーションを推進しているのである。

10 マーケティングストラテジー

10-1 経営戦略とマーケティング戦略

　経営戦略の考え方は，Ansoff (1965), Chandler (1962) らによって提唱され体系化されてきた。Chandler は，経営戦略を「企業の長期目標，目的の決定，行うべき行動指針の採択，それらの目標遂行に必要な資源の配分である。」(p.33) とした。Ansoff は企業における意思決定を戦略的決定，管理的決定，業務的決定の3つに分類している。彼らによれば，戦略的決定とは企業の「製品」と「市場」への対応に関する基本的な意思決定の枠組み，すなわちマネジメントを意味していた。

　Ansoff は製品と市場のマトリックスから，「市場浸透 (market penetration)」，「市場開拓 (market development)」，「製品開発 (product development)」，「多角化 (diversification)」という企業経営の拡大と多角化を目的とする4つの基本枠組みを提示している。そして，こうした基本戦略を実行する具体的プロセスとして，組織，財務，技術，マーケティング戦略が組み合わされるとした。

　Ansoff や Chandler の経営戦略の考え方は，企業の事業ドメインの拡大を目的とした事業の成長と多角化の視点に立っており，現実に1980年代まで企業では彼らの提示した基本枠組みをベースとして組織の多角化，国際化が行われ，その後の経済と社会の発展は，企業組織の高度な専門化，分業体系をもたらす結果となった。

　企業は事業を戦略的に運営するために戦略的事業単位 (Strategic Business Unit: SBU) を設置し，それぞれに異なった戦略を開発して適切な資金配分を行うことによってその成長を図ってきたのである。そしてそのプロセスで，各

SBUが担う事業の潜在収益力を市場成長率と相対的市場シェアを指標とした事業ポートフォリオから推定し、各SBUへの資金配分を決定する手法を開発してきた。こうしたポートフォリオモデルの中で最もよく知られているのが、ボストンコンサルティンググループ（Boston Consulting Group：BCG）とGEの分析モデルである。

図10-1 市場-製品マトリックス

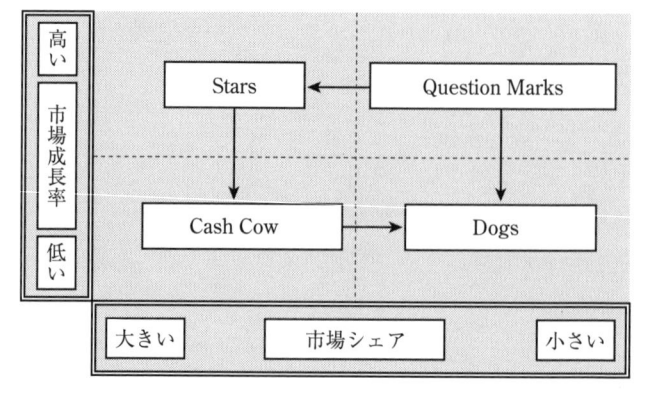

	製品	
	既存	新規
市場　既存	市場浸透	製品開発
市場　新規	市場開拓	多角化

図10-2 成長率-市場シェアマトリックス

	市場シェア	
	大きい	小さい
市場成長率　高い	Stars ←	Question Marks
市場成長率　低い	Cash Cow →	Dogs

図 10-3　キャッシュフロー計算書

キャッシュフロー計算書	健　全	不健全
営業活動による キャッシュフロー	＋	－
投資活動による キャッシュフロー	－	＋
財務活動による キャッシュフロー	－	＋

　BCG の成長―シェアマトリックス（growth-share matrix）で示される「問題児（question mark）」,「花形（star）」,「金のなる木（cash cow）」,「負け犬（dog）」は，4つの異なった事業タイプを示している。BCG が開発した分析手法は，「プロダクトポートフォリオマネジメント（Product Portfolio Management：PPM）」と呼ばれる（cf., Day, 1977）。

　問題児は高成長市場にもかかわらず自社事業の相対的市場シェアが低いSBU であり，市場のリーダー企業に対抗して事業展開していくためには多くの資金需要を必要とする一方でそこには大きな事業機会が広がっている。したがって，マネジメントはこの象限に属するSBU の育成か撤退かを慎重に見極めなくてはならない。花形は高成長市場におけるリーダーであり，問題児に投下した資源配分が成功して成長したセルである。しかし，高成長市場には絶えず競合他社が参入してくるため，彼らとの市場のパイを巡る競争のために多くの資金配分を行わなければならない。健全な企業は，金のなる木から獲得したキャッシュを問題児や花形に投資して，つぎの金のなる木の育成を目指す。

　金のなる木はマーケットが成熟期を迎え，かつ相対的に大きな市場シェアを有するSBU である。このセルに属するSBU は，新たに多くの資金配分を要することなく規模の経済性を発揮して高い収益を得ることができる。企業は金のなる木のSBU を保持することに努め，そこから収穫された大量のキャッシ

ュフローをマネジメントによって選択された問題児の SBU に注ぎこむことによって将来の金のなる木を育成する。負け犬は低成長市場であり，かつ自社の相対的市場シェアの低い SBU である。通常このセルに属する SBU からはキャッシュフローの流出がおこるため，マネジメントはこの市場からの撤退を考慮しなければならない。

　GE が開発した分析手法は通常ビジネススクリーンと呼ばれる。このモデルでは，各 SBU は市場魅力度（market attractiveness）とビジネスの強さ（business strength）の 2 つの次元で評価される（cf., Hofer＝Schendel, 1978, Day, 1985）。市場魅力度は，市場規模，市場成長性，利益，競争状況，集中度，周期性，季節性，規模の経済性から測定され，ビジネスの強さは，相対的マーケットシェア，価格競争状況，製品品質，顧客，市場に関する知識，販売効率，立地条件から測定され，そしてマトリックス上に自社が展開している事業の市場規模と SBU のマーケットシェアがプロットされる。

　このように，ビジネススクリーンでは PPM で用いられる市場成長率，マーケットシェアのほかに，製品，市場，環境に関わる多様な要因に基づいて，自社が抱える各 SBU の実力が判断されるため，PPM より踏みこんだ評価が可能となる。市場魅力度とビジネスの強さを評価するための各ファクターは 5 点尺度で評価され，それぞれの評価に各ファクターに付与されたウエイトが乗じられる。こうして算出された各ファクターの評点を，市場魅力度とビジネスの強さの各次元ごとに合算した数値が SBU ごとの評価となる。

　こうしたポートフォリオモデルは，マネジメントにとって自社の SBU の成長性や経済性を判断するための有力な支援ツールとなるが，平均化によって評点とウエイトの異なる SBU が同一のセルにプロットされたり，各 SBU 間の相乗効果が勘案されないなどの課題も含まれている。

　一方でマーケティング戦略は，経営戦略によって構築された経営ビジョンのもとで，組織の目的と市場機会との間に戦略的適合を築き，維持していくプロセスである。それは，事業レベル，製品レベル，市場レベルでの組織行動のシナリオを策定するプロセスといえる。経営戦略とマーケティング戦略は，多く

の部分で重なり合っている。マーケティングは顧客のニーズとそれを充足させる企業の能力に主眼を置いており，これは企業の使命や目的の達成を訴求するという経営戦略の観点とは同心円上に位置している。

多くの企業の戦略計画がマーケットシェア，市場開拓，市場成長といったマーケティング変数を取り扱っているため，マーケティングと戦略計画とを区別することが困難なこともある。事実，多くの企業が自らの戦略計画を戦略的マーケティング計画と呼んでいる。マーケティング戦略を企業の経営戦略の中で位置づけるならば，それは経営戦略の中にマーケティングコンセプトと呼ばれる顧客のニーズを満たすという観点をもち込むことであり，同時に経営戦略の策定にあたってマネジメントに市場機会の認識や市場の潜在能力を判断する情報を提供して，その判断をサポートする役割を担うものである。そして経営戦略が策定されたならば，マーケティングは個々の事業単位の中でそのユニットに与えられた目標を達成するための具体的な戦術をデザインしていく。

マーケティング戦略を策定するにあたっては情報収集能力，幅広い見識，豊富な経験，さらには直感，バランス感覚，胆力といった能力や資質が必要とされ，そしてマーケティング戦略の実行にあたっては臨機応変な対応が重要となる。

こんにちの不確実性に満ちた市場環境の中で，氾濫する情報の中から重要な情報のみを収集し，それを的確に解釈して速やかに対応していかなければならない。仮に誤った予測や判断に基づいてマーケティング戦略がデザインされた場合，その企業のそれまでの努力が水泡に帰してしまう可能性もある。

自社製品の提供する価値の代替品を見極めること1つ取り上げてみても，それは極めて難しいことがわかる。わが国のバブル経済の一時期，高級車の売上が大きく伸びた。これは，土地を売却して現金を手にした地主が高級車を購入したのではなく，一般的なサラリーマンがマイホームの購入を諦め，それまで蓄えていた住宅購入の頭金を高級車の購入資金に充てたためであった。

こうした顧客価値分析の難しさは競合他社を見極めることにも当てはまる。かつてパイオニアやビクターがさきを争って開発してきたDVDは，DVDを

標準搭載したSCE（ソニー・コンピュータエンタテインメント）の開発した家庭用ゲーム機「プレイステーション2（PS2）」の登場によって，ソフトを含めたマーケットが爆発的な広がりを見せた。当時DVDプレーヤーの国内出荷台数が1999年末日までの累計で約95万台であったのに対して，2000年3月4日に発売されたPS2は発売当日で出荷した100万台を完売してしまった。

　DVDの提供する顧客価値は，ゲームソフトを始めとして，映像，音楽などの大容量情報をデジタル圧縮して記録，再生する機能である。PS2に搭載されたDVDの性能はDVD専用器より劣っていることは事実であるが，その差は素人には見分けることができないレベルである。しかしながら，DVD専用器の価格が12万円から30万円するのに対して，PS2の価格は当時3万9,800円である。この事例から，パイオニア，ビクター，松下電器産業（現パナソニック）と顧客価値の競合関係にあったのは，彼ら相互ではなくSCEだったことがわかる。

　ゲーム，映像，音楽，インターネットといったこんにち私たちの求めるコンテクストを創造する過程プロセスで，それを実現するツールとして開発されたSCEのPS2は，それまでは同じ競争の土俵には乗らなかったテレビゲーム産業，パソコン産業，家電産業を，顧客価値の側面から同じ競争軸の中に巻き込んだのである。

10-2　新製品開発戦略

　新製品とは，これまでにない価値を有した新しい製品のほかに，新しい製品ライン，既存製品ラインへの製品アイテムの追加，さらには既存製品の改良や変更，マーケットでのリポジショニング，そして既存製品のコスト削減までをも含んだ広い概念である。企業は，新製品の開発を通して顧客のニーズを満たし，自らのマーケティング目的の達成を目指す。

　新製品の開発プロセスの第1ステップはアイデアの創出である。創出されたアイデアは，それが企業の目的，戦略，経営資源との整合性からスクリーニン

グされ，残ったアイデアは顧客価値を内包する製品コンセプトへと昇華される。製品コンセプトが確立されると，つぎに事業収益性分析が行われ，その製品がビジネスとして成り立ち得るのかが判断される。そして，その製品で企業の収益が確保できるという判断がなされれば，そのアイデアを体現する製品の開発がスタートすることになる。

　1958年8月25日，日清食品の創業者安藤百福によって世界初の瞬間湯熱乾燥法による即席めん，「チキンラーメン」が世に送り出された。安藤は戦後の混乱がまだ収まらない中，1杯のラーメンを求めて，寒空の下屋台に長い行列をつくる人びとを見て，そこに広がる庶民の選択，需要を敏感に感じ取っていた。熱湯をかければたちまちできあがる魔法のラーメンは爆発的な人気を呼ぶことになる。

　1966年，海外進出を視野に入れてアメリカ，ヨーロッパに視察旅行に訪れた安藤は，箸もドンブリもない欧米諸国でいかにして即席めんを販売するかを考えていた。彼は，日本への帰途の飛行機の中で機内食として配られたマカデミアナッツの包装紙からヒントを得る。紙にアルミコーティングされた包装紙は，後に「カップヌードル」の蓋として容器内を空気から遮断，密封する技術に活かされることになる。

　欧米視察から多くのヒントを得た安藤は，1971年，試行錯誤の末に，包装，調理，容器の3機能をあわせもつ夢の製品の開発に成功したのである。カップヌードルは，お湯さえあればいつでもどこでも誰にでも気軽に食べられる食品としてそのマーケットは世界中に広がり，全世界で200億食以上が消費されてきた。

　機能面のニーズに着眼して開発された製品として大塚製薬の「ポカリスエット」がある。1980年に同製品が発売される以前には，水分や電解質を素早く補給できる飲料は存在しなかった。顧客の視点をとことん追求して自分仕様のコンセプトのもとに開発されたのが，トヨタ自動車の「ファンカーゴ」である。同製品にはあらゆる使い方に対応できるように独自の機能が満載されていた。自動車業界では初めて後部座席を完全に床下に収納でき，床面積の3分の2を

平らにできる。こうすることで，マウンテンバイクやスノーボードを楽しむ若者は，クルマの後部にそのままそれらを積むことができる。また，キャンプ好きの人のために，オプションでベッドパイプが取り付けられるようになっている。さらに，社内にはAC100ボルトの電源が用意され，電子レンジや本格的な音響機器を使用することも可能にしていた。

製品開発はその品質や機能そのものに関するアイデアを起点にすることもあれば，特定の流通チャネルや特定のターゲットを起点にして，それらに合わせる形で製品を開発あるいは製品に改良を加えるケースも少なくない。

特定の小売形態での販売を目的として製品が開発される場合もある。キンレイがCVS向けに開発した「あの店のうどん」，「あの店のラーメン」，「あの店のそば」の各シリーズは，火にかけただけで出来上がる手軽さとカップ麺やインスタント麺よりも本格的な味がうけて，独身の男女を中心に冬場はひと月で50万食が売れるヒット商品となった。

人びとの生活様式や生活意識の変化は新たな顧客価値を生み出し，そこから新たな製品開発が行われるようになった。丸の内紙工は使い捨て便座シートの国内マーケットシェアの50％を握る会社である。洋式便器の普及と清潔志向の高まりに後押しされて，1989年3月期には1億円だった売上高が，1999年3月期には約5倍の4億8,000万円にまで膨らんでいる。

潜在的顧客価値を実現する製品開発も積極的に行われるようになってきた。ピアノやトランペットのユーザーにとって騒音の問題は深刻であった。こうした楽器のもつ課題に対応した製品がヤマハの「サイレント楽器シリーズ」である。同シリーズには，ピアノから，金管楽器，ドラム，バイオリン，チェロといった多彩な製品があり，それらの大きな特徴は良い音がでるという点にある。いくら音の大きさを抑えることができても，音色が変化したり音程が変わってしまっては顧客満足を得ることができない。例えばトランペットの場合，従来から「プラクティスミュート」という消音器を開口部に取り付ける方法があったが，この消音器を使った場合音色が変化したり音程が不安定になるなどの問題があった。それに対して，ヤマハはボーリングのピンに似た形状をした「ピ

ックアップミュート」を開発することによって従来のミュートがもつ欠点を克服したのである。

　テレビアニメーションや漫画の人気キャラクターを活用した製品戦略も，古くから行われている。キャラクター製品の開発は既存製品に新たな価値を付加して市場投入する典型的なパターンである。1971年にカルビーが発売した「仮面ライダースナック」はキャラクターカード付き製品の元祖である。カードには，仮面ライダーを始めとしてその敵であるショッカーの改造人間など300あまりの種類があり，テレビ放映されていた仮面ライダーに夢中の子供たちは，他人がもっていないカードを集めようと同商品を購入した。

　1999年11月にアメリカで公開された「Pokemon The First Movie（邦題：ポケットモンスターミュウツーの逆襲）」は，年末までの累計興行収入が8,360万ドルを越え，「タイム」誌アジア版は，1999年最高の人物にポケットモンスターのメインキャラクターであるピカチュウを選ぶなどアメリカでの人気は凄まじい。アメリカではポケットモンスターのトレーディングカードが，日本で3年かけて売り上げた18億枚をはるかに凌ぐ24億枚をわずか2ヶ月で売り切ってしまった。

10-3　競　争　優　位

　企業が競合他社との競争に勝ち残りその後も成長を続けるためには，競合他社との間に何らかの競争上の優位性を確立する必要がある。競争優位とは，事業展開，組織運営上の各プロセスにおいて競合他社と比較して相対的に優れた能力を意味する。Porterは競争優位獲得のプロセスを解き明かし，それを企業の競争戦略に適用する研究を行った。

　Porter（1980）によると，「競争優位（competitive advantage）は，製品の設計，生産，マーケティング，流通，サポートといった多くの別々の活動から生じ，これらの活動のそれぞれが企業の相対的コスト地位（relative cost position），差別化の基礎（basis for differentiation）の創造に貢献する。」(p.

33）とされる。競争優位の源泉を分析するために企業が行う全ての価値活動とその相互関係を体系的に検討する手法として，Porterによって提案されたのが価値連鎖モデル（the value chain model）である。

図10-4　Porter（1980）の価値連鎖

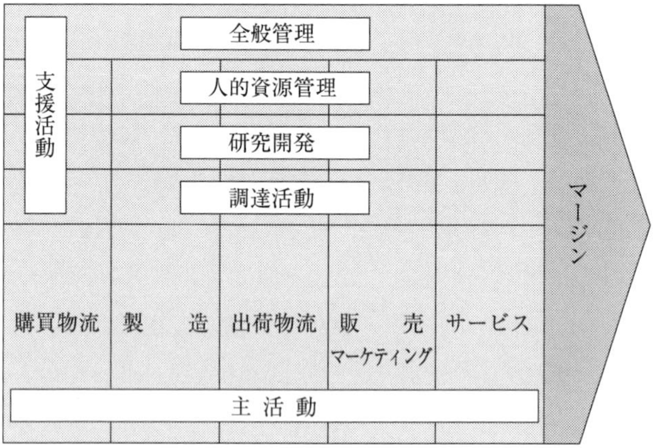

	全般管理				
支援活動	人的資源管理				
	研究開発				
	調達活動				
購買物流	製造	出荷物流	販売マーケティング	サービス	
主活動					

（右側に「マージン」）

彼の提示した価値連鎖モデルは，企業の5つの主活動（primary activities）と，それらをサポートする4つの支援活動（support activities）の9つの価値創造活動からなる。彼の提示した9つの価値創造活動は事業運営ならびに組織運営のプロセスであり，価値連鎖は価値をつくる活動とマージンとから構成され，各々の価値活動は価値連鎖内部の連結関係でつながっている。そして，競争優位は価値活動の連結関係の最適化（optimization）と調整（coordination）によって導出される。

価値連鎖の連結関係の最適化と調整によって導出される競争優位は，コスト優位（cost advantage）と差別化（differentiation）の2つである。企業は9つの価値創造活動に関して競争相手企業のコストと成果を推定し，自社のそれと比較点検することを通してコスト優位を見いだすか，あるいは創りだすことができる。また9つの価値活動のプロセス，そしてプロセス間の連結関係の中に特異性の源泉を見つけることによって，差別化を実現することができるとした。

そして Porter は，技術は企業の価値連鎖のすみずみにまで浸透しており，技術変化は新たな産業の創出にも業界構造の変革にも大きな役割を演じるとして，競争優位を形成するにあたっての技術の重要性に言及している。何らかの価値，あるいは生産物を創りだすためには，原材料と人的経営資源を結合させる技術を必要とする。こうした技術には人事手続きのような単純な1種類の技術からなるものから，通常は物流管理における資材取り扱い技術のように管理工学，エレクトロニクス，資材技術など何種類かの科学理論あるいは副次技術の結合された技術が含まれる。

　そして異なる価値活動に使われる技術は相互に関連している。生産技術は産出された製品のサービス技術とリンクしており，コンポーネント技術は総合的な製品技術と関連している。価値連鎖の1つのプロセスに使われる技術がほかのプロセスに使われる技術と密接な関連をもち，極端な場合では1つのプロセスにおける価値活動の変化が価値連鎖の主要な変更をもたらすこともある。例えば，セラミックエンジンへの移行は機械加工やそのほかの製造工程を不要にした。また，1つの企業の技術は明らかに取引企業との間に相互依存関係がある。例えば，ある企業の受注処理技術と買い手企業の調達方法は相互に影響を与えあう。このように技術はあらゆる価値活動に活用され，価値活動の遂行のための連結器（achieving linkages）となっていることから，価値活動のコストと特異性の操作要因となる。

　自動車業界を見てみると，フルラインの製品ラインをもつトヨタ自動車と日産自動車に対して，スズキとダイハツは軽自動車の製造に特化し，いすゞ自動車はトラックとバスの製造に特化している。また，ホンダ技研工業はスポーティな車種を展開し，富士重工業はエンジンに特徴がある。

　コーヒーショップ業界でも競争戦略上のポジショニングには違いがある。ドトールのメインターゲットはビジネスマンで，オーダーしてから商品がでてくるまでの時間が短く，スターバックスよりも低い価格設定になっている。一方で，スターバックスはエスプレッソが主力商品でコーヒーがでてくるまでに多少時間がかかる。

268   10 マーケティングストラテジー

図 10-5　自動車業界の競争優位のタイプ

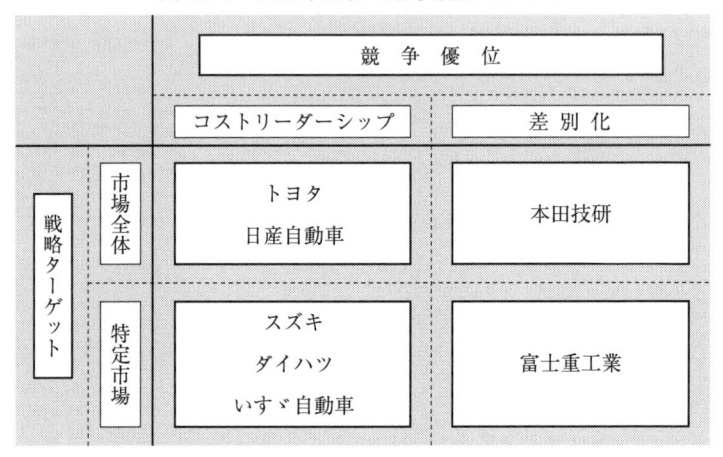

	競争優位	
	コストリーダーシップ	差別化
市場全体	トヨタ 日産自動車	本田技研
特定市場	スズキ ダイハツ いすゞ自動車	富士重工業

（戦略ターゲット）

図 10-6　コーヒーショップ業界の競争優位のタイプ

	競争優位	
	コストリーダーシップ	差別化
市場全体	ドトール スターバックス マックカフェ	タリーズ
特定市場		ルノアール

（戦略ターゲット）

10-4　マーケットシェアとマーケティング戦略

　Kotler (1999) は，企業をターゲット市場において果たす役割の違いから，マーケットリーダー (market leader)，マーケットチャレンジャー (market challenger），マーケットフォロアー（market follower），マーケットニッチャー（market nichers）という4つの競争ポジションに類型化している。彼は，市場構造の仮説としてマーケットリーダーのシェアを40％，マーケットチャレンジャーのシェアを30％，マーケットフォロアーのシェアを20％，マーケットニッチャーのシェアを10％としている。それぞれの競争ポジションに位置する企業は，異なったマーケティング戦略をデザインすることによってマーケットでの生き残りを模索する。

● マーケットリーダーのマーケティング戦略

　マーケットリーダーは，特定の市場で最大のマーケットシェアを有し，新製品導入，価格変更，チャネル，カバレッジ，プロモーションなどに関してほかの企業に大きな影響力をもっている。そのために，マーケットチャレンジャー，マーケットフォロアー，マーケットニッチャーは，マーケットリーダーの動向に注意を払い，彼の動きに対して迅速に対応しなければならない。

　よく知られているマーケットリーダーとしては，コンピュータソフトウェアのマイクロソフト，複写機のゼロックス，建設土木機械のキャタピラー，ソフトドリンクのコカ・コーラ，ファストフードのマクドナルド，剃刀のジレットなどがある。

　意外と知られていないが，わが国にも世界市場で50％以上のシェアを有する製品を生産する企業が多数存在する。一例を挙げると，味の素のグルタミンソーダ（約50％），クラレのエバール樹脂（約70％），三協精機製作所のオルゴール（約90％），富士工業の釣り用ガイド（約80％），日立粉末冶金のブラウン管に使用する黒鉛塗料ヒタゾル（約60％）などである。

　日本だけを見ると国内シェア100％を誇る企業も少なくない。北海道のサークル鉄工はビート移植機，栃木県のレオン自動機は包あん機，製パン機，静岡県のエフ・シー・シーは二輪車用クラッチ，福井県の青山ハープはハープ，長野県のパブリック・レコードはアナログレコード，大阪府のタカラベルモントは理髪用椅子，熊本県のネクサスはポストカード自動添付装置で国内の全ての

製品を扱っている。

こうしたマーケットリーダーたちは，ただ市場からの収穫を行っていればよいわけではない。マーケットシェアトップの地位を維持するためにマーケティング戦略を行わなければ，いつ何時競合他社によってその地位が奪われるかわからない。こうしたマーケットリーダーの行うべき戦略には，大きく市場規模の拡大，マーケットシェアの維持，マーケットシェアの拡大という3つの戦略がある。

◆ 市場規模の拡大

特定の市場のマーケットリーダーは，そのマーケットが拡大するとき最も大きな利益を得ることになる。世界のPCマーケットが拡大すればマイクロソフトは最も大きな利益を得ることになる。何故ならば，同社はコンピュータソフトウェア市場で最も大きなシェアを有しているからである。それではマーケットリーダーはどのようにしてマーケット規模を拡大するのだろうか。そのための方策として，一般的には新規ユーザーの開拓，新たな用途の提示，使用頻度の増大という3つの方法が使われている。

第1に，マーケットリーダーは特定の製品の新規ユーザーを開拓することによってその市場規模を拡大することができる。新規ユーザーの開拓のために行われる主要な戦略としては，市場浸透戦略（market-penetration strategy），新市場開拓戦略（new-market segment strategy），地域拡大戦略（geographical-expansion strategy）の3つが知られている。

市場浸透戦略では，標的とするセグメントの中でその製品に対する潜在需要をもちつつも購入してくれていない顧客に働きかけ，需要を顕在化させる手段が講じられる。需要の価格弾力性が大きい製品に関しては，価格の引き下げによってマーケットの需要を増大させることができる。インテルは競合他社が同社の前バージョン相応の性能の製品で追随してきたタイミングで，上澄吸収価格設定で新たな高性能チップを約1,000ドルという高価格で市場導入した後，前のバージョンの製品価格を低下させる戦略を採用して成長してきた。

新市場開拓戦略では，それまで特定の製品を使用していなかった顧客層にもその購入を働きかけることによってマーケットの拡大を図っていく。化粧品関連商品は，それまで化粧をしなかった若年層や男性顧客を取り込むことによってその市場規模を拡大している。花王は，従来の女性をターゲットにしたビオレブランドに，男性をターゲットとしたメンズビオレブランドを導入することを通して新たなマーケットの開拓に成功した。そのほかにも，資生堂のCVSを流通チャネルにした化粧惑星では，それまでの同社のターゲットとは異なるマーケットの開拓に成功している。

地域拡大戦略は，製品の販売地域を広げることによって当該製品の販売量を増大させる戦略である。ターゲットとするセグメントの属性から小売形態を絞り込む事例もある。カルビーのジャガビーの原型はジャガイモの本場北海道で土産品として新千歳空港や札幌市内の百貨店で発売されたじゃがポックル（ピュアじゃが）だった。その後，じゃがポックルのシーズを確認したカルビーは，同製品を全国展開している。

第2に，特定の製品の新たな用途開発の例としてはデュポンのナイロン製品がよく知られている。ナイロンは，パラシュート用の合成繊維として使用された後，ストッキングやシャツの素材となり，こんにちでは，タイヤ，家具，カーペットにも使われている。プロモーションの視点の転換によって潜在顧客を開拓した製品として，エスエス製薬のビタミン含有保健剤「ハイチオールC」が当てはまる。同製品は，1972年の発売以来年間30億円から40億円の売上を続けてきた。その後，マーケットの変化に対応して製品の位置づけを万能薬からしみ，そばかす向けに見直したところ，女性ユーザーが急増して100億円を超えるヒット製品となった。

第3に，マーケットリーダーは特定の製品の使用頻度や使用量を増加させることを通して市場規模を拡大することができる。毎朝シャンプーをする習慣が定着するとシャンプーの売上は増加し，髭剃りの剃刀を交換する周期が縮まれば剃刀の売上は増加する。フランスのミシュラン・タイヤは，自家用車の走行距離を伸ばすことによってタイヤの交換周期を早めるために，全世界で知られ

るようになった面白いシステムを考え出した。同社は，フランス全土のレストランを星の数でランクづけして3つ星のレストランを最高ランクとした。そしてマップ付きのガイドブックを作成し，パリジャンたちにプロバンスやリヴィエラを始めとする南フランスへのドライブをうながした。

◆ マーケットシェア維持・拡大戦略

　マーケットリーダーにとって，市場規模を拡大することによる収益の拡大は企業にとっては攻めのマーケティング戦略である。しかしながら，特定のマーケットでのトップのシェアを維持すること自体大変な経営努力を必要とする。Kotler（1999）はマーケットリーダーを，「蜂の群れに攻撃される象」に喩えている。コカ・コーラはペプシ・コーラに，ジレットはビックに，ハーツはエイビスに対して常に防御を怠ってはならない。競合他社に対する最大の防御は攻撃である。マーケットリーダーは，自らの製品に新たな付加価値を付けてさらなる差別化を図ることによって，その地位を維持，拡大していかなければならない。

　電機シェーバーの国内トップメーカーである松下電工（現パナソニック電工）はマーケットシェアの約40%を握っている。同社は，独自機能として磁力の反発力で本体内部の刃を高速で左右に動かす「リニア駆動」で他社との差別化を図っている。また，刃を水洗いできる機種が多いのも同社の製品の特徴となっている。ただし，マーケットリーダーの地位を脅かすのはマーケットチャレンジャーには限られない。日本におけるアサヒビールやSCEの事例は，マーケットフォロアーや，ときには新規参入業者が突如としてマーケットリーダーの強力な競争相手となり得ることを如実に物語っている。

● 追随者のマーケティング戦略

　マーケットで圧倒的に有利なシェアをもつマーケットリーダーに対して，マーケットチャレンジャー，マーケットフォロアー，マーケットニッチャーといった追随者は，それぞれの立場からマーケティング戦略を遂行していかなくて

10-4 マーケットシェアとマーケティング戦略 273

はならない。

しかしながら，価格やサービスなどの面でマーケットリーダーがもっている影響力は大きく，シェアでリーダーに劣る追随者たちは不利益を覚悟でリーダーの行動に追随せざるを得ない状況も少なくない。

日本のハンバーガー業界では，1987年にマーケットリーダーの日本マクドナルドが，390円でハンバーガー，ドリンク，フライドポテトをセットにした「サンキューセット」を開発すると，ロッテリアが380円で同様のセット商品「サンパチトリオ」で追随し，その後のハンバーガー市場の価格競争のトリガーとなった。2000年に入って，日本マクドナルドが，平日に限ってハンバーガーとチーズバーガーを半額に値下げすることを発表すると，直ちにロッテリアも同様の値下げを決定している。

GPIAシステムを活用できる日本マクドナルドとロッテリアでは原材料調達コストに大きな開きがあり，ロッテリアの価格引き下げは自らの首を締めることにつながりかねなかったが，競争戦略上のポジショニングが重なるロッテリアにとって，日本マクドナルドへの追随以外の選択肢は見つからない。

しかしながら，日本人の味覚へのこだわりに着目し，製品の味と原材料の品

図10-7 ハンバーガー業界の競争優位のタイプ

		競　争　優　位	
		コストリーダーシップ	差別化
戦略ターゲット	市場全体	日本マクドナルド ロッテリア	
	特定市場		モスフードサービス

質にとことんこだわったモスフードサービスの場合，日本マクドナルドとは異なったマーケティング戦略の選択が可能となる。モスフードサービスは，マーケットリーダーである日本マクドナルドのハンバーガーよりも高品質の製品を高価格で提供することによって，マーケットリーダーとの棲み分けを実現している。

マーケットで10%程度のシェアしかもたないマーケットニッチャーも，マーケティング戦略のデザイン如何によってはその市場から高収益を享受することができる。その戦略の基本は高度な専門化である。具体的には，規模の経済性や経験効果が発揮できずマーケットリーダーが参入してこない事業領域や製品規格に特化したり，サービスや流通チャネルを高度に専門化させるなどの戦略が考えられる。地域に密着して独自の味を提供する地ビール産業などもマーケットニッチャーの典型である。

ごく稀にではあるが，新規参入の小規模企業が既存の一大マーケットを再編成し，そのマーケットリーダーとして君臨するケースもある。それは，その業界の常識を根底から覆すような新たなビジネスシステムの開発による場合である。通信衛星を使って中古車オークションを手掛けるオークネットは，それまでユーズド商品であるがゆえに現物売買しか行われていなかった中古車市場に映像で中古車を売買するシステムを開発することによって，会社設立後5年あまりの間に通信衛星自動車オークション市場のマーケットリーダーとなった。

企業が特定のマーケットで自社製品のコモディティを提供する競合相手を認識することと，その競争相手を想定した具体的なマーケティング戦略を展開することとは必ずしも一致しない。マーケットシェアが小さい他社製品のシェア獲得を目的とするのと，大きなマーケットシェアをもっている他社製品のシェア獲得を目的とするのでは，マーケティング戦略に大きな違いが生じるのである。

相対的に小さなシェアしか有していない製品との競争には，少ない経営資源の配分によって勝利することができるかもしれないが，得られる成果も小さく，その競争プロセスから組織が獲得し，組織内に蓄積される企業能力も期待でき

ない。しかしながら，マーケットで巨大なシェアを有する企業を競争相手とし，その競争に勝ち残るために，拠って立つべき経営ビジョン，行動の規範となる企業文化にまで革新を加え，経営資源を集中したならば，その企業努力のプロセスから得られるものは，他社製品のマーケットシェアに止まらず，将来の競争優位を創りだす源泉となる新たな企業能力の獲得や蓄積をも期待できる。

アサヒビールが，サッポロビールやサントリーを想定したマーケティング戦略を策定していたなら，スーパードライのこんにちのようなヒットはなかったかもしれない。ただし，マーケティング戦略を誤った場合の損失は，大きなマーケットをターゲットとすればするほど大きくなる。サッポロビールのグランドビアの開発は，スーパードライを標的として，膨大な時間と経営資源を投入したマーケティング戦略だった。

10-5　PLCステージとマーケティング戦略

PLCの各段階によってマーケットは異なった様相を見せる。そこで，企業はその提供するプロダクトのPLCのステージの特徴に応じたマーケティング戦略を行う。製品の導入期には，その顧客は革新者と呼ばれる好奇心旺盛な顧客層で占められ，売上高は低水準である。したがって，顧客当たりのコストが高くなるため，企業が得られる利益は高くない。このステージでのマーケティング戦略は，製品の市場での認知と試用促進を目的として行われる。

Rogers (1983) によれば，人間には新製品を試用する心理的容易さに大きな個人差があるとされる。彼は，新製品の相対的採用時期から個人の革新度を，革新者 (innovators)，前期少数採用者 (early adopters)，前期多数採用者 (early majority)，後期多数採用者 (late majority)，採用遅滞者 (laggards) の5つのカテゴリーに分類した。

製品が市場で認知されてその顧客価値がマーケットに受け容れられると，早期採用者が製品を購入するようになり，その売上高は急成長のカーブを描くようになる。そうなると顧客当たりのコストは下がり企業の利益も増加するが，

マーケットの成長を見て多数の追随者が市場に参入してくるようになる。したがって、このステージではマーケットシェアの最大化を目的としたマーケティング戦略が行われる。

その後多数採用者が製品を購入するころにはその製品の PLC は成熟期を迎える。成熟期にはマーケットでの競合他社との競争に決着がつき、マーケットでの勢力地図が固まる。企業はこのステージで最も多くの利益を獲得することができるため、マーケットシェア維持と利益最大化を目的としたマーケティング戦略が行われる。

やがてより優れた顧客価値をもった製品の登場によって、その製品の PLC は衰退期を迎える。そして製品の存在価値がなくなったとき、企業は製品の廃棄を決定し、その製品の PLC は終わりを告げることになる。

このように、企業は競合他社との競争の中で、マーケットからより多くの利益を獲得することを目的として、製品の PLC のステージごとに異なったマーケティング戦略を採用する。そして、企業には PLC に絡んだもう 1 つのマーケティング戦略が存在する。それは、製品の PLC の延命策とでもいうべきものであった。

10-6 規制緩和とマーケティング戦略

医薬品流通の規制も緩和の流れの中で、1999年と2004年に薬局、薬店でなくても販売できる医薬部外品の範囲が広げられ、2009年施行の改正薬事法ではさらに大きな改革が加えられることになる。1999年度の CVS および自動販売機でのドリンク剤市場規模が500億円であったことから、大衆薬を製造するメーカーにとって、新たな流通チャネルに潜む多くの潜在顧客の存在を改めて気付かせることになる。

そこで製薬会社は、それまでの医薬品で培ってきたブランド力を最大限に活用して、効き目や信頼性を消費者に訴えかけることを通して、自社製品を購買してもらうマーケティング戦略を採用した。

山之内製薬は，2000年5月にCVS向け医薬部外品の外皮消毒薬である「マキロンプチA」を発売した。同社の外傷消毒薬「マキロン」の主成分で殺菌消毒効果がある塩化ベンゼトニウムの配合を医薬部外品の規定にあわせることによって，CVSでの販売を可能にしたのである。マキロンという名前にはマーケットの認知と信頼があり，同社はこのブランドネームを活用することによって，PLCの導入期に必要とされるコストを抑えて，最初から相応の売上高と利益の獲得を目指したのである。

　ほかの製薬会社でも同様のマーケティング戦略が行われている。武田製薬の三大ブランドは，ビタミンC補給剤の「ハイシー」，風邪薬の「ベンザ」，栄養ドリンク剤の「アリナミン」である。この市場に認知されているブランドネームを活用するために，同じく2000年5月，同社はハイシーブランドのドリンク剤「ハイシーCEタイム」を，CVSを始めとする幅広い流通チャネルを通して発売した。エーザイも2000年4月に有効成分ビタミンB6の配合を医薬部外品の規格に適合させた「チョコラBBドリンク」を発売している。

10-7　顧客シェアのマーケティング戦略

● マーケティングパラダイムの変遷

　これまでにいくどとなく企業はマーケティングパラダイムを創りかえてきた。パラダイムとはシステムの成立が拠って立つものであり，1つの単位を構成しその活動パターンを維持するものとされる。それは，組織体としての企業自身，企業と環境との関わりなどについてのメタファーの集合体であり，内部発展性を有している。パラダイムシフトは価値観や行動規範としての新たな企業文化を生みだす。

　こんにち，多くの企業のマーケティング担当者は顧客との関係性を重視するインタラクティブパラダイムのもとで，顧客インターフェイスの量的，質的な拡大と迅速化を通して真実の顧客価値の創発を目指すようになっている。その

背景には，市場や顧客との多様な対話とインタラクションの循環プロセスは価値発見の絶対数を高め，またそのスピードが速まるほど予測の精度は高まり，情報の市場価値は上昇し，競争力が強化され，いわゆる速度の経済性効果が発揮されるという認識がある。

企業が顧客のニーズや好みを把握し，顧客個々人の置かれているコンテクストの中で，製品やサービスを提供する「学習関係」が構築できれば，企業は半永久的にその顧客との取引関係を維持できる。これが，顧客とのコミュニケーションを重視したマーケティングの考え方である。

新たな千年紀を迎えて私たちの生活環境は良くも悪くもますます成熟の度合いを深めている。また，情報技術は研究者の予測を上回る速度で発展，普及を続け，その役割もこれまでの価値活動をサポートするツールとしての位置づけから，データマイニング手法などを通して，新たな価値活動の枠組みを創りだす主体としての役割を担うようになってきた。こうした環境の中で，マーケティングパラダイムにもさらなる変化の兆しが現れている。

こんにちのわれわれの日常生活を豊かなものにしているさまざまなものが開発，普及していなかった時代，企業は製品を製造しさえすれば消費者はそれらを購入してくれた。例えば，蓄音機を発明したトーマス・エジソンは，人を雇ってそれを製造し，販売した。ここでは「もの」が圧倒的に不足しており，企業には市場に自らの利益につながるだけの十分な顧客がいることがわかっていた。すなわち，消費者ニーズは顕在化しており企業のタスクはそれらを製品化することだった。

生鮮食料品の保存を可能にした冷蔵庫，豊富な情報や娯楽を提供してくれるテレビ，家事労働を軽減してくれる洗濯機など枚挙にいとまがない。この段階では顧客価値が製品の機能と直接に結びついており，経営者にとっては「マーケティング＝マスマーケットに対応した製品開発」という認識が主流を占めていた。

こうした機能への欲求が満たされると，顧客価値は機能から離れてスタイルやファッションに移行していく。こうした流れに対応して，企業は自社の製品

をいかに消費者に購入してもらうかという販売促進に力を注ぐようになる。企業はコスト優位と差別化に依拠した競争優位性を追求することによって，消費者のニーズに関わりなく自社製品を売りこもうとする。この段階では，経営者にとっては「マーケティング＝販売促進」という認識が主流を占めていた。

エナクトメントパラダイム（enactment paradigm）における「マーケティング＝マスマーケットの顕在ニーズに対応した製品開発」，「マーケティング＝販売促進」という認識をいまだにもち続けている経営者も少なくない。このような認識は一概に誤りとはいえないが，こんにち成功するマーケティング活動を実践するためには不適切である。

なぜならば，マーケティングはどんな消費者ニーズを満たす製品を開発するか，それをどのターゲットマーケットに販売するのかというように，具体的な製品が存在しない，またそれを販売するマーケットも存在しない段階からスタートする活動なのである。

いくら優れたクオリティを備えていても，マーケットにニーズがなければビジネスとしては成立しない。マーケットに潜在ニーズが存在したとしても，ほんの少しのタイミングのズレによって全く売れないことも少なくない。このように，マーケティング意思決定は極めて重要な課題であり，企業のトータルな活動と位置づけなければマーケティングは失敗するのである。

目に見える消費者ニーズが充足されると，企業は潜在する消費者ニーズを見いだす競争に奔走するようになる。経営者は，消費者との継続的な取引を獲得するために買い手の価値発見をビジネスの出発点と位置づけるようになった。このパラダイムの前提となっていたのは，顧客価値は市場調査や統計分析によって発見可能という認識であった。

そして，高度に成熟した現実社会において，消費者ニーズはより一層多様化，不透明化し，いかに高度な調査技法を駆使しても，彼らのニーズを的確に見つけだすことは困難になってきた。その根底には大きく2つの要因が考えられる。1つは，日常生活に必要なあらゆるものが充足した環境の中で消費者自身自らのニーズを認識できない状況が生起していたことであり，もう1つの要因は製

品のサービス化現象の進展であった。

　自社サイドからのアプローチだけでは，消費者ニーズを発見できないことに気づいた企業は，買い手である消費者を自らのパートナーとみなし，彼らとのコミュニケーションを通して価値を共創しようと考えるようになる。こうした考え方をいち早く取り入れ，成功してきた企業に花王がある。同社は，1978年，消費者から電話や手紙で寄せられた声をデータベース化した「エコーシステム」と呼ばれるシステムを稼動した。同システムに蓄積されたデータは，花王生活科学研究所や各事業所内で共有されるほかに，地域別データ，月次データなどに加工される。同社は，このシステムを活用して多くの商品改良を行ってきた。

　目の不自由な消費者からの声に応えてシャンプー製品のボトルに刻みを入れ，手で触れればシャンプーとリンスの区別がつくように容器を改良したほか，幼児用紙おむつ「メリーズ」では100件以上の苦情に対応して，はかせやすさ，洩れにくさを追求して，その形状に改良を加えてきた。

　情報は収集するだけでは意味がなく，それを組織全体で共有し，情報から消費者の求めている価値を読みとり，それに応えていくことによって，消費者との価値の共創が実現する。消費者からの苦情は，真の顧客価値へのカギを伝えるメッセージであり，貴重な情報といえる。花王は，こうしたメッセージを通して顧客との密接なコミュニーケーションを実現することに成功したのである。

　また，価値の共創は，「誘導される偶然」をマーケティングプロセスにとりこむ側面を有している。誘導される偶然という概念は絵画製作の極意であるとされている。画家のマナブ間部によれば，画家はその意図と意欲をもってカンバスに向かうが，そのプロセスで意図しない色の混ざり具合や思いがけない造形が現れたとき，そうした偶然を無視してデッサン通りに作業を進めるよりも，自らの意図と調整しながらその偶然を積極的に活かすことによって名画が生まれるという。

　現実のビジネスでは，ソニーのCDプレイヤー，TOTOのシャンプードレッサーといった製品が企業と顧客との共創の成果として有名である。大型陶器

の洗面ボールの開発に成功したTOTOは，市場調査の結果から当初この大型洗面台をハンカチや下着などの小物を洗濯するツールとしてプロモーションを行ったが，その売れ行きは芳しいものではなかった。このとき，顧客との会話を通して複数の利用者から彼らの子供の中高生が，毎朝その洗面台を使ってシャンプーをしていくという情報を入手する。TOTOは，この思いがけない偶然を採り入れて，同製品をシャンプードレッサーとして販売したところ，同社の大ヒット商品となる。

このように，企業は顧客との会話を通して自らも，そしてときとして消費者自身もつかみえなかったニーズの発見を模索するようになった。これがインタラクティブパラダイム（interactive paradigm）のもとでの，顧客との関係を重視するリレーションシップマーケティング（relationship marketing）の始まりである。

表10-1 マスマーケティングとワントゥワンマーケティング

	マスマーケティング	ワントゥワンマーケティング
ターゲット	消費者	顧客
生産	大量生産	カスタマイズド
製品	スタンダード	カスタマイズド
コミュニケーション	一方向	双方向
目標	マーケットシェア	カスタマーシェア

表10-2 マーケティングパラダイムの変遷

	エナクトメント	フィットネス	インタラクティブ
顧客ニーズ	相対的価値	相対的価値	絶対的価値
プロダクト	有形財	有形財・オファー	オファー
顧客価値発見	顕在	発見	共創
対市場観	反応者	価値保有者	パートナー

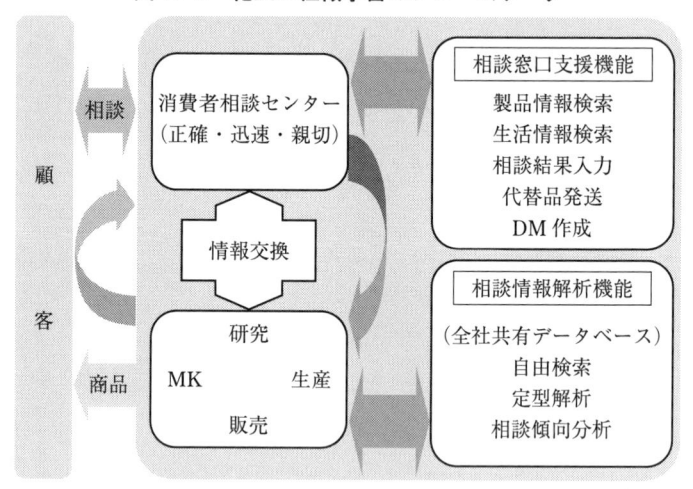

図10-8 花王の組織学習のフレームワーク

```
顧客 ─ 相談 ─→ 消費者相談センター     相談窓口支援機能
              (正確・迅速・親切)      製品情報検索
                                    生活情報検索
                    ↕                相談結果入力
                 情報交換              代替品発送
                    ↕                DM作成
              研究
              MK  生産               相談情報解析機能
              販売                   (全社共有データベース)
                                    自由検索
顧客 ─ 商品 ─→                        定型解析
                                    相談傾向分析
```

出典：花王HP（http://www.kao.co.jp/）

◉ リレーションシップマーケティングの進化

　1990年代に入って，物理的な価値の飽和状態に置かれた消費者は，企業に対して最大公約数的なマス対応ではなくパーソナルな対応を求め，それを実現することが企業に競争優位性をもたらすようになってきた。

　消費者は平等に扱われたいとは思っておらず，個別に扱われたいと考えている。また，消費者は製品の機能を始めとするクオリティを重要視するようになる。こうした状況の中，企業は顧客一人一人との良好で親密な関係の構築を模索すると同時に，マーケットにおける「相対的価値」の創造から，個々の顧客に対する「絶対的価値」の創造を求められ，企業はそのための対応を迫られることになった。

　相対的価値をもった製品とは特定製品領域での競合する他社が提供する代替品との関係で比較優位性を有した製品を意味し，絶対的価値をもった製品とは特定製品領域においてそれ自身優れたクオリティを有した製品を意味する。こ

れまでは，クオリティに多少の課題が存在しても，他社の提供する代替品よりも高い品質を備えてさえいれば消費者はその製品を購入してくれた。しかしながら，こんにちの顧客はクオリティに関して妥協することがないのである。

顧客一人一人に対応した高いクオリティを有したカスタマイズ製品の販売によって成功を収めた企業に，デルコンピュータ（現デル）がある。同社は，電話とインターネットを通して顧客のオーダーを受け，そのオーダー通りにカスタマイズされたPCを製造し，販売する。また，販売後の相談，修理やメンテナンスにあたるオペレータは全てコンピュータに精通した専門家であり，かつ顧客のコンピュータの機器の構成や購買履歴などのデータベースをもっているため，顧客個人個人に対して迅速で的確な対応を行うことによって，後発業者でありながらPC業界において独自の地位を構築している。

● ワントゥワンマーケティング

インタラクティブパラダイムのもとで行われるマーケティングは，ワントゥワンマーケティングという新しいマーケティングの世界を開拓する。これは，マーケティングの「個人化」，つまりマーケティングの対象が一人の個人レベルにまでシフトダウンするという現象によって説明される。一人の顧客との取引を1度限りの取引ではなく長期にわたる一連のプロセス，オンオフのスイッチではなくボリュームダイヤルとみなして，企業に対するその顧客の生涯価値を最大化するという考え方である。

Peppers＝Rogers（1993）によれば，典型的な企業は既存顧客の維持にかける5倍のコストを新規顧客の獲得のために費やしており，さらに企業からは年間約25％の顧客が離れていってしまうため，仮に新規顧客の開拓に費用を費やさなくても，その離反率を5％下げるだけで顧客のボトムラインは維持できるという。こうした理由から，彼らはマーケットシェアによってドライブするマーケティングから，顧客シェアを重視するマーケティングへの転換をうながしている。そして彼らは，ワントゥワン世界におけるビジネスの明確な目標は顧客シェアを獲得することであるとして，既存顧客の囲い込みによる顧客の保持

は長期的には効率的な経営につながると考えた。

　マーケットシェアが，特定のプロダクトのマーケット規模に占める自社プロダクトの割合であるのに対して，顧客シェア（カスタマーシェア）とは，その顧客が一生涯で購買するプロダクトに占める自社プロダクトの割合を表している。企業は，顧客を囲い込むことを通してこの顧客シェアの獲得を目指すようになってきたのである。

　顧客囲い込みの手法としてこんにち多くの企業で採用されているのがポイントカードである。家電量販店のポイントカードシステムのパイオニアはヨドバシカメラである。同社は，1989年にわが国で初めてのバーコードによるポイントカードを発行し，現在の「ヨドバシゴールドカード」は1990年に導入され，2008年の発行枚数は2,000万枚を超える。ヨドバシカメラの場合，購入金額の最大で10％（1990年当時5％）が次回以降の買物の際に還元される。最近では，購入金額や支払手段に応じて還元率を変動させたり，ポイントが倍になる営業日を定めるなどの販売促進も行われている。

　大手航空会社の顧客囲い込みの最大の手段となっているのが，航空機の搭乗距離に応じてマイルが貯まる「フリークエントフライヤーズプログラム（FFP：常顧客優待プログラム）」である。FFPは，国際線の搭乗距離に応じて無料航空券などを提供するシステムとして，外国航空会社に追随する形で1993に日本の航空会社に導入された。マイルが貯まる対象商品も国内線搭乗距離，パック旅行へと広がっていき，こんにちでは提携クレジットカード会社のカードを利用した買物金額にも適用されている。

　全日本空輸のマイレージクラブの場合，ルフトハンザドイツ航空，ユナイテッド航空などスターアライアンスメンバーを中心とする国内外の航空会社，世界各国のホテル，通信会社，レンタカー会社，百貨店，ガソリンスタンド，引越し会社とも提携し，それぞれの規定に応じてマイルが貯められる。また，年間の獲得ポイントに応じて，さらに優遇されたサービスが受けられる「ブロンズサービス」，「プラチナサービス」への移行も行われる。プライベートやビジネスで航空機を頻繁に利用する人の場合，1つの航空会社に決めて利用を続け

れば，マイルに応じて航空運賃が無料になるサービスが提供されるため，航空機のヘビーユーザーの多くはいずれかの航空会社のマイレージ会員になっている場合が多い。したがって，提携企業の拡充やボーナスマイルの設定といったマイレージサービスの充実は，こんにちの航空会社にとって極めて重要なマーケティング戦略として位置づけられている。

　Kotler（1999）は，ヘビーユーザー（常連客）が企業に多くの収益をもたらす4項目の理由を説明している。第1に，顧客が企業の製品やサービスに大きな満足感をもち，顧客と企業の間に信頼関係が構築されてしまうと，その顧客は以後何度も購入してくれるようになる。また，企業は信頼関係が構築された顧客に対して，その製品の関連製品を販売することができる。例えば，PCを購入してくれた顧客は，次回はプリンターやスキャナーといった関連製品も購入してくれる。さらに，製品の買い替え時にも利用してもらえるようになる。

　第2に，常連客にかかるコストは時間の経過とともに低下してくる。相互の信頼関係が深まるに従って，企業はその顧客との取引に多くの時間やコストを

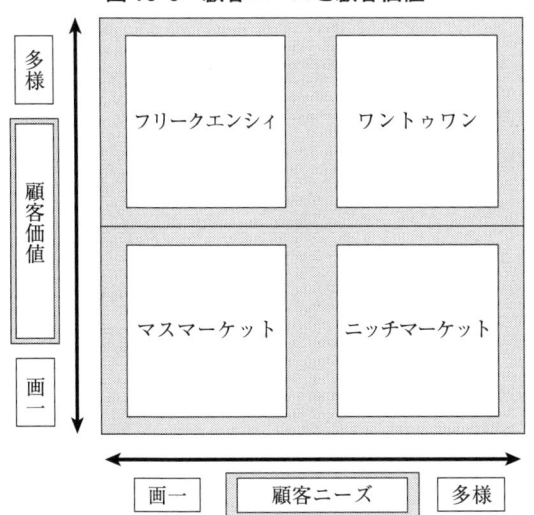

図10-9　顧客ニーズと顧客価値

	顧客ニーズ画一	顧客ニーズ多様
顧客価値 多様	フリークエンシィ	ワントゥワン
顧客価値 画一	マスマーケット	ニッチマーケット

かけなくてもすむようになる。例えば，オーダーメイドの紳士服を販売する場合，初回には詳細な採寸を行ったり，好みの生地やデザインを知るために相応の時間を要するかもしれないが，その取引を重ねるにつれてほとんど時間をかけないでオーダーに応えることができるようになる。しかも，応対する時間が少なくなっても信頼関係を構築した顧客の満足度は反対に高まるのである。

第3に，高い満足度を得た顧客は折に触れて潜在顧客に企業を推奨してくれるようになり，第4に，長期間の取引関係をもっている顧客は企業サイドの正当な価格の値上げに対して理解を示してくれやすい。企業は，こうした理由から顧客を囲い込むために積極的なマーケティング活動を展開するようになってきたのである。

● 顧客関係性マネジメント

こうした中，自社に対するロイヤリティを醸成してもらうツールとして，企業はCRM（Customer Relationship Management）と呼ばれる新しい概念を導入するようになる。CRMの特徴は，「企業が何を売りたいか」ではなく，「顧客の利益に着目して関係を強化する」という視点にある。CRMの考え方のもと，データベースマーケティングから得られる「形式知」に，リレーションシップマーケティングから得られる「暗黙知」をスパイラルにインタラクションさせ，より高質な「知」の創造を目指したのである。

CRM成功の鍵は，企業が選別した顧客に対して競合他社によって簡単に模倣されない利益を提供すること，顧客に対して独特な人間味を感じさせるにかかっている。売り手と買い手のコミュニケーションは，「真実の瞬間」という言葉で説明される。消費とは感情に満ちた経験であるため，顧客は企業の社員とのやりとりの中で独自のフィルターをかけ，感覚的に情報を得て，その瞬間ごとに感情を変えていく。企業は顧客との接点の中で，彼らの心をつかむことによって信頼を勝ち取ることができる。こうした信頼は容易に模倣することができない。なぜならば，形のあるものは真似ができるが形のないものを真似るのは非常に困難である。

Carlzon（1987）は，スカンジナビア航空の例を採り上げて真実の瞬間が企業の業績に及ぼす影響の大きさを説明している。コペンハーゲンに向かう顧客が，空港についてから航空券をホテルに忘れてきたことに気がつく。顧客がスカンジナビア航空の航空券係に事情を説明すると，その係はホテルの部屋番号とコペンハーゲンでの連絡先を確認して搭乗カードと仮発行の航空券を渡してくれる。その後，ホテルとの連絡と忘れた航空券の引き取りを係が代行し，顧客の出発前にフロアアテンダントから顧客に航空券が手渡された。

これは1つの例であるが，彼はスカンジナ航空のストックホルムの空港において1人の従業員が1年間に接する顧客1,000万人との真実の瞬間が企業の成功を左右するとしたのである。

リレーションシップマーケティングにRCMの概念を組みこんだ企業サイドの対応は，企業と顧客との間に強い信頼関係，学習関係を構築することを可能にする。CRMのポイントは，顧客データから自社にとってのヘビーユーザーを選別し，彼らの顧客価値を満足させるカスタマイゼーションされたハイクオリティな製品，サービスを，的確なタイミングで提供することにある。そうすることによって，顧客はそうした製品やサービスを提供してくれる企業に対して特別な感情を寄せるようになり，両者の間に強い信頼関係が構築される。

自らによってのヘビーユーザーをつなぎ留め，ミドルユーザーをヘビーユーザーになるように働きかけ，ライトユーザーの対応には必要以外に時間を割かない。従来のように，顧客を均一にとらえて全ての顧客に同様のサービスを提供するのではなく，顧客に応じた不平等なサービスの実践である。ただ，不平等なサービスとはいっても，それはヘビーユーザーやミドルユーザーにステップアップする見込みのないライトユーザーを無視することを意味しているわけではなく，新たな価値の提案や相談といった付加価値を伴ったサービスを積極的に提供しないという意味である。

CRMという概念が登場する以前にも，こうした顧客マネジメントは経験則で行われていた。銀行の新規口座開設窓口は，振込や公共料金の窓口とは別に設置されており，ローカウンターに座って窓口対応者とコミュニケーションが

とれる構造になっている。銀行にとって新規口座開設者は将来のヘビーユーザーの予備軍であり，口座開設時は彼らを囲い込む最大のチャンスなのである。

仮に新規預金口座を給与振込口座に指定してもらえれば，公共料金や生命保険などの支払口座にも指定してもらえる可能性が高い。そうなれば預金口座に流動性資金が滞留して銀行の収益につながっていく。そして，こうした入手金パイプが付いた預金口座は，将来の自動車ローン，教育ローン，住宅ローンの返済口座として利用される可能性が極めて高くなる。したがって，銀行は新規預金口座開設者を振込や引出しの顧客と一緒に待たせることはせずに，個別の対応をしているのである。

そしてこんにち，情報技術の発達は高密度の顧客情報を利用したより高度なマーケティングを可能にし，CRM の可能性を大きく広げている。情報技術を活用することを通して，ターゲットとする顧客がいつどこで何を買ったかをデータベース化して，その「知」をもとにして，顧客にカスタマイズした製品やサービスを提供することができるようになった。Kotler（1999）によれば，企業が彼らに関する豊富な情報をもち，それらの情報に基づいて彼らを支援し，親近感や感情的なつながりによって継続的な関係を構築した顧客を企業にとってのクライアントと呼ぶ。そして，企業はクライアントを集めてメンバーシップを構築し，彼らに対して特別なサービスや多様な特典を与えることによって，信頼関係に基づく長期的な契約関係を創り上げる。そして，こうしたクライアントが世代を超えて継承されていくことによって，企業と顧客の半永久的な信頼関係が育まれていくことになる。

CRM の考え方に基づく顧客囲い込みの進展は，クレジットカード業界の再編成を加速している。これまで，メーカーや小売業者が会員カードを発行する場合，自らは会員の募集だけを行い，カード発行に伴う申込者の信用照会，カード発行，会員への代金請求といった手続きは全てカード会社に委託されていた。しかし，こうした業務をカード会社に委託していたのでは顧客情報はカード会社に蓄積されるのみで，会員母体企業が詳しい顧客情報を入手することができなかった。また，仮に情報を入手することができたとしても相応のタイム

ロスは避けようのない現実として存在していた。それでもこうした業務をクレジットカード会社に委託してきたのは，自らが決済機能をもっていなかったためである。

しかしながら，さきに触れたセブン&アイ・ホールディングスや，トヨタ自動車，ソニーなどの金融業への進出はこうした状況を一変させることになる。彼らは，自らがクレジットカード発行主体となることによって，顧客の年収，家族構成，誕生日，趣味，趣向といった属性から，購買履歴までを把握できるようになり，こうした情報を活用したデータベースマーケティングを展開することが可能となるのである。

表10-3 インタラクティブマーケティングの進化

インタラクティブ パラダイム	ワントゥワン マーケティング	→ CRMの導入
行動思想	自己の利益	顧客の利益
顧客価値発見	コミュニケーション	個人的かつ感情に 訴える経験
対市場観	パートナー	クライアント
マーケティング 手　法	データベース マーケティング	トータルライフ プロポーザル

◉　オールインワンマーケティング

1990年代の後半になってワントゥワンマーケティング戦略にも変化が現れてきた。それまでのワントゥワンマーケティングは，特定のビジネス領域に関して自社製品のヘビーユーザーであり，自社に多くの収益をもたらす顧客を選定し，ポイントカードやマイレージカードなどを使って彼らを囲い込み，彼らに多様な付加価値を提供することを通して彼らの顧客シェアを高めることを目指してきた。

ワントゥワンマーケティングのターゲット選定が受動的，限定的であるのと

は対照的に，オールインワンマーケティングでは，自社の培ってきた経営資産を武器にして顧客のあらゆる生活シーンを囲い込むことを目的として，企業と顧客間のネットワークを企業サイドから提案，構築していくところに特徴がある。

セコムは1962年の設立以来セキュリティ事業を展開してきた。そしてこんにち，同社にはセキュリティビジネスを通じて日本全国を網羅する情報通信ネットワークと，「安全」と「安心」という同社のサービスに対する社会的信頼という見えない資産が構築されてきた。セコムは契約者の事務所や自宅に同社の集中管理センターと接続された警報装置を設置し，センサーが異常を感知した場合には同センターからの指示で警備員が現場に急行するシステムを創りあげている。2008年の同社の事業所契約数は76万件，ホームセキュリティ契約数は35万件を超える。

セコムが構築してきた35万世帯とのネットワークは，同社にとって財務諸表に表れる経営資源以上の大きな価値を有している。家という人間にとって重要な資産のセキュリティを請け負うということは，その顧客と同社との間の深い信頼関係を意味している。そして，家は人間の生活の基盤であり，そこには関連する多くのビジネスの可能性が広がっているのである。同社は，小売業者，金融機関，医療機関などと提携して，契約顧客をオンラインで結び，ホームショッピング，ホームバンキング，各種保険契約，医療相談サービスを提供できるようにしたサービスを提供している。

家という単位に関連したビジネスは多岐にわたっている。特に少子高齢化が進んだこんにちの日本を考えた場合，シルバーマーケットの毎日の食事，医療サービスのニーズは高まる一方である。そのほかにも，引越し，クリーニング，ハウスクリーニング，損害保険，生命保険，自動車保険にいたるまで，家という単位は生活のあらゆるシーンと関連がある。

セコムは，セコム医療システムを通して在宅医療サービスや訪問介護を始め，警備，食事，教育，ショッピングといった家庭という生活単位に必要なあらゆるサービスを統合して提供できるシステムを開発，整備し，顧客を囲い込む戦

略を実行に移している。こうした同社の取り組みを可能にしているのが，家という単位の信頼関係で結ばれた両者の関係であり，同社は彼らに彼らが必要とするあらゆるプロダクトを提供することを通して，彼らの顧客シェアを高めていっている。

　Blattberg＝Deighton (1996) によれば，こんにち企業の有する長期的価値の大部分はその企業と顧客との関係が有する価値によって決まるとされる。その全体的価値は，カスタマーエクイティ (customer equity) と呼ばれる。大部分の企業にとって，彼らが現在所有している顧客グループこそが最も確実で信頼できる将来収益の源泉であると考えられ，その活用こそが企業の意思決定の重要な課題となってきている。企業は，クライアントとなった顧客から彼らの生涯価値 (lifetime value) の多くを受け取ることになる。企業と顧客のコンテクストマーケティングがカスタマーエクイティを醸成し，それが企業にとって最も確実で信頼できる将来収益の源泉となるのである。

10-8　マーケティングマイオピア

　Levittが，マーケティング研究史上あまりにも有名な論文"Marketing Myopia"を『ハーバードビジネスレビュー』誌に寄稿したのは，1960年のことである。そして，論文発表から半世紀近くを経過したこんにちにおいても，彼の提起した概念はマーケティングの本質をとらえ，企業がビジネスを展開するにあたってのマイルストーンを与えてくれている。

　ビジネスとは，さまざまな活動からなる組織体系であり，その存続と成功は顧客にとって意味のある経済価値を提供する能力と，それを求める顧客を獲得し，維持する能力に依存している。企業がビジネスコンセプトの設定，あるいはその修正を誤ったとき，マーケティングは失敗し，組織はマーケットにおける存立基盤を失うことになる。

　Levittは，マーケティングとは，こうしたビジネス活動の各プロセスに関する包括的な視点であるコンセプトを提供することを通してビジネスを成功に

導くとする．産業活動とは製品を生産するプロセスではなく顧客を満足させるプロセス，換言すれば，ビジネスとは製品中心ではなく顧客中心でなければならないという考えに集約される．

彼によれば，アメリカにおいて鉄道会社が衰退したのは，経営者の発想が顧客中心（顧客にとって鉄道は移動手段）ではなく，製品中心（鉄道という製品事業）にあったからとされる．鉄道会社が衰退したのは旅客と貨物輸送の需要が減少したためではない．それらの需要は依然として増え続けている．すなわち，鉄道が危機に瀕しているのは，自動車，トラック，航空機，電話などの鉄道以外の手段に顧客を奪われたためではない．鉄道会社自体がそうした需要を満たすことを放棄したためである．鉄道会社は，自社の事業を輸送事業ではなく，鉄道事業と考えてしまったのである．

Barzun（1960）によれば，19世紀の終わりごろまでは鉄道は社会制度そのものであり，人間のイメージそのものであり，伝統であり，栄誉の象徴であり，詩の源泉であり，少年期の願望の拠り所であり，人生のエポックを記す荘厳な機械であった．そこでは，鉄道事業者は，鉄道を建設しそこに蒸気機関車を走らせること自体を自らの使命と考えていた．

ハリウッドの映画会社が危機に陥ったのはテレビの発達によるものではない．鉄道会社と同様に事業の定義を誤ったためである．当時の映画会社の経営者たちは映画産業をエンタテインメント産業と考えるべきであったのに，映画を制作する企業と考え，始めからテレビの出現を脅威ととらえてしまった．ハリウッドが，自らのビジネスを，製品中心（映画の制作）ではなく，顧客中心（娯楽の提供）に考えていれば，テレビの出現は彼らにとっての危機ではなく，新たなビジネスチャンスととらえられたはずである．

こんにちでこそ「顧客ニーズ」という言葉が当然のことのように使われるが，この概念の重要性を，いまから半世紀前に提唱したのが，当時ハーバードビジネススクールで教鞭をとっていたLevittであった．彼は，企業にとって重要なことは製品を作ることではなく，製品が提供するベネフィットを提供することであるという．顧客は製品やサービスではなく期待価値を買うのである．さ

らに彼は，代替品が現れない製品はなく未来永劫の成長産業など存在しないという主張を展開している。

　Levittが1960年に提唱したマーケティングマイオピアの概念は，21世紀を迎えたこんにちにおいても，マーケットの真実を映しだしている。マーケティングが顧客ニーズを見いだせなかったとき，あるいはマーケットや顧客ニーズに関する誤った認識をもってしまったとき，企業はビジネスコンセプトの策定に失敗し，市場競争に敗退してしまうことをいみじくも歴史が証明してきた。

　Hamel（2000）は，20世紀を進歩の時代，21世紀をイノベーションの時代と位置づけた。彼によれば，ニューエコノミーではイノベーションを考える基準は製品や技術ではなく，ビジネスコンセプトであるとする。イノベーションの時代には，Schumpeter（1926）の提起した「創造的破壊」の規模が桁外れに大きく，決定的なビジネスチャンスを逃してしまうと挽回するのが困難になってしまう。世界が驚くべきスピードで動いているため，どんなに優れたビジネスコンセプトでも，急速に経済的な有効性を失ってしまう。ビジネスにおける顧客志向の考え方が浸透してきたとはいえ，不連続の変化を続けるマーケットの中にあって，企業の成長をささえてきたビジネスコンセプトに関する固執性（core rigility）が市場との不適合の要因となるケースも少なからず生起している。

　企業が，マーケティングマイオピアに陥ることなく，そのビジネスコンセプトを描くため，さらにはマーケットの変化に対応したビジネスコンセプトの修正を行うためには，マーケットに関する情報収集が極めて重要となる。

10-9　ポストモダンマーケティング

　個人や組織といったマーケットの行為主体は，彼らが依拠するあるいは彼らが位置している経済的，社会的，文化的，個人的，心理的要因などの複数のコンテクストの中に置かれており，絶えずその影響を受けている。こうした環境の中で，企業がマーケットの動向を正確に予測するためには，市場のあらゆる

側面，さらには市場を構成する個々の主体の性質を分析することが必要となる。

しかしながら，現実問題としてマーケットに影響を与え得る全ての変数を特定することは困難であり，仮にそれらを特定できたとしてもそれら全ての変数情報を揃えることは不可能である。さらに，マーケティング担当者が人間である以上，マーケット，あるいはそれを構成する個々の主体に対する認識からマーケターの主観を排除することはできない。

マーケターは消費者の購買行動を理解し，彼らとの経験を共有する手段としてマーケティングの個人化を行ってきた。顧客との関係性を重視するインタラクティブパラダイムのもとで，企業が顧客のニーズや好みを把握し，製品やサービスを提供する学習（信頼）関係が構築できれば，長く自らの顧客をつなぎとめておくことが可能であると考えたのである。

信頼とは満足という経験の成果であると考えられる。したがって，顧客の真実の姿を理解し，彼らに真の満足を提供するためには，彼らとのより深い経験の共有が求められるようになる。そこでこんにち，企業はインタラクティブパラダイムの進化のさきに現れるであろうパラダイムを想定し，顧客の自らに対するロイヤリティの強化を標榜するようになってきた。

こんにちのマーケティング活動の前提となる新たなマーケティングパラダイムを，コンテクストパラダイム（context paradigm），そして，そのパラダイムのもとで行われるマーケティングをコンテクストマーケティング（context marketing）と呼ぶことにする。そして，コンテクストマーケティングは，リレーションシップマーケティングから続くポストモダンマーケティングの潮流の延長線上にある。

私たちは経験経済（cf., Pine＝Pine II＝Gilmore, 1999）の中に生きている。したがって，マーケターが顧客との経験を共有するためには，彼らの置かれているコンテクストの中に身を置く必要がある。そこで，マーケターは彼らとのコミュニケーションを綿密にし，差別化の図れる個人的かつ感情に訴える経験を顧客一人一人に対して創りあげることを通して，彼らの生活シーンに潤いを与える共感や感動を提供しようとしている。そうすることによって，企業は彼ら

の経験を解釈し,それらに働きかけることが可能となると考えたのである。それでは現実社会は企業とその顧客との関係でのみ解釈されるのだろうか。

　企業と顧客のコンテクストマーケティングがカスタマーエクイティを醸成し,それが企業にとって最も確実で信頼できる将来収益の源泉となる。しかしながら,その一方でこんにち顧客個々人とのミクロの関係性からは直接導かれない巨大なマーケットの盛衰が繰り返される。マーケットからの自然発生的な流行はときにあきれるくらいのばかばかしさ,あるいは製品の所期の目的とは異なる性能がその要因となることが少なくない(cf., Dye, 2000)。

　アウトドアスポーツ用にアメリカのイージースミス社が売りだした「ルーズソックス」が,1993年ごろから日本の女子高校生を中心にブレイクする。丈の短い制服にルーズソックスというスタイルは,かつて生起したフォーマル,カジュアル,ファンキーといった洋服のスタイル,ミニスカート,ロングスカートといったスカートのスタイルと同様,この時期の女子高校生によって創りあげられた。また,1995年ごろから若い女性を中心に「厚底靴」と呼ばれる靴底が10センチ近くもあるブーツやパンプスが人気となり,サンダルやスニーカーにまで広がりをみせた。

　社会のグローバリゼーション化は地球規模に進展している。インターネットは,企業がいつでもどこからでも顧客にアクセスすることを可能にし,世界に張りめぐらされた流通システムが競争範囲の物理的距離を縮めることによってニッチ市場がつなぎあわされ,消費活動の同時化,多元化がもたらされている。こうした現実からは市場環境のダイナミックな様相を読みとることができる。ミクロ的には個別・クライアント化が浸透しつつ,マクロ的には消費者行動の同時・多元化が進行してきている。こうした環境では,消費者（人間）の行動を特定の科学の研究領域で解明することに対する根本的な問題に直面することになる。

　1970年代以降の科学における「ポストモダン」という流れの中で,それまでは合理的であると信じられてきたパラダイムでは説明できない社会現象に対応するために,マーケティング領域においても学問領域を超越した研究手法が採

り入れられるようになってきた。マーケターは，複数のコンテクストの中に置かれている消費者の真の姿を理解するために，心理学，文化人類学，社会学，哲学，宗教学，地理学，歴史学の知見を学問横断的に活用することを通して消費者の経験を解釈し，コントロールする試みを始めたのである。

ポストモダンマーケティングの影響下で生成されたインタラクティブパラダイムにおいて，マーケティング活動を展開する企業は，マーケットの構成主体である消費者にフォーカスし，ミクロの視点からの彼らの定性的データを重要視し，彼らとの親密な関係性を構築することを通して，彼らの生涯価値を獲得することを目的としてきた。しかしながら，こうしたリレーションシップマーケティングのもとでは，マーケットにおけるマクロの動向までは探索しきれなかった。

清水（1999）は，複雑なシステムに隠された秩序をぬきだす情報圧縮のためには，システムを分解することによって失われるシステムのマクロ的な性質を活用する必要があることを指摘する。消費者がマーケットで1つの服を選択するという行為は，その服装に付け加わる意味情報を選択することであり，その意味情報を知るということは，社会というコンテクストの中でその服装がどのように解釈されるかということにほかならない。

また彼によれば，科学的な法則性の発見は，対象の性質ばかりではなく，それを観察している人間の内部における認知メカニズムと無関係ではないとされる。認知心理学や脳生理学の研究によれば，私たちに見える色でさえ世界に客観的に存在しているものではなく，私たちの解釈によって世界を色付けていることがわかってきている。虹は物理的には連続した色のスペクトルであるが，私たちはそれを7つの不連続な色と認識する。そして，この色の数の認知は見るひとが育ってきた文化によっても変わるとされている。

こんにちのパラダイムでは解決できない課題に直面したとき，パラダイムに不連続の転換が生起する。いままさに生起しつつあるコンテクストパラダイムにおいて，マーケティングは，ミクロの定性的データを重視すると同時に，マクロの視点においても定性的データを重視する，すなわち企業とマクロマーケ

ット環境との学習関係をも考慮するマーケティングへと変貌を遂げる。ここに，これまでのインタラクティブパラダイムにおけるマーケティングとコンテクストパラダイムにおけるマーケティングの大きな違いがある。

多主体複雑系の中で，主観的存在であるマーケターが非合理的活動を行う消費者の真実の姿を解明するためには，マクロとミクロのコンテクストの中に位置づけられる彼らの意味を解釈しなければならない。したがって，従来のように消費者を合理的主体と仮定し，実証主義的な方法を用いたサーベイ調査からは，求める回答は得ることができない。

Durkheim（1979）は，統計上の相関関係を因果関係として解釈するためには，細心の注意が必要であることを述べている。2つの変数間に統計的相関があることは，必ずしも両者のあいだに因果関係が存在することを意味していな

表10-4 モダンとポストモダンの概念

	モダン	ポストモダン
系	単純系	多主体複雑系
場の境界	明確	消滅
情報	予測	解釈
真実	普遍	コンテクストと時間に依存
知識	客観的	主観的

表10-5 モダンとポストモダンのマーケティング

	モダン	ポストモダン
マーケット	合理（機械）的人間	非合理的人間
マーケター	客観的存在	主観的存在
マーケティング	客観的・実証主義的・仮説検証	主観的・解釈主義的・仮説発見
フォーカス	ミクロ	ミクロ・マクロ
スキル	統計解析	観察・デプスインタビュー

い。彼は，「ある統計的相関関係を説明することはとりもなおさず，その関係が挿入されている因果モデルを明確さするために補助的諸変数を導入することである。」(訳書, p. 79) としている。

Lombroso や Ferri などのイタリア実証主義者たちは，自殺率は気温とともに上昇するという統計によって確認される相関関係を因果関係と解釈した (cf., Durkheim, 1979)。それに対して，Durkheim によれば気温と自殺率の関係は気温と社会生活のリズムに対する宇宙現象の二重の影響力によって説明される。すなわち，宇宙的現象という補助変数が気温と社会生活のリズムという2つの変数に影響を与え，そのうちの1つの変数である社会生活のリズムと自殺率との間に因果関係が存在することを明らかにしたのである。

このような因果関係の解釈を誤らないために，科学者は多変量解析の論理を用いるようになる。そして，特定の変数間の関係に新たな変数を導入することを通して，解釈がよりスムーズになることも少なくない。しかしながら，このことはさらに新たな媒介的変数の存在を暗示することになる。したがって，分析対象のコンテクストが複雑になればなるほど，観察された統計的相関関係に明確な意味を与え，因果関係をもつ要因を特定することが困難になる。

Schumpeter (1935) は，統計的または歴史的事実の考察によって特定の理論言明の真偽を判断するのは誤りであるとする。彼によれば，「全く真実の関係でさえも，ほかの要因によって覆い隠されており，われわれは何もみることができない。したがって，検証の問題は，事実の理解に対して理論の貢献の大きさはどの程度であるかを確定するにすぎない。」(p. XIV) としている。

情報技術の発展によって膨大な情報量を処理することが可能となったことから，仮説設定のツールとしてデータマイニングが登場してきた。大規模なデータベースにはあまりにも多くのパターンが秘められているため，従来のデータベースマーケティングの手法では，事実上アナリストが全ての仮説をたてきれなかった (cf., Newell, 2000)。

データマイニングツールは，自動的にデータを探し，事前の仮説なしに隠れたパターンを見いだしてくれる。すなわち，データマイニングとは，データ分

析を自動化したものであり，システム自らがパターンを抽出してくれる。データマイニングツールとこれまでの統計ツールの最大の違いはその扱える情報量なのである。

　ただし，ひとりでに完璧なモデル化ができるわけではなく，学習の積み重ねによって利益につながる結果を導きだしてくれる。データと自分の仕事をより深く理解するほど，ナレッジ発見プロセスがより効果的になるのである。

　マーケットはコンテクストを創出するフィールドであり，生産者と消費者はこうしたマーケットの働きを知った上での活動を通して相互に影響を与えあう。したがって，単純な需要供給曲線によって説明することはできない。1990年代初頭，日産自動車は文化人類学者をスタッフとして「インフィニティ」のイメージ調査を行った。その結果，高級感を演出するのは，日本人の場合はシンプルさであるのに対して，アメリカ人の場合は操作部分の視覚的な複雑さを自らのステイタスの象徴として望むことがわかった。

　いつの時代にあってもマーケティングは再発見される。あたかもカレードスコープが見せる模様のように様変わりする。こんにち，観察とデプスインタビューは有効なマーケティングスキルと考えられている。こうした手法は，人類学者によって長く行われてきている。

　人類学者は，未開の民族の社会構造や世界観，精神構造を解明するにあたって，実際に彼らと生活をともにし，その世界の中に身を投じることによって，そこでの彼らの行動，交わされる日常のたわいもない会話をつぶさに記録，観察することを通して，その民族誌を探求している。

　こんにち，企業の経営者，あるいはマーケティング担当者に求められるのは，いつもアンテナを広く張り，注意深く気を配り，起こっている事象に常に俊敏に適応することであり，それをミクロとマクロのコンテクストから解釈することである。マーケティングは科学からアートへと移行しているのかもしれない。

参 考 文 献

Aaker, D. A. & G. S. Day (1980) *Marketing Research : Private and Public Sector Decisions*, John Wiley & Sons, Inc.
Aaker, D. A. (2004) *Brand Portfolio Strategy*, Free Press.
Albrecht, K. & Ron Zemke (2002) *Service America in the New Economy*, McGraw-Hill.
Ansoff, H. I. (1965) *Corporate Strategy*, McGraw-Hill.
Argyris, C. (1957) *Personality and Organization*, Harper and Row (伊吹山太郎・中村 実訳 (1970)『組織とパーソナリティーシステムと個人の葛藤―』日本能率協会).
Argyris, C. (1964) *Integration the Individual and the Organization*, John Wiley & Sons (三隅二不二・黒川正流訳 (1969)『新しい管理社会の探究』産業能率短期大学出版部).
バインス株式会社著 (1996)『図解で知るCALS／E・コマースのしくみ』技術評論社.
Bartels, R. (1976) *The History of Marketing Thought*, 2nd ed., Grid Publishing Inc.
Blattberg, R. C. & J. Deighton (1996) "Manage Marketing by the Customer Equity Test," *Harvard Business Review*, 74, July-August, pp. 136-144.
Brown, P. (1997) *Anita Roddick and the Bodyshop*, Exley Publications Ltd.
Butler, R. S. & H. F. Debower & J. G. Jones (1914), *Marketing and Salesmanship*, Alexander Hamilton Institute.
Butler, R. S. (1917) *Marketing Methods*, Alexander Hamilton Institute.
Carlzon, J. (1987) *Moments of Truth : New Strategies for Today's Customer-Driven Economy*, Ballinger Publishing Company.
Carpenter, G. S. & K. Nakamoto (1989) "Consumer Preference Formation and Pioneering Advantage," *Journal of Marketing Research*, August 1989, pp. 285-298.
Chandler, A. D., Jr. (1962) *Strategy and Structure*, MIT Press.
Davidson, W. R., A. D. Bates, and S. J. Bass (1976) "Retail Life Cycle," *Harvard Business Review*, November-December, pp. 89-96.
Davis, S. & C. Meyer (1999) *BLUR ; The Speed of Change in the Connected Economy*, A Time Warner Company.
Day, G. S. (1977) "Diagnosing the Product Portfolio," *Journal of Marketing*, Vol. 41, pp. 29-38.
Drucker, P. F. (1973) *Management, Task, Responsibilities, Practices*, Harper and Raw.
Drucker, P. F. (1999) *Management Challenges in the 21st Century*, Butterworth-Heinemann Ltd. (上田惇生ほか訳 (1999)『明日を支配するもの―21世紀のマネジメント革命』ダイヤモンド社).
Dubinsky, A. J. & R. W. Hansen (1982) "Improving Marketing Productivity : The 80/20

Principle Revisited", *California Management Review*, Vol. 25, No. 1, pp. 96-105.

Durkheim, E. (1979) *Suicide : A Study of Sociology*, Free Press (宮島 喬訳 (1985)『自殺論』中央公論新社).

Dye, R. (2000) "The Buzz on Buzz", *Harvard Business Review*, November-December, pp. 139-146.

Fayol, H. (1967) *General and Industrial Management*, Pitman (佐々木恒男訳 (1972)『産業ならびに一般の管理』未来社).

Ford, H. (1923) *My Life and Work*, Doublesday, Page and Company.

Frey, A. W. (1961) *Advertising,* 3rd *ed.,* Ronald Press.

富士通ロジスティクスソリューションチーム (LST) 編著 (1999)『先進事例に学ぶ：ロジスティクスが会社を変える―メーカー・卸売業・小売業・物流業：18社のケース―』白桃書房.

Gregor, W. T. & E. M. Eileen (1982) *Money Merchandising : Retail Revolution in Consumer Financial Service*, The MAC Group.

Hamel, G. (2000) *Leading the Revolution*, Harvard Business School Press.

Heinrich, H. W. (1980) *Industrial Accident Prevention : A Safety Management Approach*, McGraw-Hill Customer Service ; 5Rev. ed.

Hise, R. T. & S. H. Kratchman (1987) "Developing and Managing a 20/80 Program," *Business Horizon*, Vol. 30, No. 5, pp. 66-77.

Hofer, C. W. & D. Schendel (1978) *Strategy Formulation : Analysis Concepts ; The West Series in Business Policy and Planning*, West Pub. Inc.

Hollander, S. C. (1960) "The Wheel of Retailing," *Journal of Marketing*, July, pp. 37-42.

Koch, R. (1999) *The 80/20 Principle : The Secret to Success by Achieving More With Less*, Doubleday ; Reprint Version.

Kotler, P. & G. Armstrong (1996) *Principles of Marketing,* 7th *ed*., Prentice-Hall International Inc.

Kotler, P. (1999) *Marketing Management, The Millennium Edition*, Prentice-Hall, Upper Saddle River.

Lauterborn, R. (1990) "New Marketing Litany : 4P's Passe ; C-Words Take Over," *Advertising Age*, October 1.

Lazar, W. & E. J. Kelley (1962) *Managerial Marketing : Perspectives and Viewpoints rev. ed.*, Irwin.

Levitt, T. (1960) "Marketing Myopia : Shortsighted managements often fail to recognize that in fact there is no such thing as a growth industry," *Harvard Business Review*, July-August, pp. 45-56.

Likert, R. (1961) *New Patterns of Management*, McGraw-Hill Education (三隅二不二訳 (1968)『経営の行動科学―新しいマネジメントの探究―』ダイヤモンド社).

Likert, R. (1967) *The Human Organization : Its Management and Value*, McGraw-Hill Education（三隅二不二訳 (1968)『組織の行動科学—ヒューマン・オーガニゼーションの管理と価値—』ダイヤモンド社）.
McCarthy, E. J. (1960) *Basic Marketing : A Managerial Approach*, Irwin.
McCracken, G. (1988) *Culture and Consumption ; New Approach to the Symbolic Character of Consumer Goods and Activities*, Indiana University Press（小池和子訳 (1990)『文化と消費とシンボルと』勁草書房）.
McMurry, R. N. (1961) "The Mystique of Super-salesmanship," *Harvard Business Review*, March-April, p. 114.
Newell, F. (2000) *loyalty.com*, McGraw-Hill.
日経広告研究所編さん (2007)『広告白書2007』日経広告研究所.
NTT 出版編著 (1996)『電子商取引のすべて』NTT 出版.
小川 進＝上田バロン (2005)『ドクター・オガワに会いにいこう。—はじめてのマーケティング—』千倉書房.
Pareto, V. (1988) *Manuel D'Economie Politique*, Ams Pr. Published.
Peppers, D. & M. Rogers (1993) *The One to One Future : Building Relationships One Customer at a Time*, Doubleday Dell Publishing Group Inc.
Porter, M. E. (1980) *Competitive Strategy*, Free Press（土岐 坤・中辻萬治・服部照夫訳 (1995)『新訂競争の戦略』ダイヤモンド社）.
Porter, M. E. (1985a) *Competitive Advantage : Creating and Sustaining Superior Performance*, Free Press.
Porter, M. E. eds. (1985b) *Competition in Global Industries*, Harvard Business School Press.
Reichheld, F. (1986) *The Royalty Effect : The Hidden Force Behind Growth, Profits, and Lasting Value*, Harvard Business School Press.
Rogers, E. M. (1983) *Diffusion of Innovations*, Free Press.
Schmittlein, D. C. (1992) *Truth in Concentration in the Land of 80/20 Laws,* Marketing Science Inst.
Schumpeter, J. A. (1926) *Theorie Der Wirtschaftlichen Entwicklung, : Eine Untersuchung über Unternehmergewinn, Kapital, Kredit, zins und den Konjunkturzyklus, zweite auflage*, Duncker & Humblot（塩野谷祐一ほか訳 (1977)『経済発展の理論—企業者利潤・資本・信用・利子および景気の回転に関する一研究—』(上下) 岩波書店）.
Shaw, A. W. (1912) "Some Problems in Market Distribution," *Quarterly Journal of Economics*.
Shaw, A. W. (1915) *Some Problems in Market Distribution*, Harvard University Press.
清水 博 (1999)『新版 生命と場所—創造する生命の原理』NTT 出版.
Simon, H. A. (1976) *Administrative Behavior : A Study of Decision-Making Processes in*

Administrative Organizations 3rd ed., Free Press.
新薬事法研究会監修（2005）『カラー図解　よくわかる新薬事法』薬事日報社。
Taylor, F. W. (1911) *The Principles of Scientific Management,* Harper.
郵政省郵務局監修（1985）『郵政法令集』国際通信経済研究所郵政教育センター。
郵政省編（1999）『平成11年度版通信白書』ぎょうせい。
財団法人インターネット協会監修（2007）『インターネット白書2007』インプレスR&D。
Zeithaml, V. A. & M. J. Bitner (2000) *Services Marketing : Integrated Customer Focus Across the Firm,* 2nd ed., Irwin.

あとがき

　私が大学で経営学を学んだのは今から四半世紀前になる。その後社会人として企業組織に所属してサラリーマン生活を送ったが，当時は大学で学んだ経営学の意義を認識するどころか，学問と実践とは異なるという思いをもつにいたっていた。その企業組織の社員は，トップマネジメントが描いたビジョンの下，組織目標達成のために昼夜を問わず懸命に働き，組織は活力に満ち溢れていた。そこには，経営学における組織論や管理論，そして戦略論，マーケティング，動機づけ理論，リーダーシップ論，さらにはヒューマンリソースマネジメントも存在しないように感じられた。

　私が，自分の考える真の意味での大学での学問の重要性と経営学の意義を発見したのは，つい最近になってからのことである。人間は何事をするにも，知らないよりは知っているほうがより良い行動をとることができる。また，多くの経験は私たちの行動の選択肢の幅を広げてくれる。

　新しい考え方は，その人のそれまでに蓄積してきた知識をベースとして生みだされる。私たちの発想は意識するとせざるとにかかわらず，自らが修得してきた知識の制約を受けているのである。このことは，豊富な知識は新しい発想を生起させる可能性を広げることを意味している。さらには，修得する知識は異質なものが多いほうが新たな価値の創造への近道となる。

　蓄積された異分野の知識が人間の脳の中で組み合わされて，従来の常識の下では解決できなかった問題を解決する全く新たな方法を導きだしたり，新たな価値を有した斬新なビジネスモデルを創造している。大学での学習は知識の修得にほかならず，この意味で大学での学問は重要である。

　経営学はこれまでの経営者たちの叡智と経験の賜物である。私たちは，経営学の理論体系を学ぶことを通して，先人たちの経験を自分の経験として彼らと共有することができる。そして，経営学を机上の学問ととらえるかビジネスのバイブルと認識するかは，その所属する会社組織によるところが大きい。

　中国の史書『十八史略』の中で，元の曾先之が撰者となっている「鼓腹撃

壊」という物語がある。聖天子の聞こえが高い堯帝のころの故事で，こんにちこの言葉は太平を謳歌するさまを表す四文字熟語にもなっている。良い政治が行われているときには，人びとはその指導者の優れた政治手腕や行政活動については無関心であり，それを当然のことと思い込んでいる。このことは，病気になって健康であることの有り難さを知るのと似ている。

　同様に，優れたリーダーに率いられ，健全に機能している組織に所属している人間には，それがいかに恵まれた環境なのかを認識することは難しい。しかしながら，組織構成員がモチベーションを維持できず，倦怠感が充満した組織は少なくない。この両者の違いは，それぞれの組織に経営学が機能しているかどうかである。

　経営学は企業組織の経営者やそこで働く人びとに，立場に応じて果たすべき役割のマイルストーンを提示してくれる。プロ野球における仰木 彬やボビー・バレンタイン，さらにはアサヒビールの村井 勉や樋口廣太郎のように，トップが替わることで組織のパフォーマンスが急上昇したケースが存在する。彼らが行ったことは，組織の理念やビジョンの提示であり，その実現のために組織構成員に何をなすべきかを具体的に指し示し，彼らを動機づけたことである。

　トップマネジメントがビジョンを提示してくれなければ，組織構成員は進むべき方向性を見失ってしまう。同じように，マネジメント層が組織的かつ長期的な観点に基づいた判断を下してくれなければ，組織構成員はモチベーションを失い，口をつぐんで何もいわなくなってしまう。

　「たかが経営学，されど経営学」。私たちは経営学を学ぶことを通して，過去200年あまりにわたって蓄積されてきた，研究者や経営者たちの叡智と経験を知ることができるのである。そして，変化の速い経営環境の中で，豊富な知識と経験は，私たちに新たな発想を生みだし，経営理論に新たな知識を付け加える可能性を与えてくれる。

　最後に，本稿を執筆するに当たって，千倉書房の関口 聡氏に多大なるご尽力を賜ったことをここに記して感謝の意を表したい。

2009年1月　　　　　　　　　　　　　　　　　坂　本　英　樹

索　引

【アルファベット】

AIDMA モデル ……………215
BIY ……………………………192
CALS …………………………241
CPC ……………………………227
CRM ……………………………286
CTR ……………………………227
DES ……………………………248
DIY ……………………………191
DVD ソフト・ゲーム機器商品原価
　………………………………133
ECR ……………………………239
EDI ……………………………239
Edy ……………………………245
EOS ……………………………242
FeliCa …………………………246
GPIA システム ………………42
IC カード ……………………245
ICOCA …………………………245
ITF コード ……………………237
JAN コード ……………………237
LVMH ……………………86, 95
National Brand ………………88
Pareto（1988）のモデル …251, 252
People …………………………52
PEST 分析 ……………………35
Physical evidence ……………52
PM（Product Mix）の ………64
　─── 整合性 …………………65
　─── 長さ ……………………65
　─── 深さ ……………………65
　─── 幅 ………………………65
Porter（1980）の価値連鎖 ……266
POS ………………………237, 238
　─── システム ………237, 238
　─── レジ年齢入力キー ……239
Private Brand …………………88
Process …………………………52
QR ………………………………239
SPA の仕組み ………………199
STEP ……………………………241
Suica ……………………………245
SWOT
　─── 分析 …………………31, 33
　─── 分析要因モデル …………31
WiLL ……………………………90
XML ……………………………241

【あ行】

相手先ブランド製品（OEM）……86
アウトレットモール ……………197
旭山動物園………………………24
アスクルのビジネスモデル ……184
アソートメント …………………73
　─── とマーケット・生活シーン …74
アメリカマーケティング協会 ……8
新たな
　─── 製品アイテムの追加……80
　─── 用途の提示 ……80, 82, 271
アロウワンス …………………144
イオン
　─── と漁協の新たな取り組み
　………………………………131
　─── のマーチャンダイジング
　　コングロマリット …………208
一般品…………………………38
イメージ別価格設定 …………137
医薬部外品 ……………………175
インタラクティブパラダイム …281
インタラクティブマーケティング
　の進化 ………………………289

ヴァージンアトランティック航空
　　……………………………43
ウォンツ ………………………17
受取価値 ………………………22
売上
　　――効果分析 …………225
　　――高百分率法 ………217
売れ筋商品 …………………237
上澄吸収価格設定 ……135, 137
エージェント ………………183
エコーシステム ……………280
エナクトメントパラダイム …279
エブリデイロープライシング
　　（EDLP）………………139
エレクトロニックコマース（EC）
　　…………………………235
エンドーサーブランド ………98
オーダーテイカー …………231
オープン価格 ………………159
オールインワンマーケティング
　　…………………………289
オファー ………………………60
卸売 …………………………185

【か行】

外部効果 ……………………159
開放的チャネル政策 ………162
買回品 …………………………57
花王の組織学習のフレームワーク
　　…………………………282
価格
　　――感受性 ……………125
　　――設定プロセス ……127
　　――弾力性 ……………126
　　――へ影響を及ぼす要素 …127
科学的根拠 …………………223
学習関係 ……………………287
加工
　　――素材 …………………56

　　――部品 …………………56
カスタマー
　　――エクイティ ………291
　　――シェア（顧客シェア）…284
価値
　　――の共創 ……………280
　　――連鎖モデル ………266
慣習価格 ……………………136
危険負担機能 ………………151
技術的専門性 ………………223
季節リベート ………………160
期待製品 ………………………72
機能リベート …………159, 160
規模の経済 …………………155
基本製品 ………………………72
キャッシュ―フロー計算書 …259
キャッシュリベート …159, 160
吸水シートのポジショニング …46
供給曲線 ……………………125
競争優位 ……………………265
業務品 ………………………164
キリンビバレッジの
　　プロダクトミックス ……65
緊急品 …………………………57
クーポン ……………………228
携帯電話が製造原価よりも安く
　　販売される仕組み ……140
系列店であることに対する
　　リベート ………………160
化粧惑星 ……………39, 137, 167
現金
　　――持ち帰り卸売業者 …185
　　――リベート …………159
現行レート価格設定 ………138
検索連動広告 ………………226
限定ラインストア …………190
限定機能卸売業者 …………185
航空業界のポジショニング …43
広告の5Mプロセス ………219

索引　309

行動展示……………………24
小売………………………187
　　──業者のポジショニング
　　　……………………74, 202
　　──のライフサイクル……205
　　──の輪の仮説…………205
コーヒーショップ業界の競争優位
　のタイプ…………………268
コーポレートアイデンティティ
　（CI）………………………11
顧客
　　──価値………………21, 22
　　──価値階層………………72
　　──関係性マネジメント…286
　　──シェア（カスタマー
　　　シェア）………………283
　　──セグメント別価格設定
　　　………………………136
　　──ニーズと顧客価値……285
　　──満足……………………26
59円で利益が出る仕組み………143
コスト
　　──プラス法……………128
　　──優位…………………266
個別ブランド戦略………………96
コミュニケーション効果分析…225
コンテクスト
　　──パラダイム…………294
　　──マーケティング……294
コンビニ
コンビニエンスストア…………193
コンビニコスメ………………166
コンビネーションストア………188

【さ行】

サービス………………55, 59
　　──とテクノロジー………62
　　──の構造…………………61
　　──ビジネス……………197
　　──マーケティングミックス
　　　…………………………52
再販売価格維持
　　──行為…………………158
　　──制度…………………160
材料………………………………56
サウスウエスト航空……………43
サブブランド………………96, 98
サプライチェーン……………178
　　──マネジメント……178, 179
差別
　　──化……………………266
　　──型マーケティング……50
　　──的価格設定…………136
ザ・ボディショップ…………16, 39
猿の惑星…………………………9
産業財流通業者………………185
参照価格………………………135
シーズ……………………17, 18
時期別価格設定………………137
資材………………………………56
支出可能額法…………………218
市場浸透
　　──価格設定……………140
　　──戦略…………………270
市場─製品マトリックス………258
資生堂の連鎖店制度…………165
自動車業界の競争優位のタイプ
　……………………………268
死に筋商品……………………237
集中貯蔵の原理
　　──（1）………………156
　　──（2）………………156
酒税法……………………32, 174
需要
　　──曲線…………………125
　　──の価格弾力性………126
主要耐久消費財普及率…………3
消費

310 索引

──市場の二極化 ……………206
──者の購買プロセス ……215
──生活協同組合 …………197
消費財 ………………………55, 57
──流通業者 ………………185
使用頻度の増大 ……………270
消耗品…………………………57
職域販売 ………………………200
食糧
　──管理制度 …………172, 173
　──制度 ………………172, 173
新規ユーザーの開拓 ………80, 82
人材派遣法……………………32
新市場開拓戦略 …………270, 271
真実の瞬間 ………………286, 287
新食糧法 ………………………173
信書の具体例 …………………171
心理的価格設定 ………………135
スーパー ………………………187
　──ストア ………………188
　──スペシャルティストア 190
　──マーケット …………187
数量リベート …………………159
スタイル………………………77
ステイクホルダー ………17, 31
政策的チャネル政策 …………162
生産
　──コンセプト ……………12
　──財 ………………………55
製造
　──業者ブランド（NB） …88
　──小売業（SPA）………198
成長率─市場シェアマトリックス
　……………………………258
制度品…………………………38
製品
　──アイテム ………………64
　──形態別価格設定 ………137
　──コンセプト ……………12

──専門化 ……………………49
──ライン ……………………64
セグメンテーション …………36
セグメント ……………………36
ゼネラルマーチャンダイズストア
　（GMS）……………………188
セブンアンドワイのビジネスモデル
　…………………………………255
セルフ販売方式 ……168, 188, 201
潜在製品………………………72
選択的専門化 …………………49
専売的チャネル政策 …………162
専門品 …………………………57, 58
戦略的事業単位（SBU） ……257
総合機能卸売商 ………………185
総顧客
　──価値………………………22
　──コスト …………………22
ソサエタルマーケティング
　コンセプト …………………16
組織学習 ………………………282
ソフトバンクのvodafone買収に
　おけるSWOT分析 …………34
ソリューションベンダー ……231
損益分岐点 ……………………134

【た行】

ターゲット
　──セグメント ……………47
　──マーケット設定1 ………47
　──マーケット設定2 ………47
　──マーケット設定3 ………48
　──リターン価格設定と
　　損益分岐点販売量 ………135
ターゲティング ………………47
耐久財…………………………55
対面販売方式 ……………189, 201
宅配便
　──シェア …………………209

索引 311

―――ビジネス ………208
タスク法 ……………………218
建値 …………………………158
単一
　―――セグメント集中………48
　―――ラインストア …………190
チェーンオペレーション ………203
中核ベネフィット ………………72
通信販売
　―――卸売業者 ………………186
　―――品 ………………………38
定価販売 ……………………189
ディスカウントストア …………169
データ
　―――ベースマーケティング
　　　　……………………286
　―――マイニング ……………298
テクニシャン ………………231
デマンズ ………………………17
デマンドクリエイター …………231
デリバラー ……………………231
電子
　―――データ交換（EDI）……240
　―――マネー …………………244
道路運送法……………………32
特定製品の販売促進に関する
　リベート ……………………160
特別催事価格設定 ……………139
ドライバーブランド ……………98
トラック卸売業者 ……………186
ドラッグストア …………………192
取引数単純化の原理
　―――（1）…………………154
　―――（2）…………………155

【な行】

7P………………………………54
ニーズ…………………………17
2007年11月末日現在セブン-
イレブン商品原価
　―――（1）…………………132
　―――（2）…………………132
2007年12月セブンミールお食事
　配送サービスメニュー ………133
2006年度広告宣伝費 …………218
日用品…………………………57
日本マーケティング協会 ………8
入札価格設定 …………………138
任意増減法 ……………………217
農業協同組合 …………………186
ノベルティ ……………………228

【は行】

バーゲンに対する協賛金 ………160
バーコードの例 ………………239
バーチャル
　―――コーポレーション（VC）
　　　　……………………241
　―――ショップICカード型
　電子マネー決済の仕組み
　　　　……………………247
　―――ショップネットワーク型
　電子マネー決済の仕組み
　　　　……………………247
配送卸売業者 …………………186
ハインリッヒの法則……………28
場所別価格設定 ………………136
端数価格 ………………………136
パッケージング………………70
バナー広告 ……………………226
ハブアンドスポークス …………147
パブリシティ …………………229
パラダイム ……………………277
バリュー価格設定 ……………139
パレートの法則 ………………251
ハンバーガー業界の
　―――ポジショニング…………40
　―――競争優位のタイプ…41, 273

販売
　──コンセプト ……………14
　──促進型価格設定 ……139
　──単位法 ………………217
　──目標達成リベート ……160
ビールシェア ………………110
ビオレ …………………………87
ビジネス
　──サービス ……………57
　──スクリーン …………260
非耐久財 ………………………55
ビタミンB₂補給製剤の
　ポジショニング …………45
非探索品 …………………57, 58
百貨店 ………………………189
　──とスーパーマーケットの
　　比較 …………………201
ファクトリーアウトレット ……196
ファッション …………………77
ファッド ………………………77
物的流通 ……………………150
部品 ……………………………56
フランチャイズ
　フランチャイザー ………194, 203
　フランチャイジー ………194, 203
　フランチャイズチェーン（FC）
　　…………………203, 204
ブランド ………………………85
　──アイデンティティ ……58
　──エクイティ …………91
　──エクイティの構造 ……92
　──活性化要素 …………106
　──関連性とブランド選好
　　…………………………102
　──差別化要素 …………104
　──ディスクリプター ……98
　──ポートフォリオ戦略 ……94
　──ロイヤリティ ………220
フリークエントフライヤーズ

　プログラム ……………284
フルカバレッジ ………………49
プレミアム …………………228
ブローカー …………………183
プロダクト ……………………55
　──・所有権・情報の流れ
　　…………………………152
　──の構成要素 …………61
　──の分類 ………………56
　──ポートフォリオマネジ
　　メント（PPM）………259
　──ミックス ……………64
　──ライフサイクル（PLC）
　　……………………76, 77
　──ライフサイクル（PLC）
　　の延命策 ………………79
　──レベル ………………71
プロモーション ……………213
　──プロセス ……………216
ページビュー ………………227
ヘビーユーザー ……………285
ポイントカード ……………284
膨張製品 ……………………72
ポジショニング ………………40
　──エクスパンション ……44
ポストモダン ………………295
　──マーケティング ……293
ボストンコンサルティング
　グループ（BCG）………258
ボランタリーチェーン ……204
ボリュームディスカウント ……160

【ま行】

マークアップ ………………128
　──価格設定 ……128, 129
　──法 …………………128
マーケット
　──シェア ……………283
　──セグメンテーション

（市場細分化）……………36
　　　──セグメンテーション指標
　　　　………………………………37
　　　──専門化………………49
　　　──チャレンジャー
　　　　…………………268, 269, 272
　　　──ニッチャー………269, 274
　　　──の定義………………29
　　　──フォロアー………269, 272
　　　──リーダー………268, 269
マーケティング
　　　──機会…………………31
　　　──コミュニケーション
　　　　ミックス………………217
　　　──コンセプト………12, 15
　　　──パラダイム…………277
　　　──パラダイムの変遷
　　　　……………………277, 281
　　　──プロセス………………28
　　　──マイオピア………15, 291
　　　──ミックス……………51
マージン………………………128
マーチャンダイジングコングロマ
　　　リット………………207, 208
マーチャントホールセラー……183
マイレージクラブ………………284
マスターブランド………………96
　　　──戦略…………………96
マスマーケティングとワントゥ
　　　ワンマーケティング……281
マッハ
　　　──GoGoGo……………13
　　　──号の機能……………14
ミッショナリー…………………231
無差別型マーケティング………50
名声価格………………………136
メーカー希望
　　　──卸売価格……………158
　　　──小売価格……………158

索　引　313

メールニュース広告……………226
目玉商品価格設定………………139
メッセージのスタイル…………224
モスフードサービス………………41
　　　──とマクドナルドの比較…41
モダンとポストモダンの
　　　──概念………………297
　　　──マーケティング……297
最寄品……………………………57

【や行】

薬事法…………………32, 177, 178
誘導される偶然…………………280
郵便法……………………………170
4P…………………………………51
4Pと4C……………………………55

【ら行】

ラックジョバー…………………186
ラベリング……………………70, 71
利益百分率法……………………217
リベート……………………159, 160
流通
　　　──金融………………152
　　　──経路の段階…………150
　　　──チャネル……147, 150, 151
流通業者
　　　──が提供する商品価格…153
　　　──ブランド（PB）………88
リレーションシップマーケティング
　　　………………281, 282, 286
冷凍食品業界のポジショニング…45
レギュラーチェーン……………203
レコメンデーション機能………250
ロイヤルティ………………………23
ロジスティクス…………………180
ロングセラー製品…………………79
ロングテール………………251, 252

【わ行】

ワントゥワンマーケティング …283

執筆者紹介

略　歴

1965年　北海道生まれ
1987年　北海道大学経済学部卒業
1999年　北海道大学大学院経済学研究科博士課程修了
　　　　博士（経営学）北海道大学
現　在　北海道情報大学経営情報学部教授

主要業績

『サービス経営』（分担執筆）同友館出版　1999年
『現代商学原論』（分担執筆）千倉書房　2000年
『現代マーケティングの基礎』（分担執筆）千倉書房　2001年
『日本におけるベンチャー・ビジネスのマネジメント』白桃書房　2001年
「中古車流通にみるリアルタイム・マーケティングの展開」*Japan Marketing Journal,* Vol. 17, No. 2, pp75-83. 1997
「映像産業におけるデータベース・マーケティングの展開」*Japan Marketing Journal,* Vol. 19, No. 1, pp. 61-71. 1999
「日本におけるベンチャー企業の特徴」*Japan Ventures Review,* No. 1. November, pp. 41-53. 1999
「顧客関係性マーケティングの進化」*Japan Marketing Journal,* Vol. 21. No. 1, pp. 47-57, 2003

JCOPY　〈(一社)出版者著作権管理機構　委託出版物〉

本書のコピー，スキャン，デジタル化など無断複写は著作権法上での例外を除き禁じられています。複写される場合は，そのつど事前に（一社）出版者著作権管理機構（電話 03-5244-5088, FAX 03-5244-5089, e-mail: info@jcopy.or.jp）の許諾を得てください。また，本書を代行業者などの第三者に依頼してスキャンやデジタル化することは，たとえ個人や家庭内での利用であっても一切認められておりません。

ここから始める経営学
──エッセンシャル・アプローチ──

2009年3月10日　初　版
2024年3月10日　第10刷

著　者　坂　本　英　樹（さかもと ひでき）
発行者　千　倉　成　示

発行所　㈱千倉書房
〒104-0031 東京都中央区京橋 3-7-1
電　話・03（3528）6901㈹
https://www.chikura.co.jp/

©2009　坂本英樹, Printed in Japan
印刷・シナノ／製本・井上製本所
ISBN978-4-8051-0922-9